LES CRIS DU SILENCE

P.E. QUINN

LES CRIS DU SILENCE

Le monde terrifiant d'un enfant martyr

PRESSES DE LA CITE
PARIS

Titre original :
CRY OUT !

traduit de l'américain par Philippe SABATHÉ

Publié avec l'accord de Abington Press.

ISBN : 2-258-010505-7

Ce livre est dédié à mes enfants,
Deanna et Jonathan, et aux vôtres.
Qu'aucun d'eux n'oublie les souvenirs joyeux de l'enfance.

PRÉFACE

Dans ce livre, je raconte ma vie à la troisième personne, en m'appelant Peter. Pendant mon enfance, j'ai souffert de négligences et de mauvais traitements. Comme beaucoup de ceux qui ont connu dans les premières années de leur existence un environnement cruel, violent, misérable, j'ai grandi et longtemps survécu en marge de la société.

La plupart des gens se souviennent de leur enfance comme d'une époque où les seules limites de leurs possibilités étaient celles de leur imagination ; une époque d'insouciance, d'irresponsabilité, où les jeux ne finissaient jamais, où chaque découverte était une plaisante aventure, où le foyer familial, d'où les parents n'étaient jamais absents, était synonyme d'amour, de chaleur, de sécurité, où les rêves, les espoirs, les projets les plus fous étaient aussi réels que la vie elle-même ; une époque où la chose la plus importante pour eux était leur liberté d'être des enfants.

Mes souvenirs d'enfance sont d'une tout autre nature. A partir de six ans, le but essentiel et presque unique de mon existence a été d'assurer ma survie physique et psychique. Enfant, j'ai été une sorte de caméléon humain, constamment tenu de modifier mon attitude en fonction des dangers, changeants mais toujours présents, auxquels je devais faire face. La plupart de ceux qui m'ont connu pendant mon enfance ou mon adolescence ont estimé que mon comportement était asocial, anormal, voire pathologique. De leur point de vue, ils avaient raison. Du point de vue de la société, ils étaient également dans le vrai. Mais de mon propre point de vue, en tenant compte du seul objectif qu'il m'était possible d'envisager — survivre —, ils ne pouvaient qu'avoir tort. Étant donné les circonstances auxquelles je devais m'adapter, mes pensées et mes sentiments n'étaient pas seulement des réflexes conditionnés, ils étaient pour moi le seul moyen de me préserver. Si je devais mentir pour éviter d'être battu, je mentais, si je devais voler pour me nourrir, je volais, si je devais détruire pour ne pas être détruit, je détruisais, et lorsqu'il me fallait faire souffrir quelqu'un pour échapper moi-même à la souffrance, je le faisais sans hésitation. Toutes ces actions avaient le même but, me protéger, avec les armes dont je disposais, du danger qui menaçait chaque jour de m'anéantir : mes parents.

Les mauvais traitements infligés à un enfant s'inscrivent pour longtemps dans son esprit. Les blessures physiques peuvent disparaître, ne laissant que des cicatrices, mais les blessures morales demeurent à vif pendant de nombreuses années, pendant lesquelles la douleur peut être ravivée à chaque instant, rendant pratiquement impossible le retour à une vie normale. Les échecs, la frustration, la peur, la colère, le désespoir sont presque inévitablement le lot de tous les adultes qui ont survécu à une enfance martyre.

Bien que les noms, les lieux, les dates de mon histoire aient été changés, afin de ne pas rouvrir des plaies qui doivent impérativement demeurer fermées, tout ce que je raconte dans ce livre est authentique. Toutes les mésaventures que je relate me sont réellement arrivées. En décrivant ces expériences douloureuses, je n'ai cependant pas voulu attirer l'attention sur moi, mais plutôt, à travers elles, éveiller l'intérêt, la compassion, pour les milliers d'enfants qui sont actuellement victimes, dans des conditions semblables à celles que j'ai connues, de la négligence et des mauvais traitements qui leur sont infligés par des adultes et qui font de leur existence un cauchemar sans fin, une prison sans paroles, sans recours, d'où toute évasion paraît définitivement impossible.

Si les détails de l'histoire que je raconte m'appartiennent en propre, l'histoire elle-même ressemble à des milliers d'autres. Elle aurait pu être la vôtre, ou celle d'une personne de votre entourage. En ce sens, je ne me considère pas comme un individu exceptionnel, je crois seulement être un de ceux qui ont souffert et survécu. Un parmi d'autres. Un parmi des milliers. J'ai simplement eu plus de chance que beaucoup, dans la mesure où j'ai eu la possibilité de me libérer de mon passé, de me tourner vers l'avenir, vers mes enfants, de connaître une vie différente, où la folie des hommes ne pouvait plus m'atteindre. Un grand nombre de survivants ne connaissent pas ce bonheur, et terminent leur existence à la fleur de l'âge dans les hôpitaux psychiatriques, les prisons ou les cimetières. Ceux qui échappent à cette fatalité ne se libèrent jamais totalement de leurs souvenirs.

Le but de cet ouvrage n'est pas de raviver la souffrance mais de l'atténuer, pas de condamner mais de convaincre, pas d'effrayer mais d'inciter à réfléchir. Je n'affirme pas que dans toutes les familles adoptives les enfants en placement sont négligés ou maltraités. Au contraire, la plupart d'entre elles deviennent pour eux de véritables foyers. Mais il y a des exceptions à cette règle : les parents adoptifs indignes sont malheureusement une réalité. Mon vœu le plus cher est que mon livre ait une influence bénéfique sur au moins une de ces familles défavorisées et contribue à améliorer le sort ne serait-ce que d'un seul enfant malheureux — peut-être le vôtre, peut-être un de ceux qui vivent près de chez vous.

Puisque la mission que je me suis donnée est de témoigner en faveur de tous les enfants martyrs, il me paraît souhaitable, pour ne pas dire nécessaire, de conserver moi-même l'anonymat. Si dans mon histoire je m'appelle seulement Peter, ce n'est pas pour dissimuler ma véritable identité, mais parce que je souhaite que le lecteur pense moins à moi, qui ai la chance d'avoir survécu, qu'aux milliers d'enfants maltraités qui en ce moment même ont besoin désespérément de notre aide. Et c'est uniquement en les racontant à la troisième personne que je veux faire revivre les terribles souvenirs de mon enfance, afin que les adultes qui me liront puissent les découvrir de la manière qui me paraît la plus convaincante de toutes, à travers les yeux terrifiés d'un enfant.

PREMIÈRE PARTIE

LA FAMILLE

CHAPITRE I

Peter était le troisième d'une famille de cinq enfants. L'aîné était venu au monde moins d'un an après le mariage de ses parents, Mike et Carol.

Mike, qui était d'origine indienne, avait passé la plus grande partie de sa jeunesse dans une réserve. Après l'école primaire, ses parents l'avaient convaincu de poursuivre ses études. Il était donc allé au collège, puis à l'université. Mobilisé en 1943, il avait été affecté à la 99ᵉ division d'infanterie. Blessé peu après le massacre de Malmédy, en décembre 1944, il avait été envoyé en convalescence à Paris, puis à Londres.

C'est dans le petit hôpital de la banlieue londonienne où il se rétablissait lentement qu'il avait rencontré sa future épouse. Issue d'une vieille famille aristocratique qui avait joué un rôle important dans l'histoire de l'Angleterre, Carol s'était engagée dès le début du conflit dans le Corps des infirmières de l'Armée britannique.

En dépit de leurs origines différentes, les deux jeunes gens avaient été immédiatement attirés l'un par l'autre. Dans un monde bouleversé par la guerre, ils avaient trouvé l'un auprès de l'autre le réconfort dont ils avaient besoin — Carol soignant les blessures de Mike, Mike apaisant les angoisses de Carol. Ils s'étaient mariés en 1946 et étaient partis s'établir en Amérique, dans une petite ville proche de la réserve de Mike. Pour suivre l'homme qu'elle aimait, Carol avait abandonné sans hésiter son foyer, sa famille, le monde où elle était née.

Aux États-Unis, elle avait rapidement été obligée de renoncer à tout pour s'occuper de ses enfants, pendant que son mari, qui avait repris ses études, travaillait pour faire vivre la famille. Dans ces conditions éprouvantes pour tous les deux, le ménage n'avait pas tardé à battre de l'aile. Les deux époux s'étaient peu à peu éloignés l'un de l'autre — et les scènes avaient commencé.

La tristesse d'une nouvelle nuit de solitude enveloppait la petite chambre comme un drap froid et humide. De temps à autre, les phares d'une voiture déchiraient la pénombre, projetant des ombres grotesques sur les murs, laissant derrière leur passage une obscurité plus lourde encore. Il n'y avait pas un bruit dans la pièce. Pas un mouvement.

En temps ordinaire, le petit garçon qui se tenait assis près de la fenêtre, aussi immobile qu'une statue, aurait été blotti dans son lit, protégé de ses terreurs nocturnes par la chaleur des couvertures rabattues sur sa tête. Mais cette nuit n'était pas une nuit ordinaire. Ce qui retenait l'attention de l'enfant était plus important, plus important que toutes les angoisses nées de l'obscurité. Fixant sans les voir les gouttes de pluie qui roulaient sans bruit sur les vitres, il essayait de saisir les échos du drame qui se déroulait dans une autre partie de la maison.

Pendant toute la soirée, son père et sa mère n'avaient cessé de se disputer. L'affrontement avait commencé dès le début du repas, lorsque toute la famille s'était retrouvée autour de la table. Lentement d'abord, puis de plus en plus brutalement, les questions insidieuses et les réponses exaspérées avaient volé dans l'air. Les enfants avaient senti venir l'orage, perçu la tension qui montait rapidement entre les deux adultes. Dans un soudain accès de colère, leurs parents les avaient renvoyés dans leurs chambres. Après cela, le combat était devenu une véritable bataille, chacun des adversaires essayant de submerger l'autre sous un déluge d'accusations et de reproches. Le silence était revenu depuis, mais les voix haineuses de la désunion résonnaient encore dans l'air de la nuit.

Peter, qui était âgé de six ans, avait tout entendu mais n'avait rien compris. Ce qui le terrorisait, c'était la violence qu'il y avait derrière chaque mot, chaque phrase échangés par ses parents. Il ne pouvait pas deviner pour quelle raison ils étaient en colère, mais avec l'instinct qu'ont tous les enfants dans ce genre de situation, il savait que son père et sa mère étaient en train de se faire du mal. Il était partagé entre le désir de les protéger l'un et l'autre et l'envie de s'enfuir loin d'eux, par peur qu'ils finissent par tourner leur rage contre lui. Il les aimait et les craignait tous les deux. Pardessus tout, il avait désespérément besoin qu'ils cessent de se battre.

Il écoutait de toutes ses forces, attentif au moindre son venu de l'autre pièce, mais il savait très bien qu'il ne pouvait rien faire pour mettre fin à ce cauchemar. Retenant ses larmes, il demeurait assis dans l'obscurité, impuissant, misérable, souhaitant de tout son cœur que la paix revienne dans la maison.

Les autres soirs, sa mère prenait habituellement le temps de les mettre au lit, lui et ses deux petits frères, et de les rassurer en leur expliquant qu'ils ne devaient pas s'inquiéter, que tout finirait par s'arranger. Mais elle ne l'avait pas fait cette nuit-là. Comme il aurait aimé entendre ses pas légers dans le couloir, annonçant le réconfort de sa présence !

Les choses n'avaient pas toujours été ainsi. Il y avait eu une époque où ses parents ne se disputaient pas. Il se souvenait d'une période où l'amour, l'affection, la joie, les rires, les jeux étaient dans la maison, où sa famille vivait comme une vraie famille, avec des repas de fête, des anniversaires, des cadeaux, l'école du dimanche, mille choses qui faisaient son bonheur. Parfois, lorsqu'il avait été très sage, son père le mettait au lit en lui racontant une des histoires de Frère Lapin et de Frère Renard. Comme ces plaisirs disparus lui manquaient ! Les longues promenades dans le parc, les pièces et les friandises du samedi matin, les randonnées du dimanche dans la campagne. Son père arrêtait la voiture près d'un marchand de glaces, sur la route qui conduisait à la ferme de ses grands-parents, et achetait des glaces pour toute la famille. Les autres choisissaient la fraise ou la vanille, mais lui préférait le chocolat. Il se sentait différent, peut-être plus aimé, lorsque son père revenait avec les glaces et qu'une seule avait une belle couleur brune : la sienne !

Après avoir distribué les autres, son père se tournait vers sa mère, la glace au chocolat à la main, l'air intrigué, et s'écriait : « On a dû m'en donner un de trop, Maman. Regarde, chacun a eu la sienne et il m'en reste encore une. De toute façon, personne n'aime le chocolat, chez nous ! Pouah ! »

Blotti sur le siège arrière entre sa sœur et son frère aîné, Peter avait du mal à se contenir jusqu'à la fin du jeu. Apparemment de plus en plus perplexe, son père finissait par hausser les épaules et faisait mine de sortir de la voiture pour aller rendre la glace. C'était le moment qu'attendait Peter pour se mettre à sauter sur son siège en hurlant :

— C'est la mienne, Papa ! C'est la mienne ! J'aime le chocolat. C'est moi qui aime le chocolat !

Le jeu continuait ainsi pendant quelques minutes, jusqu'à ce que la glace tant convoitée soit passée des mains de l'adulte à celles de l'enfant. Peter adorait la complicité qui s'établissait alors entre lui et son père. C'était comme s'ils avaient été unis par un lien spécial, qui le faisait se sentir différent des autres enfants de la famille.

Mais tout cela était maintenant bien terminé. Depuis que les scènes avaient commencé, son père ne venait plus qu'occasionnellement à la maison et n'y restait jamais très longtemps. Les deux aînés, David et Sharon, se précipitaient dans ses bras dès qu'il franchissait la porte d'entrée et l'accaparaient pratiquement jusqu'à la fin de sa visite. Traînant derrière eux, Peter essayait par tous les moyens d'attirer son attention, mais il avait affaire à trop forte partie et ses efforts n'étaient jamais récompensés. Découragé, il finissait par s'asseoir sur une chaise, près de l'entrée, et regardait son père jouer dans le salon avec les deux grands — de toute évidence ses préférés. Les yeux emplis de larmes, il attendait son tour, et celui-ci ne venait jamais.

Au bout d'un moment, son père se lassait du jeu, embrassait les deux aînés, discutait quelques minutes avec sa mère, puis s'en allait rapidement, ébouriffant parfois au passage, d'un geste amical, le petit garçon qui l'attendait près de la porte et qu'il n'avait pas vu de toute la soirée.

Après son départ, Peter courait à la fenêtre pour voir sa voiture sortir de l'allée et disparaître dans la rue. Au bout d'un moment, il se détournait, revenait lentement vers sa mère et grimpait sur ses genoux. Levant vers elle ses yeux tristes et sérieux, il lui demandait d'une voix étranglée : « Maman, est-ce que je n'ai pas un papa, moi aussi ? »

Lorsque son père revenait plus longtemps à la maison, il passait son temps à boire et à se quereller avec sa mère jusqu'à ce qu'il ne supporte plus de rester et s'en aille à nouveau. Il n'emmenait plus les enfants dans le parc ou à la campagne, ne venait plus les embrasser dans leur lit ou leur raconter des histoires, ne leur offrait plus jamais de glaces.

Tout était différent. Même la mère de Peter avait changé. Elle dormait maintenant pendant une partie de la journée ou restait assise pendant de longues heures devant la télévision. Parfois, Peter la trouvait couchée, en train de pleurer. Elle ne riait plus, ne jouait plus comme avant. Elle semblait toujours fatiguée. Lorsqu'il s'asseyait à côté d'elle sur le divan, il pouvait sentir la tristesse, le désespoir, la résignation qui étaient désormais son lot quotidien.

Lorsque son père était revenu quelques heures plus tôt, après plusieurs semaines d'absence, Peter, fou de joie, avait imaginé qu'il ne repartirait pas. Et puis la dispute avait commencé.

Une petite voix venue du fond de la pièce le ramena à la réalité. C'était celle de l'un de ses jeunes frères, Jimmy.

— Peter ?

Il traversa rapidement la chambre. Debout au pied du lit, il distinguait vaguement les formes des deux gamins, serrés l'un contre l'autre sous les couvertures.

— Il faut dormir, chuchota-t-il. Si vous ne dormez pas, Maman ne va pas être contente.

— Je peux pas, souffla Jimmy. J'ai pas sommeil.

— Moi non plus, gémit Bobby.

Peter avait deux ans de plus que Bobby, un peu moins d'un an de plus que Jimmy. Depuis que les deux aînés dormaient dans leur chambre, de l'autre côté du couloir, il se sentait plus ou moins responsable des deux cadets. Il lui était pénible de les savoir préoccupés et effrayés. Après avoir hésité, il s'approcha de Bobby, lui passa un bras autour des épaules, comme il avait vu sa mère le faire si souvent, et essaya de le réconforter. Pendant un long moment, les trois garçons demeurèrent serrés l'un contre l'autre, soudés par la même peur du lendemain.

— Est-ce que Papa et Maman vont encore se battre ? finit par demander Jimmy.

— Je crois que oui.

— Peter ?

— Quoi ?

— C'était pas pareil cette fois, hein ?

Surpris par la question, Peter ne répondit pas.

— Peter ?

— Oui ?

— Qu'est-ce qui va se passer, Peter ?

Ne recevant toujours pas de réponse, Jimmy se mit à pleurer.

— J'ai peur, Peter ! Je veux voir Maman !

Peter se força à prendre un ton rassurant.

— Tout ira bien, vous verrez. Tout finira par s'arranger. Il n'y a pas de raison de s'inquiéter. Maintenant couchez-vous et dormez.

Apaisés par ces paroles qu'ils avaient entendues tant de fois dans la bouche de leur mère, les deux gamins obéirent et se glissèrent sous les couvertures. Au bout de quelques minutes, ils cessèrent de s'agiter, leur souffle devint régulier, signalant à Peter qu'ils s'étaient rendormis.

Il regagna lentement son poste d'observation. Sous l'effet de son souffle, la vitre près de laquelle il se tenait devenait opaque. Pendant un bref instant, il ne pensa à rien d'autre. Puis il entendit les pas. Ils se dirigeaient vers la chambre ! Convaincu que la dispute était terminée et que sa mère venait enfin l'embrasser et lui souhaiter une bonne nuit, il se rua vers la porte pour l'accueillir.

Mais il entendit la voix de son père, basse et rauque. A l'entendre chercher ses mots, glisser sa main contre le mur pour assurer son équilibre, il comprit qu'il était ivre. La peur le reprit, le figeant sur place. Il entendit claquer violemment la porte de l'autre chambre, puis les murmures et les plaintes de son frère et de sa sœur et leurs pas dans le couloir.

— Où tu nous emmènes, Papa ? demanda la fillette d'une voix angoissée.

— Pourquoi est-ce que Maman pleure ? questionna David. Est-ce qu'elle est malade ? Elle vient avec nous ?

— Ne faites pas de bruit ! gronda la voix avinée de leur père. Courez jusqu'à la voiture. Je vous rejoins dans une minute.

Peter revint à la fenêtre et vit les deux aînés traverser la cour et grimper dans la voiture garée au bout de l'allée.

Quelques instants plus tard, venu du salon, un hurlement perça la nuit. Il y eut des cris, des plaintes, des bruits de lutte, l'explosion d'un objet heurtant le sol, puis le claquement brutal, définitif de la porte d'entrée.

Peter se mordait les lèvres pour ne pas crier à son tour, mais il ne pouvait empêcher les larmes de couler sur ses joues. Les bras serrés sur sa poitrine, le corps secoué de frissons, il vit son père sortir de la maison en courant et monter dans la voiture. Les feux de position s'allumèrent, le véhicule descendit rapidement l'allée. Refrénant ses sanglots, Peter se pencha sur la vitre et suivit les feux rouges des yeux jusqu'à ce qu'ils aient disparu au coin de la rue.

En l'espace de quelques minutes, son père, sa sœur et son frère aîné étaient sortis de sa vie. En écoutant sa mère pleurer dans le salon comme il ne l'avait jamais entendue auparavant, il comprit brusquement qu'ils ne reviendraient jamais plus.

CHAPITRE II

La chaleur du soleil sur sa nuque réveilla Peter de bonne heure le lendemain matin. Il s'était assoupi à son poste d'observation, assis sur la chaise, la tête reposant sur le rebord de la fenêtre. Lorsqu'il se redressa en gémissant, il s'aperçut que ses pieds nus baignaient dans une petite mare, formée par l'eau qui avait pénétré dans la pièce, à travers les carreaux mal joints de la fenêtre, pendant l'orage de la nuit.

Ébloui par le flot de lumière qui illuminait les vitres dépourvues de rideaux, il ne réalisa pas tout de suite où il se trouvait, ni pourquoi il ne s'était pas couché. Tournant la tête, il vit ses deux frères allongés sur le lit, encore endormis. Puis les souvenirs de la soirée affluèrent à son esprit, aussi brutalement qu'une vague déferlant sur une plage. La dispute, les hurlements, son père emmenant David et Sharon, les longues heures de solitude et de désespoir qui avaient suivi son départ, pendant lesquelles il avait en vain attendu sa mère en luttant contre la terreur qui le submergeait. Elle n'était pas venue à son aide, mais le sommeil avait fini par l'emporter, le délivrant enfin de son cauchemar.

Une nouvelle matinée, une nouvelle journée commençaient. Mais où était sa mère ? Pourquoi n'était-elle pas venue le réveiller, comme elle avait l'habitude de le faire tous les matins ? Il sentit son estomac se révulser. Et si elle était partie, elle aussi ? A cette pensée, la panique s'empara de lui et il se précipita vers la porte de la chambre, laissant une série d'empreintes humides sur le linoléum qui recouvrait le plancher.

Le bruit fait par ses frères en train de se réveiller l'arrêta au milieu de sa course. Il se retourna pour les regarder, et le spectacle familier qui s'offrit à ses yeux lui fit oublier son angoisse. Deux têtes se dressèrent brusquement au-dessus des couvertures froissées, puis les deux gamins commencèrent à s'agiter pour se dégager l'un de l'autre et se libérer des draps moites, entortillés, qui les retenaient prisonniers.

Pendant quelques instants, Peter se sentit rassuré. Il avait déjà vécu cette scène des dizaines et des dizaines de fois. Elle lui donnait l'impression que tout était normal.

Bondissant vers le lit, il saisit le haut d'une couverture et la tira d'un coup sec, découvrant le corps des deux enfants. Une lueur de ravissement dans le regard, ils entamèrent aussitôt une lutte amicale, chacun cherchant à empêcher l'autre de toucher le sol avant lui. Après avoir atterri à quatre pattes sur le plancher, ils se redressèrent d'un même mouvement et se ruèrent en direction du placard pour s'habiller.

En riant et en se bousculant, ils entreprirent de récupérer les chemises, les shorts, les chaussures, les chaussettes abandonnés au hasard la veille au soir. En regrettant de ne pouvoir se joindre à leur jeu, Peter sourit à la vue des deux derrières potelés, culottés de blanc, qui s'agitaient devant le placard.

La vie continuait son cours. C'était une sensation réconfortante.

Lentement, il se dirigea vers la porte. L'apaisement n'avait été que de courte durée. L'inquiétude qu'il avait ressentie un moment auparavant le saisissait à nouveau.

— Je vais voir si Maman est réveillée, dit-il en refermant doucement le battant derrière lui.

Dans les autres pièces, les rideaux étaient encore tirés. Il passa lentement devant la porte béante de la chambre des aînés, traversa l'entrée plongée dans la pénombre. Il tendait l'oreille, guettant un son quelconque qui aurait pu signaler la présence de sa mère, mais la maison était totalement silencieuse. Dans la chambre de ses parents, le lit n'avait pas été défait.

— Maman ? appela-t-il d'une voix prudente.

Il n'obtint aucune réponse. De plus en plus inquiet, il s'arrêta devant la porte du salon, où ses parents s'étaient affrontés la nuit précédente. Le sang battait dans ses oreilles.

— Maman ? répéta-t-il d'une voix étranglée par l'émotion. Tu es là ?

Avec ses lourdes tentures soigneusement closes, le salon était rempli d'ombres menaçantes. Les débris du lampadaire brisé jonchaient le sol. Il y avait aussi des boîtes de bière vides. Mais aucune trace de sa mère.

Comme il hésitait, un bruissement étrange rompit le silence, le faisant violemment sursauter. Luttant contre une folle envie de s'enfuir, il s'avança prudemment dans la pièce.

— Maman ? murmura-t-il. C'est toi, Maman ?

Un long moment d'angoisse s'écoula avant qu'il perçoive sa voix. Elle lui parut venir de très loin.

— Peter ? C'est toi ?

Il poussa un énorme soupir de soulagement. Brusquement vidé de sa tension, son corps fut pris d'un tremblement incontrôlable.

— Où es-tu, Maman ?

— Par terre, près du divan. Viens. Mais allume d'abord.

Il fit ce qu'elle lui demandait. Tâtonnant à l'aveuglette, il trouva l'interrupteur et alluma le plafonnier. La lumière jaillie du globe nu illumina la pièce. Alors il la vit. Elle était allongée sur le sol, la tête posée sur un oreiller, contre le divan. Elle avait un aspect terrifiant. Son maquillage avait coulé sur ses joues trop pâles, elle avait des cernes noirs sous les yeux et sa pommette gauche était tuméfiée. Ses longs cheveux bruns, moites et dépeignés, encadraient son visage livide.

— Maman ! Maman ! Qu'est-ce que tu as ? sanglota Peter en se précipitant vers elle.

Il lui prit la main. Elle était glacée.

— Dis-moi, Maman, qu'est-ce que tu as ? répéta-t-il en scrutant désespérément son visage exsangue.

— S'il te plaît, Peter, murmura-t-elle avec difficulté, en remuant à peine les lèvres. Parle lentement, sans crier.

— D'accord, Maman, je te promets, répondit-il en baissant la voix. Mais dis-moi ce que tu as. Pourquoi tu es comme ça ?

— Peter. Écoute... Écoute-moi bien, mon garçon. Maman est malade. Très malade. Il faut que tu m'aides.

La voix de sa mère s'affaiblit, mourut sur ses lèvres. Pendant un bref instant, il crut qu'elle s'était endormie.

— Qu'est-ce que je dois faire, Maman ? gémit-il en se serrant contre elle.

Il attendait qu'elle parle, tous les muscles de son corps à nouveau tendus. Il n'avait jamais vu sa mère comme ça auparavant.

— Peter, il faut que tu téléphones. Appelle Melly. Tu te souviens de Tante Melly ? Quand elle répondra, dis-lui que Maman est malade, qu'elle a besoin d'elle. Demande-lui de venir tout de suite. Tu peux faire ça pour moi ?

— Sûr, M'man, je peux faire ça.

— C'est bien, mon petit. Son numéro est à côté du téléphone.

L'effort qu'elle devait faire pour parler se lisait sur son visage. Il était presque debout lorsqu'elle tendit le bras pour lui prendre la main. Il se figea, ne sentant plus que le tremblement de ses doigts.

— N'aie pas peur, Peter, chuchota-t-elle d'une voix agonisante, tout va s'arranger, tu verras.

Elle l'avait dit ! Ce qu'il avait si désespérément besoin d'entendre. Que tout allait s'arranger. Elle l'avait enfin dit ! Il courut jusqu'au téléphone, chercha frénétiquement le numéro qui devait se trouver près de l'appareil, le découvrit sur la première page du petit agenda qu'elle laissait toujours à proximité. Soulevant le combiné, il attendit la tonalité, comme sa mère le lui avait appris, puis commença à composer le numéro.

Après avoir fait le dernier chiffre, il guetta impatiemment la sonnerie qu'il savait devoir entendre. Elle vint après une série de déclics et retentit plusieurs fois à intervalles réguliers, pendant un temps qui lui parut interminable. Puis elle s'arrêta sur un nouveau déclic, et il cessa de tourner comme un enragé autour de la petite table.

— Allô ? grommela une voix ensommeillée.

— Ma maman est malade ! hurla-t-il dans le combiné.

— Qui est à l'appareil ?

— Elle m'a dit de t'appeler. Elle est malade. Elle veut que tu viennes tout de suite. S'il te plaît ! supplia-t-il sans pouvoir retenir ses sanglots, conscient qu'il devait à tout prix convaincre la femme qui était au bout du fil et redoutant de ne pas y parvenir.

— Peter ? C'est toi, Peter ?

— Oui. Ma maman est très malade, répéta-t-il. Elle m'a dit que tu dois venir maintenant !

La voix de la femme était maintenant parfaitement claire.

— Très bien, Peter. Tu restes avec ta maman jusqu'à ce que j'arrive. Tu as bien compris ?

— Oui.

— Bon. Je serai là dans quelques minutes.

Il y eut un nouveau déclic, puis la voix fut remplacée par une bourdonnement. Peter raccrocha pour revenir près de sa mère. Elle avait fermé les yeux. Ses poings étaient serrés.

A cet instant, la porte de la chambre s'ouvrit brusquement et Bobby apparut dans l'entrée, suivi de près par Jimmy. Ils étaient tous les deux habillés et discutaient avec animation. Lorsqu'il les vit se diriger vers le salon, Peter essaya de les arrêter. La vision de leur mère allongée sur le sol les cloua sur place. Leurs regards inquiets, interrogateurs, allaient de Peter au corps immobile, revenaient se poser sur Peter.

— Il ne faut pas faire de bruit, leur expliqua-t-il dans un murmure. Maman est malade. Nous ne devons pas la réveiller.

Saisissant chacun une des mains de leur aîné, les deux petits s'assirent avec lui dans le grand fauteuil, et les trois enfants attendirent en silence, sans bouger, les yeux fixés sur le visage de leur mère. De longues minutes angoissantes s'écoulèrent. Puis une voiture s'arrêta dans la rue. Une portière claqua.

— C'est elle ! chuchota Peter en lâchant ses frères pour se précipiter vers la porte.

Vêtue d'une simple robe d'intérieur, des bigoudis encore fixés dans les cheveux, Tante Melly se dirigeait vers la maison d'un pas décidé. C'était une solide matrone au corps massif, aux bras épais. Elle descendait l'allée en serrant les mâchoires, avec l'air déterminé de quelqu'un qui s'apprête à affronter le pire, ses savates claquant contre ses talons. Peter courut au-devant d'elle, la prit par la main et l'entraîna dans le couloir.

Elle entra dans le salon sans dire un mot, son regard enregistrant immédiatement chaque détail de la scène. Écartant une boîte de bière d'un coup de pied, elle s'approcha de Carol, les trois enfants pressés contre elle.

— Sortez d'ici, maintenant, dit-elle au bout d'un moment, sans quitter la malade des yeux. Je vais coucher votre maman. Elle a besoin de se reposer.

Quelques minutes plus tard, après avoir déshabillé Carol et l'avoir bordée dans son lit, elle referma derrière elle la porte de la chambre et gagna la cuisine. Elle s'assit à la table et appela les enfants.

La tête basse, traînant les pieds sur le linoléum usé, ils s'approchèrent lentement d'elle. Lorsqu'ils furent tout près, elle ouvrit les bras et les étreignit, les serrant contre elle pendant un long moment, comme si elle avait voulu leur communiquer toute la chaleur de son corps.

— Écoutez-moi bien tous les trois, dit-elle enfin. Peter, tu te souviens, l'hiver dernier, quand tu as eu les oreillons ?

— Bien sûr.

— Tu étais très malade, n'est-ce pas ?

— Ça oui ! répondit-il sans hésiter, en se remémorant à quel point sa gorge lui avait fait mal.

— Mais aujourd'hui tu es guéri ?

— Oui.

— Eh bien, votre maman est malade comme tu l'as été, Peter, expliqua Tante Melly en regardant tour à tour chacun des trois enfants. Elle a besoin de rester couchée pendant quelques jours, mais je suis sûre qu'après cela elle ira très bien à nouveau.

— Tu veux dire que maman a attrapé les oreillons ? demanda Bobby. Je croyais que c'était rien que les enfants.

Melly adressa un sourire chaleureux aux trois visages striés de larmes qui se tendaient vers elle.

— Non, Bobby, ce n'est pas ce que je veux dire. Votre maman n'a pas les oreillons. Elle est seulement malade comme si elle les avait. Et tout va s'arranger bientôt, dès qu'elle sera guérie. C'est la vérité ! Alors il ne faut pas avoir peur. Aucun de vous ne doit s'inquiéter. C'est bien compris ?

— Elle ne sera pas avec nous ? demanda Jimmy, que les explications de Melly n'avaient pas rassuré.

— Est-ce que Peter était avec vous quand il avait les oreillons ?

Jimmy prit le temps de réfléchir sérieusement à la question avant de répondre.

— Non.

— Tu vois bien. Tu n'as pas à te faire de souci. D'accord ?

— Je suis content que tu es venue, s'écria Peter, l'air infiniment soulagé, en essayant de refermer ses bras trop courts autour du cou de la femme.

— C'est bon, les enfants, dit celle-ci. Vous allez prendre votre petit déjeuner. Après, vous vous occuperez de vos affaires, comme d'habitude.

Joignant aussitôt le geste à la parole, elle se leva et se mit à préparer le repas du matin. Peter avala le sien en toute hâte avant de prendre le chemin de l'école. Il était pleinement rassuré lorsqu'il quitta la maison. Melly allait prendre soin de sa mère. Tout finirait pas s'arranger, même si son père était parti. Le cœur apaisé, toute tension disparue, il ne pensait plus qu'à l'école.

CHAPITRE III

Peter aimait l'école et avait d'excellents résultats dans la plupart des matières. Il s'était pris d'affection pour la maîtresse et faisait tout ce qu'il pouvait pour mériter ses compliments. En règle générale, il apprenait vite et se montrait parfaitement discipliné. Mais ce jour-là était différent. Il avait beaucoup de mal à se concentrer sur son travail et ne parvenait pas à rester en place. A plusieurs reprises durant la matinée, il perturba la classe avec son bavardage et des déplacements injustifiés. Lorsque sonna la cloche de midi, il s'était fait rappeler à l'ordre trois fois par la maîtresse, qui avait même menacé de le mettre au coin s'il ne cessait pas de déranger ses camarades. Le mécontentement et l'incompréhension qu'il avait lus dans ses yeux l'avaient chagriné. Il aurait voulu lui plaire, répondre à ce qu'elle attendait de lui, mais il avait toutes les peines du monde à maîtriser les mouvements de son corps et de son esprit. Il agissait sous l'emprise d'une force qu'il ne pouvait pas contrôler — une force qui semblait le pousser dans toutes les directions à la fois.

Il se dépensa sans compter pendant la récréation de la mi-journée, et lorsque la cloche annonça la reprise des cours, il regagna sa place à contre cœur. Quand la maîtresse commença à lire une histoire, pour calmer les gamins encore excités par les jeux, il posa la tête sur ses bras croisés devant lui et s'endormit.

La maîtresse le réveilla quelques minutes plus tard en le

secouant gentiment. Il dut faire un effort considérable pour ouvrir les yeux et reprendre contact avec la réalité, mais il reconnut rapidement la voix qui murmurait son nom. Rassemblant toutes ses forces pour lutter contre le sommeil, il parvint à lever la tête et à regarder le visage qui se penchait vers le sien.

— Oui, m'dame ? grommela-t-il.

— Qu'est-ce qui t'arrive aujourd'hui, Peter ? Tu n'es pas comme cela, d'habitude. Pourquoi te conduis-tu comme un vilain petit garçon ? Il y a quelque chose qui ne va pas ?

— Non, m'dame, répondit-il en se redressant et en essayant de prendre un air éveillé.

— Tu es malade ? insista la maîtresse en posant une main sur son front. Je ne crois pas que tu aies de la température. Tu ne te sens pas bien ?

Brusquement, il éclata en sanglots et se mit à pleurer nerveusement, sans pouvoir s'arrêter. Bouleversée, la maîtresse s'agenouilla à côté de sa chaise, le prit entre ses bras et le berça doucement. Le mouvement et sa présence proche finirent par l'apaiser. Peu à peu, ses sanglots diminuèrent, ses larmes cessèrent de couler.

— Pour l'amour du Ciel, Peter, murmura la femme dans son oreille, tu ne veux pas me dire ce que tu as ?

— Je ne sais pas, parvint-il à articuler entre deux hoquets.

La maîtresse écarta sa tête de son épaule pour le regarder dans les yeux.

— Pourquoi pleures-tu, Peter ? insista-t-elle.

— Parce que je suis un vilain garçon.

— Où es-tu allé prendre cette idée-là ? Tu sais que tu n'es pas un vilain garçon. Tu as eu une mauvaise journée, c'est vrai, mais c'est une chose qui arrive à tout le monde, tu sais. Et c'est fini maintenant. Tu vas sécher tes larmes et je vais te dire ce que nous allons faire. — Elle le laissa essuyer ses joues maculées avec ses paumes, puis reprit d'une voix rassurante. — C'est mieux comme ça. Maintenant, nous allons faire comme si rien ne s'était passé, comme si nous étions le matin et que la journée commençait à peine. Tu es d'accord ?

— Oui, marmonna Peter en souhaitant désespérément qu'elle reste auprès de lui.

— Très bien. Allons-y !

Une seconde plus tard, elle était debout, s'occupant à nouveau des autres enfants, laissant Peter seul avec sa détresse. Il aurait bien voulu lui faire plaisir, mais il se sentait trop fatigué. Il avait trop sommeil. Il ne désirait qu'une seule chose : que quelqu'un le prenne dans ses bras et le berce jusqu'à ce qu'il s'endorme.

La fin de l'après-midi lui parut interminable. Son attitude était à l'opposé de celle qu'il avait eue le matin. Il demeurait passivement assis sur sa chaise, ne participant aux activités de la classe que lorsqu'il était directement sollicité. Toutes ses sensations semblaient être sorties de lui en même temps que ses larmes, le laissant totalement vide, au-delà de la douleur, avec seulement un poids qui le faisait descendre de plus en plus profondément à l'intérieur de lui-même.

La cloche de trois heures sonna enfin, annonçant sa libération. Il allait pouvoir être seul. Il sortit de la classe en même temps que les autres enfants, puis obliqua vers les toilettes et s'y cacha en espérant que ses habituels compagnons de route ne l'attendraient pas. Assis sur le bord du siège, il se plia en deux, la tête reposant presque sur ses genoux. Dans l'état de fatigue où il se trouvait, le moindre mouvement était pour lui une véritable torture.

Entièrement immergé dans ses propres pensées, il perdit rapidement conscience du monde qui l'entourait. Il oublia les mouches qui bourdonnaient autour de lui, l'odeur de désinfectant qui emplissait la pièce, le bruit de l'eau coulant dans les urinoirs du mur opposé. Il oublia aussi le temps qui passait et ne vit pas les ombres qui s'allongeaient sur le sol carrelé, marquant le début de la soirée.

Une pressante envie d'uriner finit par le tirer de sa somnolence, lui rappelant où il était et pourquoi. Il se leva machinalement, se dirigea vers l'urinoir et se satisfit sans prêter attention à ce qu'il faisait, en fixant la cuvette d'un regard absent. Sans se soucier des taches humides qui souillaient son pantalon, il sortit alors des toilettes et entreprit de rentrer chez lui.

A l'extérieur, l'atmosphère était lourde et moite. Il décida d'emprunter un raccourci que ses parents lui avaient conseillé d'éviter et commença à chercher son chemin dans le labyrinthe d'allées et de ruelles latérales, encombrées d'ordures ménagères et de débris végétaux, qui devaient le conduire à Oak Street.

De lourds nuages noirs, qui semblaient bouillonner de colère, s'accumulaient au sud-ouest, annonçant un orage au moins aussi violent que celui qui avait éclaté la nuit précédente au-dessus de la petite ville. Alors qu'il prenait un instant de repos assis sur une poubelle, Peter vit un éclair zébrer le ciel. Quelques secondes plus tard, le tonnerre gronda au loin.

Prenant soudainement conscience de sa solitude, il souhaita être dans les bras de sa mère. Le manque était si fort qu'il en oublia sa fatigue, descendit de la poubelle et se remit en route sans tarder. Luttant contre l'émotion qui lui serrait la gorge, il accéléra progressivement le pas et se retrouva bientôt, avec cette seule pensée en tête, en train de courir de toute la vitesse de ses petites jambes le long des allées étroites, enchevêtrées, où il devait sauter, zigzaguer, parfois faire des détours pour éviter les obstacles qui se dressaient sur son chemin.

« S'il te plaît, Maman, ne sois plus malade ! », répétait-il en lui-même sans cesser d'avancer. Le souffle court, les jambes tremblantes, il finit par atteindre Oak Street. Des érables bordaient la rue des deux côtés, formant un dais multicolore au-dessus de la chaussée. Ici et là, quelques ultimes taches de soleil s'attardaient sur les pelouses sans clôtures qui s'étendaient au-delà des trottoirs. Lors de leurs promenades du soir, sa mère lui avait souvent répété qu'ils habitaient en fin de compte dans une jolie rue, même si ses maisons à la peinture écaillée avaient des fenêtres branlantes et des toits qui s'affaissaient. Ce soir-là, avec l'orage qui grondait au loin, elle faisait penser à un havre de paix vivant ses dernières heures de tranquillité.

Peter descendit le trottoir en courant, ignorant le geste amical que lui adressait le propriétaire de l'épicerie du carrefour. Dans d'autres circonstances, il se serait arrêté devant le magasin et aurait léché des yeux, pendant de longues minutes, les boîtes de bonbons que l'épicier plaçait toujours en évidence dans sa vitrine.

Pendant quelques instants, il se sentit pleinement rassuré par le paysage de plus en plus familier qu'il découvrait autour de lui. Puis tout bascula d'un seul coup. Alors qu'il se trouvait encore à deux blocs de chez lui, il aperçut l'ambulance garée dans l'allée de sa maison, avec son gyrophare allumé et ses portes arrière grandes ouvertes.

Des voisins attirés par la curiosité s'étaient rassemblés sur la pelouse et échangeaient leurs impressions à voix basse, mais aucun ne remarqua l'enfant lorsqu'il se dirigea vers l'érable qui dominait la cour. Dissimulé derrière le tronc, le cœur étreint d'une nouvelle angoisse, il se mit à observer la scène en se forçant à ne pas bouger.

Bientôt, deux hommes en chemise blanche avec des croix rouges sur leurs manches sortirent de la maison, poussant un lit roulant sur lequel sa mère était allongée. Ils lui firent descendre avec précautions les marches du perron, puis le firent rouler jusqu'à l'arrière de l'ambulance.

Peter ne quittait pas des yeux le visage de sa mère. Elle avait les paupières closes, les joues aussi livides que le matin. Il aurait voulu courir vers elle, la réveiller, obliger les hommes en blanc à la ramener dans sa chambre. Mais il demeurait immobile. Un poing dans la bouche, les dents serrées, il vit les deux hommes hisser le corps à l'arrière de l'ambulance, puis refermer les portes.

Entourant de ses bras le tronc qui le dissimulait aux regards des autres témoins de la scène, il se laissa tomber à genoux et suivit des yeux le véhicule qui s'éloignait dans la même direction que celle qu'avait prise son père la nuit précédente. Sa mère s'en allait. Comme son père, elle partait loin de lui.

Le visage pressé contre l'écorce, il fixait d'un regard vide, sans pleurer, le coin de la rue où la voiture avait disparu. Il se rendit à peine compte que les voisins s'éloignaient l'un après l'autre pour rentrer chez eux.

Longtemps après leur départ, il se releva et se dirigea vers la porte d'entrée de la maison, qu'une chaise maintenait encore ouverte. Sans hésiter, il gagna la chambre de ses parents, où sa mère se trouvait lorsqu'il était parti pour l'école. Il ne vit que le lit, mais il en saisit chaque détail, jusqu'au plus petit pli des couvertures, jusqu'aux taches minuscules sur les draps froissés. En se penchant, il pouvait même reconnaître le léger creux laissé par la tête de sa mère au centre de l'oreiller.

La nuit était pratiquement tombée lorsque Tante Melly le retrouva enfin, aussi immobile qu'une statue, incapable de détacher ses yeux du lit vide. Elle l'appela à plusieurs reprises, sans obtenir de réponse. Il ne tourna même pas la tête à son approche.

Le prenant par la main, elle l'éloigna doucement du lit, le fit sortir de la chambre, l'entraîna vers le monde qui l'attendait au-dehors. Il se laissa faire sans opposer de résistance. Il se moquait totalement de ce qui pouvait lui arriver.

DEUXIÈME PARTIE

LES FOYERS DE PLACEMENT

Peter avait à peine six ans lorsque sa famille naturelle fut détruite par le divorce de ses parents. Le divorce ne devint effectif qu'après une longue période de séparation conjugale, mais, pour ce qui le concernait, tout se produisit en l'espace d'une seule journée.

Un divorce, même lorsqu'il advient dans les meilleures conditions, peut être une expérience extrêmement traumatisante pour un enfant. La peur de perdre un parent, voire les deux, la crainte de devoir affronter seul un avenir effrayant sont des préoccupations qui existent à l'état latent chez tout enfant. Aucun enfant n'ignore qu'il dépend totalement de ses parents, non seulement pour sa survie matérielle, mais aussi pour l'amour et l'éducation qu'ils peuvent lui donner. Lorsqu'un foyer est dispersé, ou simplement désuni, les enfants courent un réel danger, en particulier si aucun adulte ne se trouve à leur côté pour les aider à comprendre ce qui se passe. Abandonnés à eux-mêmes, les enfants imaginent facilement le pire, et, en l'absence d'une autre explication, finissent par s'accuser de tous les maux qui s'abattent sur leur famille. Ne pouvant appréhender toutes les données de la situation, ils en viennent à se juger responsables du conflit qui oppose leurs parents et détruit, ou menace de détruire, la cellule familiale.

Ce fut ce qui arriva à Peter. En vingt-quatre heures, ses cauchemars les plus sombres devinrent une réalité. Il vit son père s'en aller avec son frère et sa sœur aînés. Il vit sa mère emmenée loin de lui dans une ambulance. Du jour au lendemain, il se retrouva seul dans une maison vide. N'ayant pas les moyens de comprendre pourquoi il en était ainsi, il interpréta ces événements tragiques de la seule manière qu'il pouvait — en estimant que tout était de sa faute.

Lorsque le Bureau d'Aide à l'Enfance de l'État commença à s'occuper de lui, Peter avait fui les sentiments de peur, de culpabilité, d'impuissance qu'il n'avait pas la force d'affronter en se réfugiant dans un monde de rêve, totalement coupé de la réalité extérieure. Les efforts faits par le Bureau pour lui trouver un foyer où il pourrait vivre les jours, les mois, les années qui le séparaient encore de l'âge adulte ne firent en fin de compte qu'accroître sa détresse. Ce dont il avait le plus besoin, aucun de ceux qui l'approchèrent pendant toute cette période n'était en mesure de le lui donner.

CHAPITRE IV

Le stetson repoussé sur la nuque, le grand shérif adjoint se mit péniblement à genoux sur le plancher nu. Se penchant vers l'avant aussi loin qu'il pouvait, le menton au ras du sol, il essaya d'apercevoir le garçon dissimulé sous le lit. Le passage de la lumière du soleil à l'obscurité lui faisait mal aux yeux. En battant des paupières, il parvint à ajuster sa vision et distingua une forme tapie dans la pénombre.

— Peter, ordonna-t-il d'une voix fatiguée, tu vas sortir de là tout de suite !

N'obtenant pas de réponse, il poussa un profond soupir et fit un nouvel essai.

— Écoute-moi, fils. Je ne vais pas te faire de mal. Pourquoi te caches-tu ? Tu n'as rien à craindre. Viens, maintenant. Là. Je vais t'aider, dit-il en avançant une main en direction de l'enfant.

Peter s'était réfugié dans le coin le plus inaccessible, les jambes repliées sous le menton, prêt à se défendre à coups de pieds si l'homme essayait de l'attraper. Le dos bien calé contre le mur, il serrait à pleines mains les ressorts rouillés du sommier, de part et d'autre de sa tête. Cette fois-ci, il ne se laisserait pas faire !

Ignorant les supplications qui lui étaient adressées, il observait attentivement le visage las, à la peau recuite, couverte de sueur, qui grimaçait à moins de deux mètres de lui. Pas un cillement, pas un mouvement des muscles faciaux du policier ne lui échappaient. Il surveillait particulièrement ses yeux, guettant les contractions musculaires presque imperceptibles de ses paupières et de ses pommettes, les ombres et les lumières jouant dans ses prunelles. Il appréciait soigneusement chaque expression, chaque regard, ayant appris par ses contacts avec les étrangers que les bonnes ou les mauvaises intentions d'un inconnu se lisaient d'abord sur ses traits. Pour lui, la survie signifiait désormais être capable de prévoir les actes d'une personne avant même qu'elle ait commencé à agir, de manière à ne jamais être pris par surprise.

De temps à autre un second visage, nettement plus jeune, apparaissait à côté de celui du shérif adjoint, une autre paire d'yeux inquiets fouillait l'obscurité. Avec leurs expressions contrariées, ces deux têtes d'adultes renversées formaient un spectacle étrange.

Peter reconnaissait le second homme. Il avait déjà eu affaire à lui à plusieurs reprises, et la haine qu'il lui portait avait crû à chacune de leurs rencontres. C'était M. White, le représentant du Bureau d'Aide à l'Enfance.

Peter était en train de jouer dans la cour lorsque la voiture du shérif s'était arrêtée le long du trottoir, juste devant chez lui. C'était la première fois qu'il voyait de près une voiture de patrouille, aussi avait-il commencé par s'approcher, poussé par la curiosité. Mais lorsque la portière du passager s'était ouverte et qu'il avait reconnu M. White, il avait aussitôt compris pourquoi le véhicule s'était garé devant sa maison. Comme les fois précédentes, M. White était venu pour l'emmener.

Se précipitant à l'intérieur, bousculant sa mère au passage, il était allé se cacher sous le lit. Cette fois-ci, les choses allaient être différentes. Il était plus âgé, plus fort aussi. Il ne laisserait pas l'homme le séparer de sa mère, comme il l'avait déjà fait. Cette fois-ci, il était bien décidé à se battre !

Comme il haïssait ce visage ! Les dents serrées, le visage fermé, tous les muscles de ses bras et de ses jambes tendus par l'effort, il se préparait à résister.

Peter avait maintenant huit ans. Les dix-huit mois qui s'étaient écoulés depuis que l'ambulance avait conduit sa mère à l'hôpital psychiatrique avaient été des plus éprouvants pour lui. Il n'avait pas revu son père depuis l'affreuse nuit de son départ. Il n'avait pas eu de nouvelles de sa sœur et de son frère aînés. Ils lui avaient tous beaucoup manqué, particulièrement sa sœur et sa mère, les deux êtres qu'il chérissait le plus au monde. Elles étaient les plus proches de lui, ayant toujours été présentes lorsqu'il avait eu besoin de quelqu'un pendant sa petite enfance.

Aussitôt après la dispersion de la famille, Tante Melly avait emmené les trois garçons chez elle. Ils y étaient restés plusieurs semaines, le temps que le Bureau d'Aide à l'Enfance régularise leur prise en charge et leur trouve des foyers de placement. Peter n'avait jamais demandé pourquoi leur père ne venait pas les rechercher. L'idée même ne lui en était jamais venue. Il comprenait instinctivement, sans en avoir clairement conscience, que s'il les avait laissés à sa mère lorsqu'il était parti, c'était parce qu'il n'avait aucune envie de les avoir avec lui.

Des premiers jours qui avaient suivi le drame, il n'avait gardé pratiquement aucun souvenir. Le choc résultant de deux disparitions brutales, survenues à quelques heures d'intervalle, avait gravement perturbé sa perception de la réalité. Les temps, les lieux, les visages se mêlaient dans un rêve unique, d'où toute joie était exclue. Plus rien ne lui paraissait réel. Il ne lui restait de son père que la vision de deux feux arrière s'éloignant dans une rue, de son frère et de sa sœur que l'écho de sanglots dans la nuit, de sa mère que l'empreinte d'une tête sur un oreiller. Mais ils étaient tous présents dans son monde intérieur. Comme une anémone de mer réagissant à un contact inconnu, il s'était replié au plus profond de lui-même, à l'abri derrière une barrière de passivité qui lui permettait de survivre seul, en essayant de s'adapter et de comprendre, au cœur d'un univers clos où il ne pouvait être atteint que par la douleur. Pour continuer à vivre, il devait impérativement la maîtriser. Il y parvenait en niant sa raison d'être, en imaginant que sa famille était toujours avec lui. Son unique crainte était que quelque chose vienne le priver de la possibilité de rêver.

Pendant de longues heures il demeurait assis, solitaire, muet, absent. Il ne faisait aucun effort pour se rattacher à quoi que ce fût, à l'exception de ses jeunes frères. Ils étaient son seul vrai lien avec le monde. Puisqu'ils n'avaient plus de parents, il se sentait tenu de prendre soin d'eux et d'assurer leur protection. Eux seuls, avec leur bavardage incessant, leurs besoins, leurs demandes, pouvaient le tirer de son isolement. Ils étaient son seul point d'ancrage dans la réalité.

Après avoir essayé pendant plusieurs jours de lui redonner le goût de vivre, Tante Melly avait dû se résigner. Le cœur brisé, elle avait accepté de s'occuper uniquement de son bien-être physique.

Les jours passant, Peter n'avait cessé de se rapprocher de ses frères, leur consacrant de plus en plus de temps. De protecteur, il était devenu possessif, vigilant, presque obsédé par le devoir qui le liait à ces deux derniers membres de sa famille. Les seuls sentiments qu'il se permettait étaient ceux qu'il leur portait. En peu de temps, son attachement pour eux était devenu un engagement pour la vie. Ils ne se séparaient jamais. De tous les gens qui l'entouraient ou l'approchaient, ils étaient les seuls êtres qui comptaient pour lui.

Puis les responsables du Bureau d'Aide étaient venus chercher les trois enfants pour les placer dans des foyers. Ignorant que ses frères devaient être confiés à des familles différentes, Peter avait suivi M. White sans se méfier.

Il n'avait compris ce qui se passait que lorsque la voiture qui l'emmenait avait commencé à s'éloigner du trottoir. Comme un animal se retrouvant en cage pour la première fois de sa vie, il s'était rué sur la vitre arrière pour essayer d'apercevoir ses frères, puis avait tenté d'ouvrir les portières, tirant de toutes ses forces sur les poignées. N'obtenant aucun résultat, il avait voulu sauter sur le siège avant, mais une énorme main, se refermant brusquement sur sa nuque, l'avait plaqué contre la banquette arrière. Il s'était défendu comme il avait pu, en essayant même de mordre le bras de l'homme, jusqu'à ce que celui-ci, exaspéré, lui assène une gifle magistrale qui l'avait laissé à moitié étourdi.

— Écoute-moi bien, mon bonhomme, avait grondé M. White sans relâcher sa prise, ne recommence plus jamais ce petit jeu-là avec moi, ou je te casse en mille morceaux ! Tu m'as bien compris ?

Incapable de parler, tant la poigne qui lui serrait le cou était brutale, Peter avait fixé ses yeux sur le nez de l'homme, à quelques centimètres de son visage, et tenté de reprendre son souffle. Pour la première fois de sa vie, les larmes ne lui étaient d'aucun secours. Son impuissance et sa souffrance faisaient naître et bouillonner au plus profond de lui-même un sentiment entièrement nouveau : la haine. Le regard exprimant à la fois la peur et la colère, il trouvait enfin un exutoire, un bouc émissaire pour toute la rancune qu'il avait soigneusement gardée en lui jusqu'alors.

— Maintenant tu vas t'asseoir tranquillement et me ficher la paix jusqu'à ce qu'on soit arrivés ! avait ajouté M. White en desserrant lentement son étreinte. Peter s'était tapi sur la banquette arrière, derrière le siège du conducteur, et n'avait plus bougé jusqu'à la fin du voyage.

Quelques heures plus tard, il s'était retrouvé dans une maison inconnue, entouré de gens inconnus. Assis sur le divan du salon, renvoyant leurs regards curieux aux étrangers qui le dévisageaient, il avait ce jour-là pris la décision de faire tout ce qui serait en son pouvoir pour retrouver sa sœur et ses frères. Il s'évaderait s'il le fallait. Il trouverait un moyen de s'enfuir et de les rejoindre. Ou il mourrait en essayant. Obsédé par cette idée fixe, il avait délibérément renoncé à ses rêveries pour regarder, observer, réfléchir, préparer son évasion. L'apathie qu'il avait montrée depuis le départ de sa mère avait cédé la place à de la maussaderie. Sans se montrer réellement hostile, il avait entretenu en lui, affleurant à la surface, la rage qu'il s'était découverte lors de son affrontement avec M. White. Avec ses parents nourriciers, il avait été froid et distant, les considérant seulement comme un obstacle passager dressé entre ses frères et lui. Pour parvenir à ses fins, il avait imaginé divers moyens de les rassurer, dans le seul espoir de prendre leur vigilance en défaut.

Mais avant qu'il ait eu la possibilité de passer à l'action, M. White était venu le chercher pour le confier à un autre foyer. Comprenant qu'ils ne parviendraient pas à l'amadouer, effrayés par sa conduite souvent imprévisible, ses parents nourriciers avaient demandé qu'il leur soit enlevé.

Ainsi avait débuté une errance qui devait durer près de deux ans, au cours de laquelle il était rarement resté plus de deux ou trois mois dans la même famille. Au début, cette situation ne l'avait pas particulièrement gêné. Dès qu'il perdait toute chance de s'évader d'un endroit, on le déplaçait et il pouvait à nouveau espérer s'enfuir.

Mais après un certain temps, il avait accepté l'absence de ses frères. Il vivait toujours dans le seul but de les retrouver, mais son obsession était maintenant mêlée à une autre : le besoin de contacts physiques et de caresses. Chaque nouveau foyer ne représentait plus seulement pour lui une prison d'où il lui fallait sortir, mais également un nouveau départ, une nouvelle chance d'être aimé, désiré, accepté. Écartelé entre le désir de s'enfuir et le besoin d'être choyé, il lui arrivait de baisser sa garde, généralement le temps nécessaire pour rendre sa solitude plus supportable, avant de se réfugier à nouveau, en toute hâte, dans une attitude morose et non réceptive. Quand ses ouvertures se révélaient payantes, il devenait plus confiant, prenait plus de risques, se découvrait plus longtemps et plus souvent, mais sans jamais résoudre la contradiction qui le déchirait.

Il désespérait de tout — de pouvoir s'enfuir, de survivre, de s'intégrer. Ses timides tentatives pour se rapprocher de ses parents adoptifs étaient elles aussi teintées de désespoir. Pouvait-il en être autrement ? Chaque fois qu'il commençait à se sentir en sécurité dans un nouveau foyer, M. White et le Bureau d'Aide à l'Enfance ne tardaient pas à se manifester, bouleversant sa vie, l'arrachant à ses racines toutes neuves pour le transplanter dans un environnement inconnu. Les cassures étaient toujours brutales, imprévisibles. Et le cycle recommençait : une autre ville, une autre maison, une autre famille, une autre blessure.

Chaque déplacement lui était un peu plus pénible que le précédent, parce qu'il se persuadait chaque fois un peu plus que personne ne l'aimerait ni ne le désirerait jamais. En conséquence, ses parents nourriciers avaient de plus en plus de mal à le faire sortir de sa coquille. Échaudé par ses échecs successifs, il ne faisait pratiquement plus aucun effort pour les connaître et semblait parfaitement heureux dans sa tour d'ivoire — solitaire, silencieux, inaccessible.

Le Bureau d'Aide à l'Enfance avait fini par s'inquiéter de cette situation et avait pensé qu'une rencontre avec ses jeunes frères pouvait rassurer Peter et l'inciter à modifier son attitude. Un pique-nique dominical avait été organisé dans un parc, à l'extérieur de la ville.

Au début, les responsables du Bureau avaient surveillé de très près les trois enfants, ignorant quelles seraient leurs réactions lorsqu'ils se retrouveraient ensemble après une aussi longue séparation. Tout s'était apparemment bien passé. A quelques mètres seulement des adultes, Peter riait et bavardait avec les deux petits. Aucun incident n'étant survenu au bout d'une heure, les responsables avaient fini par relâcher leur surveillance. Plongés dans une conversation galante, ils n'avaient pas remarqué que les garçons s'éloignaient de plus en plus, se rapprochant insensiblement du petit cours d'eau qui séparait le parc de la forêt voisine.

Lorsqu'ils l'avaient atteint, Peter avait jeté un coup d'œil par-dessus son épaule pour s'assurer que les adultes ne regardaient pas dans leur direction, puis avait ordonné à ses frères de franchir le ruisseau et les avait entraînés dans les bois. Une demi-heure s'était écoulée avant que leur absence soit remarquée.

Un peu avant le crépuscule, un groupe d'une quarantaine d'hommes s'était déployé le long du ruisseau, sur une longueur de cinq cents mètres, et avait commencé à avancer en ratissant les taillis, pénétrant de plus en plus profondément dans la forêt, cherchant vainement les trois disparus. Au coucher du soleil, aucun d'eux n'avait été retrouvé. Armés de torches électriques, les hommes avaient fouillé les bois pendant toute la nuit. Au petit matin, alors que le soleil commençait à peine à éclairer la cime des arbres, une voiture de patrouille de la police avait signalé par radio que Peter et ses frères avaient été repérés en train de faire de l'auto-stop sur une route déserte, à plus de cinq kilomètres au nord du parc.

Lorsqu'on lui avait demandé s'il allait quelque part, Peter avait simplement répondu : « Chez nous. »

Ses frères avaient été renvoyés immédiatement dans leurs foyers respectifs. Lui-même avait été mis en observation pendant quelques jours dans un centre de détention pour enfants, puis rendu à sa famille nourricière.

L'échec de sa tentative l'avait rendu encore plus hostile et destructeur qu'auparavant. Durant les semaines qui avaient suivi son retour, il avait exprimé sa rage et sa frustration en s'attaquant à tous les objets qui se trouvaient à sa portée. Et la valse des foyers de placement avait continué.

Désespérant de venir à bout de sa résistance, les responsables du Bureau d'Aide étaient sur le point de le renvoyer dans une maison de redressement pour jeunes délinquants lorsque sa mère avait accompli les démarches nécessaires pour qu'il lui soit à nouveau confié. Elle avait trouvé du travail et se sentait capable d'élever correctement ses trois plus jeunes enfants.

Pour Peter, le jour de leurs retrouvailles avait été le plus beau de sa vie. Son existence avait repris un cours presque normal, semblable à celui d'autrefois, avec des promenades dans le quartier, l'église le dimanche matin, sa mère chantonnant dans la cuisine, des histoires pour s'endormir le soir, des embrassades à n'en plus finir. Très vite, il avait retrouvé toute sa vivacité et un sentiment de sécurité qui lui ravissait l'âme. Il s'était persuadé que rien ne pourrait plus jamais le séparer de sa famille.

Mais six mois s'étaient écoulés depuis ce jour béni. Et maintenant M. White était de retour, cette fois-ci pour l'enlever définitivement à sa mère !

Accroché des deux mains aux ressorts rouillés du sommier, il ne pouvait penser à rien d'autre : on était venu le reprendre, on allait l'emmener une fois de plus. Comme il haïssait ce visage, ces yeux qui le guettaient comme une proie !

— Viens, Peter, montre-toi raisonnable, minauda le représentant du Bureau d'Aide en tendant lentement le bras en direction de son pied. Allons !

Lorsque la main ne fut plus qu'à quelques centimètres de son objectif, Peter détendit brusquement ses jambes, l'écrasant rageusement contre les ressorts. La peau arrachée en plusieurs endroits, M. White battit précipitamment en retraite.

— Merde ! s'écria-t-il en voyant le sang perler sur le dos de sa main.

Sentant le regard du shérif adjoint posé sur lui, il voulut expliquer :

— Il m'a donné un coup de pied !

— Qu'est-ce que tu espérais ? répondit le policier sans s'émouvoir. Il est mort de peur. Laisse-moi voir ça.

— C'est inutile, grommela M. White en tamponnant ses blessures avec un mouchoir.

— Comme tu voudras.

Les sourcils froncés, le shérif adjoint revint à son problème. Comment faire sortir le garçon sans l'effrayer ni le blesser ? Après un long moment, il se tourna à contrecœur vers son compagnon.

— Tu as une idée ?

— Pas la moindre, répondit M. White d'une voix préoccupée. Il est clair qu'il ne sortira pas de lui-même. C'est évident. Je crois que nous allons être obligés d'aller le chercher. Je ne vois pas d'autre moyen.

Le shérif adjoint ne put retenir un sourire moqueur.

— Tu vas encore essayer de l'attraper ?

Le visage écarlate, l'homme du Bureau d'Aide se releva et alla se poster à la fenêtre, le dos tourné à la pièce, les yeux fixés sur la cour.

— C'est bon, soupira le shérif adjoint après un moment de silence. Je vais parler à nouveau à sa mère.

Il se leva et se dirigea vers l'entrée principale de la maison. Ses bottes crissèrent sur la pierre lorsqu'il traversa le perron pour aller s'asseoir à côté de la forme menue qui se tenait immobile dans le fauteuil.

— Madame Cunningham ? Votre garçon s'est caché sous le lit et refuse d'en sortir. Vous savez que nous devons l'emmener. Peut-être pourriez-vous nous donner un coup de main ? Les yeux fixes dans le vide, la femme ne parut pas entendre. Elle ne fit pas un geste, n'émit pas le moindre son. Le policier fit une nouvelle tentative.

— Madame Cunningham, s'il vous plaît. Nous ne repartirons pas sans votre fils, vous le savez. Il faut que vous nous aidiez à le convaincre. Nous ne voulons pas lui faire de mal, Madame.

Tournant lentement la tête, la femme regarda longuement, avec hostilité, l'homme mûr assis à son côté.

— Offrez-lui une glace au chocolat, murmura-t-elle d'une voix éteinte qui ne trahissait plus aucune émotion.

Son père lui faisait faire ce qu'il voulait lorsqu'il lui promettait une glace.

— Une glace au chocolat ? — Le shérif secoua la tête, incrédule, puis se mit à sourire. — Pourquoi pas ? Nous n'avons pas encore essayé ça. Vous avez raison, je suis sûr que ça va marcher !

Il se leva d'un bon et courut jusqu'à la chambre. Ignorant le regard intrigué de M. White, il se laissa tomber à genoux à côté du lit, attendit que ses yeux se soient accoutumés à la pénombre, puis se mit à parler à Peter comme s'il s'était adressé à son propre fils.

— Dis-moi, Peter. Tu es déjà monté dans une voiture de patrouille ? Une vraie voiture de patrouille, avec le bruit de la sirène et les lumières sur le toit ?

Dans le silence qui suivit ces paroles, il entendit les pas du représentant du Bureau d'Aide qui s'approchait du lit. Lui faisant signe de se tenir à l'écart, il essaya de distinguer un mouvement dans l'obscurité, mais n'en perçut aucun.

— Peter ?

— Pas de réponse.

— Tu aimerais monter dans une voiture de patrouille, Peter ? T'asseoir à côté de moi et voir tout ce qui se passe ? Ça te plairait ?

Toujours pas de réponse.

— Je vais te dire ce que je vais faire, rien que pour toi, Peter. Je vais t'emmener faire un tour dans ma voiture avec tes frères. Je vous laisserai même faire marcher la sirène. Tu te rends compte ? Je suis sûr qu'aucun de tes copains n'est jamais monté dans une voiture de patrouille et ne s'est jamais servi d'une sirène. Tu imagines ce qu'ils vont dire quand tu leur raconteras ça ? Qu'est-ce que tu penses de mon idée ?

Malgré lui, tout en demeurant méfiant, Peter commençait à être intéressé. Le shérif adjoint sentit son hésitation et décida de jouer sa carte maîtresse :

— Je vais même te dire mieux. Je pense t'acheter une glace au chocolat. Ça ne te semble pas une bonne idée ?

L'idée de la glace éveilla chez l'enfant des souvenirs de bonheur liés à son père, des images déjà lointaines mais encore vivaces. En une seconde, il fut pris d'une irrépressible envie de savourer une glace.

— C'est vrai ?

— Je te le jure.

— Croix de bois croix de fer ?

— Si je mens je vais en enfer.

Peter soupesa l'offre qui lui était faite pendant quelques instants.

— Je pourrai en avoir une pour moi tout seul ?

— Évidemment. La plus grosse qu'on trouvera pour toi tout seul.

Oubliant la raison pour laquelle il s'était réfugié sous le lit, Peter capitula. Avec des mouvements souples de reptile, il rampa lentement hors de sa cachette.

— Ça alors ! s'exclama le représentant du Bureau d'Aide en le saisissant par un bras. Tu l'as bien embo...

Un regard appuyé du shérif adjoint le fit taire. Le tenant chacun par un bras, les deux hommes entraînèrent Peter hors de la maison, lui firent traverser la cour sous les yeux de sa mère, puis l'installèrent sur la banquette arrière de la voiture de patrouille, où se trouvaient déjà ses deux frères.

Au moment précis où la porte se refermait sur lui, Peter remarqua que les portières arrière n'avaient pas de poignées à l'intérieur, et qu'un grillage métallique isolait la banquette arrière du reste du véhicule.

Horrifié, il prit brutalement conscience de l'erreur qu'il avait commise. Il s'était à nouveau laissé séparer de sa mère. Et maintenant il était enfermé ! Comme les autres fois.

Se reprochant amèrement de n'avoir pas su mieux se défendre, il appuya son front contre la vitre latérale. Pendant que la voiture s'éloignait du trottoir pour l'emmener dans un autre monde, il garda les yeux fixés sur la forme rigide, immobile devant l'entrée de la maison. Il vit la tête de sa mère s'incliner sur sa poitrine, son corps frêle secoué de sanglots. Il n'avait aucun moyen de savoir pourquoi on l'éloignait d'elle cette fois-ci, mais il avait la conviction absolue, irraisonnée, qu'on ne les laisserait plus jamais vivre ensemble.

Le hurlement de douleur qui jaillit alors du plus profond de lui-même ne franchit pas ses lèvres, mais continua de résonner en lui longtemps après que sa mère eut disparu.

CHAPITRE V

La voiture du shérif roulait sur une route sinueuse, s'enfonçant de plus en plus profondément dans la campagne. Tassé dans un coin de la banquette arrière, Peter suivait d'un regard absent le paysage qui défilait sous ses yeux. La route serpentait entre des bois épais, alternant avec des champs de hautes herbes que les fleurs sauvages de la fin de l'été marquaient de taches de couleurs vives. Du bétail y paissait parfois tranquillement. De temps à autre, des cow-boys lancés à la poursuite d'animaux récalcitrants traversaient la route devant la voiture, penchés sur les selles de leurs énormes chevaux. En dépit de son chagrin, Peter était fasciné par ces apparitions. Malgré tout le mal que le monde lui avait déjà fait, il continuait de le voir avec l'esprit d'un enfant, comme une source perpétuelle de mystère et d'émerveillement. C'était un véritable conte de fées qui se déroulait sous ses yeux, une histoire de cow-boys et d'Indiens, de chevaux, de vaches et de chiens, de caravanes, de feux de camps, d'aventures palpitantes avec des hors-la-loi et des voleurs de bétail.

Plongé dans ses rêveries, il avait à peine conscience du temps qui passait. Bientôt, les ombres des arbres commencèrent à s'allonger, le gravier de la chaussée cessa de refléter les rayons de soleil.

Peter n'avait aucune idée de l'endroit où on le conduisait. Il savait qu'il allait se retrouver à nouveau dans une maison étrangère, mais au moins cette fois-ci on ne l'avait pas isolé de ses frères. Le grillage métallique qui les emprisonnait tous les trois à l'arrière de la voiture était aussi une protection. D'une certaine manière, il empêchait les deux hommes assis à l'avant de les séparer.

Le shérif adjoint avait essayé à plusieurs reprises de lui parler, mais son mutisme l'avait découragé. Le représentant du Bureau d'Aide ne s'était même pas donné cette peine. Il n'avait évidemment plus été question de sirène, de lumières sur le toit ni de glace au chocolat.

Le voyage de la maison de sa mère à la ferme ne dura que trois heures, mais sous bien des aspects il emmena Peter beaucoup plus loin qu'aucun de ses déplacements précédents. Il avait vécu six ans avec sa mère, près de deux ans en espérant chaque jour la revoir, mais maintenant tout était terminé. Il ne lui restait plus que ses frères. Le seul monde qu'il connaissait, le seul qu'il désirait connaître, lui était à tout jamais interdit. Il ne serait pas rendu à sa mère cette fois-ci. Il ne vivrait plus jamais avec elle, ni au sein d'une vraie famille. Cette partie de sa vie n'était désormais plus qu'un souvenir, une image du passé qu'il chérirait pendant un certain temps, puis qu'il finirait par chasser presque totalement de sa mémoire consciente. C'était avec ses frères, et eux seuls, qu'il allait devoir parcourir le long chemin menant à l'âge adulte et à la liberté. Il savait tout cela sans que personne ait eu besoin de le lui dire. Mais ce qu'il ignorait, c'était que ses frères et lui-même avaient été inscrits sur les listes d'enfants à adopter. Le foyer de placement où on les emmenait devait être le dernier. Ils ne devaient y demeurer que le temps nécessaire pour que le Bureau d'Aide leur trouve des familles adoptives et régularise définitivement leur situation.

Peter n'avait pas peur de ce qu'il allait découvrir. Il avait déjà connu tant de foyers qu'il savait parfaitement ce qui l'attendait. Rien ne serait différent des autres fois. Seuls les visages et les noms changeraient. Mais cela n'avait strictement aucune importance à ses yeux.

Il s'en voulait amèrement de s'être laissé manœuvrer par le shérif et d'avoir cédé pratiquement sans combat. Il lui semblait avoir fait preuve d'une faiblesse impardonnable. Plus il y pensait, plus il était convaincu que tout était de sa faute, que c'était à sa propre faiblesse, à son manque de résolution qu'il devait d'avoir perdu sa famille. Il avait renoncé à se défendre, à défendre sa mère et ses frères pour une glace au chocolat ! On ne pouvait pas lui faire confiance, il était mauvais, il méritait tout ce qui lui arrivait, il était normal qu'il soit enfermé et puni. La glace au chocolat, qui lui avait procuré tant de joies, lui faisait maintenant horreur. Pendant des années, jusqu'à ce qu'il ait atteint l'âge adulte, il serait incapable d'en voir une sans avoir envie de vomir.

S'il se détestait, il haïssait plus encore les deux hommes assis sur les sièges avant, de l'autre côté de la grille métallique. Leur pouvoir était incomparablement plus grand que le sien, si grand qu'ils pouvaient faire de lui ce qu'ils voulaient, même l'arracher à sa mère. Simplement parce qu'ils étaient adultes. Ils étaient les maîtres absolus, et il n'avait aucun moyen de s'opposer à leur volonté — du moins pas encore.

— C'est là ! s'écria brusquement le shérif adjoint au moment où la voiture, parvenue au sommet d'une colline, amorçait une descente en direction d'une petite vallée. La voix du policier tira Peter de sa somnolence. Mû par la curiosité, il se redressa et se pencha vers l'avant pour voir le paysage.

La vallée était entourée de toutes parts par des collines boisées. Des blocs de granit, vestiges d'un lointain passé, parsemaient le sol d'argile rouge, à l'exception des zones qui avaient été aménagées depuis des années pour la culture et l'élevage. La route de graviers divisait la vallée en deux parties. A droite s'étendait un grand pâturage, avec des bosquets pour offrir de l'ombre au bétail pendant les longues journées d'été et une petite mare étincelante en son centre, où pataugeaient une demi-douzaine de bovins. D'autres vaches et deux chevaux broutaient paisiblement à proximité du point d'eau. Une clôture de fil de fer barbelé séparait cette prairie ouverte des épaisses forêts qui la surplombaient.

A gauche de la route se trouvait une petite ferme, son toit bleu perdu au milieu d'un océan de vert. Derrière la ferme, on apercevait également une grange au toit recouvert de tôles rouillées par les intempéries. Une barrière de bois entourait la basse-cour, le reste de l'exploitation, à l'exception des deux corrals attenant à la grange, était protégé par une clôture de barbelés. Au centre de la basse-cour se dressait un petit fumoir dont le plâtre avait disparu par endroits. Le poulailler était installé juste derrière la grange. L'ensemble des installations était adossé à une prairie au moins aussi grande que le pâturage qui lui faisait face. Une petite rivière la traversait dans sa partie la plus éloignée avant de disparaître dans les bois.

Peter était littéralement fasciné par les animaux. Le nez collé à la vitre, il les voyait grandir au fur et à mesure que la voiture s'approchait et leur taille le remplissait de stupéfaction. Jamais il n'aurait cru qu'ils pouvaient être aussi gros. Il avait déjà vu du bétail auparavant, mais seulement de très loin. Il avait connu auparavant des foyers de toutes sortes, mais c'était la première fois qu'il était placé dans une vraie ferme.

— Nous sommes arrivés, les enfants, dit M. White quand la voiture quitta la route pour venir s'arrêter devant le bâtiment principal. C'est votre nouvelle maison.

Peter avait été si absorbé par la nouveauté de ce qu'il découvrait qu'il avait totalement oublié la présence des deux hommes. Brusquement ramené à la réalité, il se tassa dans le coin de la banquette, les genoux ramenés sous le menton, les bras serrés autour de ses jambes. Pendant une brève seconde, ses yeux défièrent le représentant du Bureau d'Aide, puis son regard redevint froid et vide lorsque celui-ci se tourna vers lui.

Jimmy et Bobby avaient dormi pendant la plus grande partie du voyage. Le silence succédant au ronronnement du moteur les tira de leur sommeil. La première chose qu'ils virent fut une meute de chiens qui se ruaient sur la voiture. Ravis, ils demandèrent aussitôt à sortir. Le shérif adjoint ouvrit la porte arrière et ne put s'empêcher de rire lorsqu'ils atterrirent à quatre pattes à ses pieds.

— Debout, les garçons, et filez ! leur dit-il. Vous êtes chez vous !

Ils avaient à peine eu le temps de se redresser que les chiens arrivaient sur eux, jappant de plaisir, les bousculant de toutes parts. Riant et bavardant avec excitation, ils s'éloignèrent en courant, harcelés par leurs nouveaux compagnons.

Négligeant Peter, qui restait obstinément recroquevillé sur son siège, le shérif adjoint et le représentant du Bureau d'Aide se dirigèrent vers la maison d'un pas raide, en essayant de détendre leurs jambes engourdies. L'attention de l'enfant avait été attirée par un chien solitaire, qui était resté en arrêt à une dizaine de mètres de la voiture. Il paraissait plus petit que les autres, et sa fourrure semblait moins épaisse. Pendant un long moment il demeura immobile, la langue pendante, examinant le véhicule d'un air méfiant, puis il commença à s'approcher lentement. Un instant, il parut sur le point de faire demi-tour pour rejoindre la sarabande effrénée des autres chiens, mais il détourna finalement la tête et ses yeux revinrent se poser sur la voiture, comme s'il avait deviné qu'il y avait un troisième enfant à l'intérieur.

Comme le policier et M. White atteignaient l'entrée du bâtiment, la contre-porte s'ouvrit brusquement, livrant passage à Mme Jones.

— Qu'est-ce que vous avez fabriqué, les gars ? demanda-t-elle en se portant vivement à la rencontre des deux hommes. Ça fait des heures qu'on vous attend.

— On est désolés, Madame, expliqua le shérif adjoint. On a eu quelques petits ennuis. J'espère que ça ne vous a pas posé trop de problèmes.

— Pas du tout. Je suis seulement restée près de la maison, pour être sûre de vous entendre.

— Le contraire m'aurait ennuyé, Madame. Je suis l'adjoint John McCullum, du bureau du shérif. Et voici Steve White, qui représente le Bureau d'Aide à l'Enfance.

— Ravie de faire votre connaissance, Messieurs, répondit la femme en souriant. Installez-vous donc à l'ombre, sous la véranda, le temps que je vous serve quelque chose.

Sans leur laisser la possibilité de répondre, elle entraîna les deux hommes et les fit asseoir dans un large fauteuil suspendu, puis s'éclipsa et réapparut quelques secondes plus tard avec deux énormes chopes de citronnade glacée.

Les explications du représentant du Bureau d'Aide ne prirent pas plus de dix minutes. Mme Jones les écouta patiemment, tout en surveillant des yeux les jeux des deux petits dans la cour.

— Avez-vous des questions à poser avant que nous partions ? conclut M. White en lançant un regard éloquent au shérif adjoint en train de se prélasser dans le fauteuil.

— Non, Mr White. Nous avons déjà eu des enfants placés auparavant. Rien de ceci n'est nouveau pour nous.

— Tout est donc pour le mieux, Madame. Je pense que nous avons terminé, John. Je sors les affaires des enfants de la voiture et nous pourrons partir.

Joignant le geste à la parole, il se leva aussitôt et se dirigea vers l'entrée de la cour. En arrivant près de la voiture, il aperçut Peter, toujours blotti dans son coin, l'air absent, le regard fixé sur la cour.

— Sors de là, Peter ! ordonna-t-il en désignant la portière ouverte.

Ne recevant pas de réponse, il se pencha à l'intérieur, saisit l'enfant par le bras et le tira brutalement vers lui.

— Tu sors tes fesses de là, tout de suite !

Ignorant la douleur, Peter obéit. Tournant le dos à M. White, il se dirigea lentement vers le chien, qui suivait attentivement des yeux chacun de ses mouvements. Lorsqu'il fut à quelques mètres de lui, il s'arrêta et s'assit dans l'herbe, les jambes croisées. Pendant un long moment, l'enfant et l'animal se regardèrent en silence, sans faire un geste. Puis le chien se leva, les yeux rivés à ceux de Peter, et franchit la moitié de la distance qui les séparait. Après une nouvelle pause, il baissa la tête et s'approcha en rampant, s'arrêtant cette fois-ci à quelques centimètres seulement du garçon, figé dans une attente inquiète. En prenant garde de ne pas l'effrayer, Peter tendit le bras et lui caressa doucement le sommet du crâne. Dès le premier contact, le chien s'anima, bondit entre les jambes de l'enfant et se mit à lui lécher le visage. Il avait une langue humide et râpeuse, mais Peter n'en avait cure. Il se sentait bien. La gentillesse du petit animal lui mettait du baume au cœur. Le plaisir qu'il éprouvait était presque aussi grand que lorsque sa mère l'embrassait sur les joues.

Ayant déposé les bagages des enfants sous la véranda, les

deux hommes se dirigeaient vers la voiture lorsqu'une voix joviale, tonitruante, se fit entendre.

— Comment allez-vous ? Désolé de pas vous avoir accueillis, les gars ! J'avais du boulot à finir.

Un grand homme maigre en salopette, avec des bottes de travail et un chapeau de paille, apparut au coin de la maison et se dirigea à grandes enjambées vers le groupe formé par les trois adultes.

— C'est mon mari, expliqua la femme.

— Ne vous excusez pas, Monsieur Jones, nous comprenons très bien, dit le représentant du Bureau d'Aide. J'ai tout expliqué à votre femme. Je pense qu'elle pourra vous mettre au courant.

— Un peu qu'elle pourra, répondit le fermier. C'est nos nouveaux garçons, là ?

— Oui, Monsieur, ce sont vos nouveaux garçons.

— Ils ont l'air bien. Peut-être un peu maigres. — M. Jones se tourna vers son épouse. — Peut-être que tu pourras les remplumer un peu ?

— Peut-être bien.

— Ils sont très gentils, Monsieur Jones, intervint Steve White. L'aîné vous donnera peut-être du fil à retordre. Vous n'aurez qu'à me prévenir s'il vous pose des problèmes.

— Un petit bonhomme comme ça, me poser des problèmes ? Vous faites pas de souci, allez. Tout se passera très bien.

La conversation se poursuivit un moment encore, puis le shérif adjoint et M. White montèrent dans la voiture, qui s'éloigna et disparut dans un nuage de poussière.

Revenant sur leurs pas, le fermier et sa femme s'installèrent côte à côte dans le fauteuil de la véranda pour observer les enfants, qui jouaient toujours dans la cour. De temps à autre, leurs têtes se rapprochaient et ils échangeaient quelques mots à voix basse. Au bout de quelques minutes, M. Jones se leva et repartit en direction de la grange.

Mme Jones resta assise, les yeux fixés sur Peter. Les deux petits avaient disparu à l'angle de la maison, la meute joyeuse sur leurs talons. Peter demeurait seul, le petit chien roulé en boule entre ses jambes. Au moment où le soleil plongea derrière les collines, elle vit l'enfant prendre l'animal entre ses bras, le serrer sur sa poitrine, une joue appuyée contre sa tête, et le bercer tendrement en se balançant d'avant en arrière.

Mais elle ne vit pas ce que Peter lui dissimulait en se tenant ainsi : les larmes qui roulaient le long de son nez et disparaissaient aussitôt, absorbée par la fourrure du chien, comme un secret qui ne pouvait être connu que d'eux seuls. D'une voix très basse, pour être sûr que la femme ne l'entendait pas, Peter chantonnait pour lui-même et pour son compagnon :

— Jésus m'aime, je le sais. Car la Bible me l'a dit...

C'était une chanson que sa mère lui avait apprise. Lorsqu'il était tout petit. Il y avait très longtemps de cela.

CHAPITRE VI

Le matin commence tôt dans une ferme. Le jour qui suivit l'arrivée de Peter ne fit pas exception à cette règle. L'enfant fut réveillé longtemps avant tout le monde par le chant insistant d'un coq. La maison était encore endormie — silencieuse, obscure. De toute évidence, l'heure du lever était encore loin et personne n'était debout. Prenant mille précautions pour ne pas réveiller ses frères, Peter sortit du lit et commença à s'habiller en toute hâte. Malgré la peur que lui inspirait la pénombre, il savait qu'il lui serait impossible de se rendormir, quoi qu'il fasse pour y parvenir. Il n'avait qu'une idée en tête : le chien. Comme un naufragé s'accrochant désespérément à une planche, il ressentait un besoin vital de le retrouver sans tarder. Sa plus grande crainte était que le jour se lève sur un scénario différent, avec une autre histoire, d'autres personnages — dont le chien ne ferait pas partie. Il savait qu'il ne pourrait survivre que si l'aventure commencée la veille au soir se poursuivait de la même manière, si le chien demeurait présent dans sa vie. Il fallait absolument qu'il le voie, qu'il le touche, qu'il le prenne à nouveau dans ses bras, qu'il sente la chaleur de sa fourrure contre son visage, qu'il s'assure que le lien d'amour qui les unissait n'avait pas été rompu. Avant toute chose, il voulait être certain que le petit animal n'avait pas disparu pendant la nuit.

Qu'il se soit réveillé avant tous les autres était une chance. Accélérant le pas, il descendit le couloir, traversa la cuisine sans s'arrêter, ouvrit la contre-porte qui donnait sur la cour.

— Ici, chien ! Ici ! appela-t-il d'une voix anxieuse en surveillant de l'œil le coin de la maison.

Une seconde plus tard, surgi de nulle part, le chien était devant lui, remuant fièrement la queue en signe de reconnaissance. Comme un haltérophile dont les jambes cèdent sous un poids trop lourd, Peter se laissa tomber à genoux, le visage pressé contre le cou du chien.

— Tu es resté, hein ? murmura-t-il, des sanglots de bonheur dans la voix. Tu n'es pas parti ? Tu es un gentil chien ! Tu ne me quitteras jamais, n'est-ce pas ?

Tournant le dos à la maison pour faire face à l'est, continuant de chuchoter des paroles d'encouragement, Peter s'assit dans l'herbe, le chien entre ses jambes, et commença à lui gratter doucement la tête et les épaules. Plus il grattait, plus le chien montrait de plaisir, et plus il montrait de plaisir, plus Peter le grattait. C'était comme si l'un et l'autre avaient voulu donner et recevoir plus, plus vite et plus fort que ce qu'ils pouvaient.

L'accord qui s'était établi la veille entre l'enfant et l'animal fut définitivement scellé ce matin-là, à l'aube de leur second jour, lorsqu'ils devinrent des amis inséparables. Le garçon donnait tout l'amour qu'il avait en lui, son compagnon s'en abreuvait, en redemandait encore et encore. Peter sentait sa langue humide et chaude aller et venir sur ses joues brûlantes, et son cœur se gonflait de joie.

Il aurait pu rester là jusqu'à la fin des temps. Il était si absorbé par ce qu'il vivait qu'il lui fallut un long moment pour réaliser que le jour était en train de se lever. Levant les yeux avec surprise, il découvrit un spectacle qu'il n'avait jamais vu auparavant. A l'est, le ciel se teintait de couleurs splendides, iridescentes, qui se fondaient et renaissaient dans un mouvement continu. Les yeux émerveillés, il vit les rouges et les bleus profonds se transformer en roses, en jaunes, en gris bleutés — une véritable symphonie de couleurs et de lumières qui annonçait à la Terre un événement formidable, une merveille plus grande encore. Le chien serré contre sa poitrine, l'enfant ne perdait pas une nuance de ce chatoiement cosmique. Au bout d'un temps qui lui parut infini, les couleurs commencèrent à s'estomper, cédant la place à une lumière plus vive. Pendant un instant, tout sembla s'arrêter. Puis le miracle se produisit. Écarlate, éblouissant, le soleil apparut entre les arbres, au sommet d'une colline. Emporté par l'enthousiasme, Peter le salua bruyamment, applaudissant des deux mains, riant à gorge déployée, le chien toujours pressé contre lui. Une joie sans mélange illuminait son regard.

Il n'avait jamais rien vu d'aussi beau que ce lever de soleil, n'avait jamais été aussi fasciné par une réalité où les adultes n'avaient aucune part. C'était pour lui une découverte importante, qui lui donnait un profond sentiment de sécurité. Bien que ce fût son premier contact avec l'aurore, il savait que cette transformation magique se reproduisait chaque matin. Chaque jour commençait avec elle. Aucun ne pouvait s'écouler sans que cette chose merveilleuse ait eu lieu. Elle était immuable. Il pouvait compter sur elle. Quoi qu'il advienne par ailleurs, il pouvait être assuré que le soleil se lèverait chaque matin. Dans son existence tourmentée, c'était la première certitude qu'il découvrait consciemment sur son chemin.

Il ne devait jamais par la suite oublier la fièvre de cette matinée exceptionnelle. Elle perdait de son importance dans la journée, lorsqu'il devait affronter des gens réels, de vrais problèmes, des angoisses incontournables. Mais elle était renouvelée pour lui à chaque aube, comme la vie elle-même, par la chaleur généreuse, inépuisable, du soleil.

Sans y avoir réfléchi, il décida d'appeler le chien Bo.

— Beau. Le lever de soleil et le chien. Tous les deux étaient beaux. C'était un nom approprié.

— Peter ? Pe-e-ter ! Le déjeuner ! Tout de suite !

La voix de Mme Jones venait de la cuisine. Il avait totalement oublié l'heure qui passait et n'avait pas entendu le remue-ménage provenant de la maison, signalant que les autres étaient levés.

Comme un œuf brisé au-dessus d'une poêle à frire, il sentit que toute sa joie s'échappait de lui, ne laissant guère plus qu'une coquille vide. A nouveau, son temps ne lui appartenait plus. Il n'avait d'autre choix qu'obéir, avec d'amers regrets et en espérant que Bo l'attendrait.

— Tu ne bouges pas. Tu restes bien sage, dit-il doucement à l'animal. Je reviens dans pas longtemps.

Il se leva à contre cœur et se dirigea vers le porche de l'arrière de la maison, le chien sur ses talons. Bobby l'attendait devant la porte.

— Où tu étais, Peter ? Je t'ai cherché partout et je t'ai pas trouvé. Je...

Il allait continuer lorsqu'il vit le chien. Le souvenir des jeux de la veille avec la meute lui fit oublier son angoisse. Il tendit le bras pour caresser la tête de l'animal.

— C'est mon chien, Bobby ! dit sèchement Peter en s'interposant. Bo est à moi. Je veux pas que tu joues avec.

Quelque chose dans la voix de Peter fit reculer le gamin, qui battit en retraite sans insister. Peter le suivit dans la cuisine. Resté à l'extérieur, Bo posa les pattes sur la contre-porte, les yeux assez haut pour pouvoir voir à travers la moustiquaire.

Jimmy était déjà là. Ne sachant quelle contenance prendre, les trois enfants s'adossèrent au mur et attendirent. La fermière décrocha le jambon pendu dans le garde-manger, en découpa quelques tranches, les mit à frire avec des œufs, versa de l'eau chaude dans la cafetière, jeta un coup d'œil aux crêpes qui cuisaient dans le four.

— 'Jour, les enfants.

— Bonjour, lâchèrent-ils avec réticence.

— Vous avez bien dormi ?

— Oui, M'dame, répondit Jimmy au nom de tous.

— C'est très bien. Je parie que vous avez faim, non ?

Aucun n'ouvrit la bouche. Peter s'était abstenu comme ses cadets, par crainte d'avouer une faiblesse.

La femme ne parut pas s'en émouvoir. Elle disposait des œufs frits, du jambon, des crêpes beurrées sur deux assiettes. Peter ne la quittait pas des yeux, conscient des gargouillements émis par son estomac. La vue et l'odorat agréablement sollicités, il attendait avec impatience qu'elle leur ordonne de passer à table.

Sur le point de manger, elle les pria de se laver. Suivant soigneusement ses instructions, Peter puisa deux louches d'eau — pas une de plus — dans un seau posé près de l'évier et les versa dans une petite cuvette.

En 1957, la ferme n'avait pas encore l'eau courante. Des bouteilles de gaz butane étaient livrées chaque mois pour la cuisine. L'habitation était chauffée par un poêle à charbon. Les sanitaires étaient à l'extérieur, à plus de cent mètres au sud du bâtiment principal. L'eau utilisée pour la toilette, la boisson et la cuisine provenait d'un puits artésien situé près de la rivière. Elle devait être transportée sur plus d'un kilomètre dans des seaux ou dans des jarres. C'était une tâche quotidienne que personne n'aimait accomplir, aussi les fermiers veillaient-ils à ce qu'elle ne soit pas gaspillée.

L'un après l'autre, les garçons se lavèrent les mains, sous l'œil vigilant de Mme Jones, puis s'essuyèrent avec une petite serviette qu'elle leur fournit. Lorsqu'ils eurent terminé, Peter dut aller vider la cuvette dans l'arrière-cour.

A sept heures tapantes, M. Jones fit son apparition. Accrochant son chapeau de paille au clou situé près de la porte, il se dirigea vers l'évier et entreprit à son tour de se laver les mains.

— 'Jour, les gars ! dit-il aux trois enfants qui avaient repris place contre le mur le plus éloigné.

— Bonjour ! répondirent-ils en chœur.

— Venez vous asseoir ! ordonna la femme en posant trois petites assiettes sur une table installée dans un coin de la cuisine.

Ils la regardèrent poser deux minuscules crêpes sur chacune des assiettes, auxquelles elle rajouta une noisette de beurre et deux cuillerées de sirop de maïs qu'elle battit avec un couteau pour obtenir un mélange homogène, jaunâtre et pâteux.

— Avalez-moi ça !

Ils se précipitèrent vers la table, se disputant les chaises, mais ne surent plus quoi faire après s'être assis. Il n'y avait ni fourchettes ni cuillères sur la table, seulement un couteau à côté de chaque assiette. Embarrassé, Peter leva les yeux vers la fermière, qui emportait dans la salle à manger les œufs, le jambon et le reste des crêpes. Elle revint ensuite chercher le café, un pot de miel et un pot de confiture. Puis elle les laissa seuls, figés devant leurs maigres repas. De la salle à manger leur parvinrent bientôt les sons produits par les gardiens en train de manger de bon cœur.

Ne sachant toujours pas comment s'y prendre, ils contemplaient leurs assiettes en se jetant de temps à autre des regards anxieux. Comme cela s'était souvent produit auparavant, les deux petits attendaient que Peter prenne l'initiative. Au bout d'un moment, il haussa les épaules, prit le couteau, étala un peu du mélange de beurre et de sirop sur une de ses crêpes et mordit dedans à pleines dents. C'était bon. Réellement bon. Ses frères l'imitèrent aussitôt, se jetant sur leurs crêpes tartinées à la hâte. En quelques minutes, il ne resta plus une seule miette ni aucune trace dans leurs assiettes.

N'osant pas bouger, effrayés à l'idée de faire une bêtise, ils restèrent ensuite assis autour de la table, écoutant la conversation qui leur parvenait par intermittence de la salle à manger. Avec l'odeur des œufs et du jambon qui planait encore dans la cuisine, ils se retrouvaient plus affamés que lorsqu'ils avaient commencé leurs crêpes.

Après un temps qui leur parut durer une éternité, le couple termina son repas. Mme Jones réapparut dans la cuisine, les bras chargés de vaisselle sale.

— Très bien, les garçons. Peter, tu vas me laver tout ça. Les autres, allez jouer, dit-elle en posant les plats et les assiettes sur l'égouttoir.

Les deux petits descendirent sans enthousiasme de leurs chaises et se dirigèrent lentement vers la porte. Avant de sortir, ils se retournèrent pour voir s'il ne restait pas de la nourriture dans le second chargement de vaisselle ramené par la fermière. Il n'y avait plus rien.

M. Jones revint dans la cuisine et se dirigea vers le seau d'eau posé sur l'égouttoir, à gauche de l'évier de porcelaine écaillé, dépourvu de robinets. Prenant la louche accrochée au mur, il la plongea dans l'eau et la porta à ses lèvres. Tout en buvant, il laissa son regard errer sur la vue qui s'offrait à ses yeux de l'autre côté de la fenêtre. Bien qu'ayant peu de temps à perdre en rêveries, il rendit un long hommage silencieux à la puissance mystérieuse qui rendait possible des matinées comme celle-là, puis revint lentement à des préoccupations plus quotidiennes. Comme un monarque s'assurant de l'état de son royaume, il examina la basse-cour, la grange, le pré qui s'étendait au-delà. Tout ce qu'il voyait lui appartenait. Tout était en ordre. Satisfait, il s'écarta de la fenêtre, cédant la pla^e à l'enfant qui s'agitait nerveusement dans son dos.

— Je vais à la grange, dit-il sans s'adresser à personne en particulier, en récupérant son chapeau au passage.

Mme Jones avait rempli la cuvette que les garçons avaient utilisée par se laver les mains. Elle installa Peter devant l'évier, en lui ordonnant de laver d'abord les couverts, puis les assiettes et les plats, enfin les pots et les poêles. Lorsqu'il aurait terminé, il irait vider l'eau sale dans la cour, remettrait de l'eau propre dans la cuvette, rincerait le tout et le mettrait à sécher sur l'égouttoir, à droite de l'évier.

— Lave-les bien d'abord, précisa-t-elle. S'il y a une chose que je ne supporte pas, c'est le travail mal fait. Surtout avec la vaisselle pour manger. Et fais bien comme je t'ai dit.

Elle observa un instant les gestes de l'enfant, parut satisfaite de ce qu'elle voyait et sortit de la cuisine après lui avoir lancé :

— Lorsque tu auras terminé, j'aurai encore quelques bricoles à te faire faire.

Peter poussa un soupir de soulagement en la voyant disparaître. Il avait terminé le lavage des couverts, des tasses et des verres et s'attaquait maintenant à la pile d'assiettes sales. S'emparant de la première, il vit qu'elle contenait encore un peu de jaune d'œuf, quelques miettes de pain et une traînée de confiture.

Hésitant, il la maintint quelques instants au-dessus de l'eau graisseuse, jeta un rapide regard derrière lui, puis baissa la tête et la nettoya en quatre coups de langue.

CHAPITRE VII

Le mois d'août 1957 s'écoula, les jours succédant aux jours sans différence notable. La chaleur excessive et les problèmes posés par la moisson étaient les principaux sujets de conversation des adultes.

Peter ne mit pas longtemps à s'adapter à la vie de la ferme. En réalité, il n'avait pas le choix. A l'inverse des autres foyers de placement, où on ne lui demandait pratiquement jamais rien, l'exploitation requérait beaucoup de travail, et les fermiers exigeaient de lui qu'il accomplisse sa part. La liste de ce qu'il avait à faire s'accrut régulièrement pendant les premières semaines de son séjour, jusqu'à ce que soit mise en place une routine quotidienne qui mobilisait la plus grande partie de son temps et de son attention.

A l'intérieur de lui, il était partagé entre la rage et la résignation. Bien que continuant de se reprocher amèrement d'avoir laissé le shérif adjoint l'éloigner de sa mère, il acceptait son sort comme une fatalité. S'enfuir était hors de question. Jamais il ne pourrait parcourir à pied la distance qui le séparait de sa maison. Et c'était sa faute, entièrement sa faute, s'il se trouvait dans cette situation. Il avait mérité tout ce qui lui arrivait.

Dans le même temps, il était en colère. En colère contre les adultes, particulièrement ceux qui avaient le pouvoir de diriger sa vie. Il ne se montrait ni franchement hostile ni ouvertement désobéissant, mais la haine qu'il éprouvait se traduisait par de la résistance passive, parfois par un acte de sabotage délibéré qui lui permettait de se défouler sans que sa rébellion puisse lui être reprochée. Il n'aimait pas les adultes. Il ne leur faisait pas confiance. Il souhaitait s'en tenir aussi loin que possible, ne les croisant ou ne communiquant avec eux que pour la satisfaction de ses besoins matériels. Son affection et son attention n'étaient pas tournés vers eux, mais vers ses frères, son chien Bo et les merveilles de la nature.

Les jours qui suivirent leur arrivée, Peter et les deux gamins furent dûment informés des règles auxquelles ils étaient tenus d'obéir. Ils étaient des enfants en placement — des enfants dont personne ne voulait —, qu'on acceptait à la ferme par gentillesse. S'ils ne se conduisaient pas convenablement, on les enverrait vivre dans les bois de l'autre côté de la rivière, avec les nègres qui mangeaient les petits enfants blancs.

Mme Jones, qui les avait pris sous sa responsabilité, les surveillait comme un rapace guettant ses proies. Aucun de leurs gestes ne lui échappait, leurs moindres mouvements étaient jugés en termes de gain ou de perte pour l'exploitation.

Elle fournit à chacun des enfants une garde-robe consistant en deux chemises à manches courtes, deux chemises à manches longues, deux paires de blue-jeans, une veste en jean, une paire de chaussures, trois paires de chaussettes, deux jeux de sous-vêtements, une ceinture et un short. Pendant les longues journées d'été, ils n'avaient droit qu'au short, sans même un sous-vêtement dessous. Ceux-ci n'étaient autorisés que pour aller à l'école ou au village, avec une chemise par-dessus le short en été ou le jean en hiver. Les chaussettes et les chaussures étaient réservées pour les occasions spéciales, ou lorsqu'il faisait vraiment trop froid. Le reste du temps, les enfants vivaient pieds nus.

Le bâtiment principal de la ferme comprenait trois chambres, un salon, une salle à manger et une cuisine. Il y avait également plusieurs débarras où étaient entreposées les réserves. La chambre des trois garçons n'avait qu'un seul lit. Les deux autres chambres, celle de Jones et celle que leurs trois grands enfants utilisaient lorsqu'ils venaient en visite, leur étaient interdites. Ils n'y pénétraient que lorsqu'ils avaient un travail à y faire. Ils ne dormaient et mangeaient dans la maison que pendant les grandes chaleurs ou les grands froids. L'été, ils avaient pour terrain de jeux l'exploitation tout entière, avec ses centaines et ses centaines d'acres de cultures, de pâturages et de forêts. L'hiver, ils se réfugiaient dans la grange, au milieu des balles de foin.

Ils recevaient un bain deux fois par an, le premier au printemps, le second à l'automne. Leurs seuls autres contacts avec le savon et l'eau étaient les bains souvent involontaires qu'ils prenaient dans le ruisseau ou les mares du domaine.

Ils n'avaient pas le droit d'utiliser les sanitaires. Ils devaient satisfaire leurs besoins naturels le plus loin possible de la maison, de préférence dans les bois. Deux carrés de papier hygiénique, pas un de plus, leur étaient accordés pour chaque occasion. Toute violation de cette règle entraînait une suppression du papier pendant une semaine. Ils apprirent rapidement à se débrouiller avec des feuilles ou de la mousse.

La lessive avait lieu une fois par mois pendant l'été, plus rarement pendant les autres saisons. C'était un travail qui prenait pratiquement toute la journée. Après avoir observé Mme Jones à deux reprises, Peter avait été capable de l'accomplir seul. Il commençait tôt le matin, remplissant le grand chaudron noir de l'arrière-cour avec un seau qu'il allait remplir dans la mare. Cela durait longtemps, parce que le chaudron était énorme et le seau tout petit. Ensuite, il disposait du bois sous le chaudron et allumait un feu, de manière que l'eau soit bouillante lorsqu'il terminait la vaisselle du petit déjeuner. Il rassemblait alors le linge et le jetait dans le chaudron avec un morceau de savon fabriqué à la ferme. Laissant bouillir la lessive, qu'il remuait de temps à autre avec un manche de bois, il faisait à nouveau plusieurs voyages jusqu'à la mare, cette fois-ci pour remplir la lessiveuse en aluminium installée sous le porche de l'arrière-cour. Lorsqu'il estimait que les vêtements étaient propres, il les sortait un par un avec le manche, les rinçait dans l'eau claire de la lessiveuse, puis les étendait sur la barrière qui séparait la maison de la basse-cour, où il revenait les chercher en fin d'après-midi pour les plier et les rentrer. Les jours de lessive étaient des jours où il n'avait guère le temps de flâner.

Sous l'œil vigilant de Mme Jones, il assurait également les travaux quotidiens de la maison. A la vaisselle du petit déjeuner, qu'il avait faite dès le premier jour, s'ajoutèrent rapidement d'autres tâches régulières, comme dresser la table, faire les lits ou entretenir et cirer les linos.

Peter détestait ces travaux. Il souffrait de la surveillance constante de Mme Jones. Il souffrait surtout de devoir rester enfermé entre quatre murs alors que son désir le plus cher était de se retrouver à l'extérieur, dans la chaude lumière de la fin de l'été, libre de rêver aux mille et une aventures qui l'attendaient, il en était certain, de l'autre côté des enclos. Il souhaitait être dehors, seul, loin de la fermière. Par-dessus tout, il souhaitait être avec Bo.

Une des tâches qu'il haïssait le plus lui valut un surnom qu'il abhorrait particulièrement. La maison n'ayant pas l'eau courante, il n'y avait pas de sanitaires à l'intérieur, aussi Mme Jones utilisait-elle chaque nuit un pot de chambre — qu'il était chargé de vider chaque matin.

Un jour qu'il traversait la maison en portant l'objet à bout de bras, le cœur débordant de rage, il le renversa accidentellement (de manière délibérée) sur le parquet du salon. Mme Jones entendit le bruit du métal heurtant le bois et devina immédiatement ce qui s'était passé. Le regard flamboyant de colère, elle jaillit de la cuisine, une ceinture à la main, et se précipita sur l'enfant qui l'attendait au milieu des dégâts, à la fois effrayé et provocant. Le saisissant par le bras, elle manifesta son mécontentement en fouettant ses jambes nues.

Fouaillé par la douleur, Peter essaya de se libérer de son étreinte, mais elle le força à s'agenouiller sur le parquet souillé et lui mit un paquet de vieux chiffons entre les mains.

— Nettoie ça tout de suite, petite mouche à merde ! hurla-t-elle au comble de la fureur.

De ce jour, le surnom lui resta. Elle ne l'employait que lorsqu'elle était exaspérée, mais elle l'était assez souvent pour qu'il devienne une partie intégrante de la vie du jeune garçon, comme une expression qui aurait servi à la fois à le nommer et à le décrire.

De ce jour data également une autre tradition, inconnue de Mme Jones. Au lieu d'aller vider le pot dans le champ situé derrière la grange, comme il était censé le faire, Peter prit l'habitude d'en déverser le contenu à côté du porche de l'entrée. Mme Jones ne se douta de rien pendant un an, et ne comprit que l'été suivant d'où venaient les mauvaises odeurs qui traînaient sous le porche — et pourquoi l'herbe ne poussait que d'un seul côté.

Étant l'aîné des trois enfants, Peter était responsable de ses deux frères. Il devait les mettre au lit à huit heures du soir, les faire lever le matin, veiller à ce qu'il ne leur arrive rien dans la journée. C'était une tâche qu'il acceptait de bon cœur, la seule qu'il ne ressentait pas comme une contrainte. La seule aussi qui lui permettait d'exprimer son besoin de chaleur et d'affection. Il mettait tout son cœur à l'accomplir. Confronté à l'avarice et à l'insensibilité de Mme Jones, il ne tarda pas à découvrir des moyens d'aider ses frères à l'insu de la fermière. Il apprit à dérober de la nourriture pour eux dans le garde-manger, à voler des pièces et du chewing-gum dans la boîte à couture cachée dans le placard de Mme Jones, à mentir pour les protéger lorsqu'ils avaient commis une bêtise ou oublié le règlement. La vie à la ferme étant ce qu'elle était, il devint rapidement très habile dans ces trois spécialités.

Le temps passant, il se vit encore confier d'autres tâches. Début septembre, il apprit à préparer le petit déjeuner, et le prépara ensuite pratiquement tous les jours. Lorsqu'ils n'allaient pas à l'école, les enfants n'étaient nourris que deux fois par jour. Le petit déjeuner était toujours le même, sauf lorsqu'il y avait des invités à la maison. Ces jours-là, Mme Jones améliorait le menu, le préparait elle-même et allait jusqu'à faire la vaisselle après le repas. Les enfants le partageaient, mais devaient le prendre à la cuisine, à l'écart des adultes. Quel repos c'était pour Peter ! Les autres matins, il devait grimper sur le tabouret installé pour lui devant la cuisinière et faire cuire les œufs, le jambon et les crêpes pour les fermiers. Lui et ses frères n'avaient droit qu'à deux crêpes chacun. Et bien sûr, il devait laver les plats lorsque tout le monde avait terminé.

Les enfants ne déjeunaient pas à midi, mais le repas du soir était généralement consistant : légumes frais ou en boite selon la saison, pain, fèves, pommes de terre frites et beignets. On ne servait de la viande que le dimanche. Avec du poulet, des pommes de terre, des beignets, des pois, des tomates fraîches, des crêpes et un morceau de gâteau pour le dessert, le repas dominical était attendu avec impatience pendant toute la semaine par les trois enfants.

Ayant pratiquement toujours faim, ils apprirent très vite à voler des légumes et des fruits dans le jardin — pastèques, tomates, concombres, melons. Ils apprirent également à reconnaître les baies comestibles et les fruits produits par tous les arbres de l'exploitation. L'hiver, ils se rabattaient sur les céréales, les biscuits de fourrage du bétail et la nourriture séchée pour les chiens conservée dans le fumoir. Pour améliorer leur régime, ils récupéraient dans les poubelles les coquilles d'œufs, le marc de café, les emballages de beurre et en règle générale tous les restes qui leur paraissaient encore mangeables.

Ayant nécessairement accès à la cuisine, Peter dérobait des morceaux de gâteau, du pain, des fruits secs qu'il donnait ensuite à ses frères. Parfois, il pouvait aussi emporter du sucre, de la confiture ou du miel en petites quantités. C'était ce que les deux petits aimaient le plus.

La première fois que Peter essaya de faire un beignet en cachette, l'aventure tourna au désastre. Il ignorait quelle quantité de farine il devait employer. Il opta pour quatre cuillerées, mais lorsqu'il rajouta le lait la pâte qu'il obtint se révéla trop épaisse pour pouvoir être mangée.

Soudain effrayé, il chercha un moyen de réparer son erreur. Il savait qu'il était strictement interdit de jeter de la nourriture. Il ne pouvait pas laisser la pâte dans la poêle, mais craignait que Mme Jones la découvre s'il se contentait de la mettre à la poubelle. Que faire ? Surgissant dans la cuisine à cet instant précis, ses frères lui apportèrent la solution. Du moins le crut-il. Il les fit asseoir, partagea en deux le beignet raté et les pria de le manger le plus rapidement possible. Mais bien qu'ils eussent faim, ils le rejetèrent aussitôt après l'avoir goûté et disparurent avant qu'il ait pu les rattraper. Humilié et de plus en plus inquiet, il pensa alors à la seule autre solution qui lui restait — les chiens. Tout comme les enfants, les chiens de la ferme étaient mal nourris et auraient mangé n'importe quoi pour apaiser leur faim. Ou presque. Ayant vidé la pâte dans une écuelle, Peter gagna l'arrière-cour, où il fut immédiatement entouré par les chiens qui avaient compris qu'il leur apportait de la nourriture. Mais lorsqu'il eut déposé le plat sur le sol, il les vit l'un après l'autre s'approcher, renifler le beignet, puis s'éloigner la tête et la queue basses, comme s'il leur avait joué un mauvais tour. Même les animaux ne voulaient pas de son beignet ! Ne pouvant courir plus longtemps le risque d'être découvert, il finit par le laisser sous le porche, recouvert de terre, en priant le Ciel que Mme Jones n'ait rien à faire dans les parages avant qu'il soit devenu méconnaissable.

En plus de ses tâches ménagères, Peter assurait certains des travaux de la ferme, ramassait les œufs ou traiyait les vaches. Lorsqu'il devint plus grand, il dut également aider à la mise en balles du foin, au marquage du bétail, au labourage, et nourrissait les animaux pendant les mois d'hiver, lorsqu'ils n'allaient pas aux pâturages.

Pendant les premières semaines de son séjour, le seul travail qui l'éloignait de la maison et de Mme Jones était l'approvisionnement en eau potable. Un matin, elle plaça six jarres de quatre litres sur une petite carriole avec laquelle ses petits-enfants avaient l'habitude de jouer lorsqu'ils se trouvaient à la ferme, et ordonna à Peter de la suivre en tirant le chargement. Peter ahanant derrière elle, le chien Bo sur ses talons, elle alla jusqu'au puits artésien, montra à l'enfant comment il devait s'y prendre pour remplir les jarres, puis le regarda ramener la carriole chargée jusqu'à la ferme. Satisfaite du résultat, elle lui annonça qu'il devrait désormais aller chercher l'eau tous les matins, autant que possible avant le petit déjeuner.

C'était de loin le travail le plus pénible qu'il avait à faire. Il devait y employer toute la force de ses jeunes muscles. Si l'aller n'était pas trop difficile, le retour avec les jarres pleines d'eau était inévitablement un calvaire. Mais c'était aussi une tâche qui offrait d'inestimables compensations : il était à l'extérieur, loin de Mme Jones, et Bo se trouvait avec lui.

Bo était son compagnon de tous les jours. Il était sûr de le retrouver dès qu'il sortait de la maison, l'attendant patiemment, fidèlement. S'il n'avait tenu qu'à eux, l'enfant et le chien auraient été inséparables. Peter aimait l'animal plus que tout autre être vivant au monde, à l'exception de ses frères.

Après s'être débarrassé de ses tâches matinales, Peter

emmenait Bo dans les bois, le long de la rivière, où ils jouaient à se poursuivre au milieu des arbres et des rochers. Leur promenade se terminait toujours par un long moment pendant lequel ils restaient assis dans l'herbe, à l'ombre d'un grand arbre, simplement heureux d'être ensemble.

Ils avaient adopté un des grands arbres qui se dressaient près de la rivière. Son feuillage formait une voûte au-dessus de l'eau, et lorsque Peter se trouvait au sommet, à califourchon sur une branche, il pouvait découvrir le paysage à plusieurs kilomètres à la ronde. Il voyait la ferme, les pâturages, la rivière serpentant dans les bois, la route qui descendait des collines. Très vite, l'arbre devint son refuge, sa retraite, connue de lui seul et de Bo.

Il se sentait inévitablement mieux lorsqu'il était dans l'arbre. Il avait l'impression de pouvoir voir tout ce qui l'entourait, tout ce qui bougeait, tout ce qui arrivait ou pouvait arriver. A une telle hauteur, avec une telle vue, rien ne pouvait le menacer ni le prendre par surprise.

En allant chercher l'eau le matin, Peter poussait la carriole dans l'obscurité jusqu'à la rivière, la laissait au pied de l'arbre, où Bo se roulait en boule en l'attendant, et grimpait rapidement jusqu'aux plus hautes branches. Confortablement installé au creux d'une fourche, il demeurait immobile jusqu'à ce que les premiers rayons du soleil matinal ramènent à nouveau la lumière et la vie sur la terre, le rassurant sur la bonne marche du monde.

C'était un moment exceptionnel. Il était seul avec Bo, dans un endroit qui n'appartenait à personne d'autre, et leur communion était si parfaite que la nature elle-même se mettait de la partie, en parant l'azur des plus merveilleuses couleurs. Le murmure de la rivière, le bruissement des arbres ajoutaient une douce musique à ce spectacle quotidien dont il ne se lassait jamais. Parfois, des larmes de joie coulaient sur ses joues, certains jours il accueillait le soleil avec des rires et des cris de bienvenue, ou il restait immobile, tous les sens en alerte, s'imprégnant en silence de la majesté de l'instant. Mais toujours il était heureux.

Lorsque la fête était terminée, il redescendait de l'arbre à contrecœur, récupérait la carriole et se remettait en route, Bo à ses côtés. Une journée de travail l'attendait.

CHAPITRE VIII

La rentrée scolaire arriva sans qu'il ait eu le temps d'y penser. Au début du mois de septembre de sa première année à la ferme, il entra au cours élémentaire.

L'école se trouvait dans un petit village, à sept ou huit kilomètres à l'ouest de la ferme des Jones. C'était une petite école rurale, essentiellement fréquentée par les enfants des fermiers des environs, qui ne comptait que trois bâtiments. Le premier abritait la cantine, les deux autres trois classes chacun. Toutes les classes comptaient deux niveaux. Les élèves du cours préparatoire au cours moyen étaient dans le premier bâtiment, ceux du cours moyen à la fin d'études dans le second.

L'épouse du directeur, Mme Adams, était chargée des cours élémentaires. C'était une femme exceptionnellement attirante, avec un sourire chaleureux et des mains très douces. Quelque chose en elle rappelait à Peter sa propre mère. Peut-être ses yeux. Ou sa voix. Il fut subjugué dès le premier jour où il la vit. Il voulait être près d'elle. Il voulait qu'elle le touche — ou au moins qu'elle lui adresse un sourire pour lui montrer qu'elle l'avait remarqué.

En l'espace de quelques semaines, il acquit une position en quelque sorte unique dans la classe. Il mettait tant d'application à faire tout ce qu'elle demandait que la maîtresse ne pouvait pas ne pas lui prêter une attention particulière. Il devint donc son chouchou. Il était calme, se mêlait rarement aux jeux ou aux activités des autres enfants, et étudiait avec régularité, sans effort apparent. Comme il avait généralement terminé à midi le travail donné pour la journée, il passait ses après-midi à lire ou à dessiner en attendant ses camarades. Afin que son énergie et son temps ne demeurent pas inemployés, Mme Adams eut l'idée de lui confier de petites tâches. Il préparait le matériel de la classe, aidait les élèves les plus lents à finir leurs devoirs, faisait des courses, travaillait dans le jardin ou la cour des Adams, de l'autre côté de la rue. Ce fut ainsi, à huit ans, qu'il gagna son premier argent.

Ses responsabilités et l'attention de la maîtresse le rendirent rapidement célèbre dans toute l'école. Les autres enfants le respectaient, l'enviaient et l'évitaient. Pendant toute une période, cette situation fut loin de lui déplaire. A l'époque où il allait de foyer en foyer, il avait fréquenté tant d'écoles et vu passer tant d'élèves que le désir de se trouver des amis ne le tourmentait plus. La seule chose qu'il demandait aux autres était qu'ils le laissent tranquille. Il aimait beaucoup l'école, ne serait-ce que parce qu'elle l'éloignait de la ferme, de son esclavage et de Mme Jones. Son seul regret était que Bo ne puisse pas l'y accompagner.

Il avait senti tout de suite à quel point Mme Adams était différente de Mme Jones. Il était si heureux, si rempli de fierté lorsqu'elle vantait son travail devant toute la classe qu'il aurait fait n'importe quoi pour lui plaire. Quand elle lui avait proposé d'être son assistant, il avait été submergé de joie. C'était un contrat, un lien qu'elle établissait entre eux deux, qui valait largement les longues heures qu'il passait seul dans son jardin, crotté et couvert de sueur. Il voulait qu'elle l'aime, désespérément, autant qu'il l'aimait lui-même.

Parfois, en fin de semaine, elle lui glissait un quart de dollar dans la main. A cette époque, il avait du mal à imaginer qu'il puisse valoir autant. A plusieurs reprises, il se demanda même si elle connaissait la valeur de ce qu'elle lui donnait. Une si grosse somme en une seule fois ! Il l'adorait littéralement.

Fier de ses gains, il rentrait le soir en gardant la pièce serrée dans sa paume pendant tout le voyage de retour. La ferme des Jones étant la plus éloignée du village, le car de ramassage scolaire prenait Peter chaque matin avant les autres enfants et le ramenait chaque soir après eux. Lorsqu'il arrivait, il montrait l'argent à Mme Jones, qui s'en emparait, le glissait dans une enveloppe blanche, puis plaçait l'enveloppe dans le logement de la pédale de sa machine à coudre. Elle prétendait mettre ainsi les pièces en sûreté, mais Peter ne les revoyait jamais. Comme il n'avait pas le droit de toucher à la machine, il ne pouvait pas s'assurer qu'elles étaient toujours là, et l'idée de demander à la fermière de les lui rendre ne lui vint jamais à l'esprit.

Lentement, à l'automne succéda l'hiver. La neige recouvrit les champs et les collines. Les routes de campagne devinrent glissantes et dangereuses, mais l'école ne fut pas interrompue. Le seul changement notable fut que les élèves ne sortaient pratiquement plus entre les cours. Les jours de grand froid, les récréations étaient supprimées et remplacées par des jeux collectifs qui faisaient la joie des enfants.

Un après-midi, vers la fin du mois de janvier, Mme Adams proposa à ses élèves un jeu entièrement nouveau.

— Les enfants, expliqua-t-elle, nous avons beaucoup parlé ces derniers temps de la nécessité d'êtres propres, bien peignés et bien habillés. Nous allons essayer de voir maintenant quels sont les garçons et les filles de notre classe qui ont le mieux compris cette leçon.

Les élèves pouffèrent, s'agitèrent sur leurs sièges, à la fois impatients et intrigués. La maîtresse demanda alors aux fillettes de se lever et de venir se placer devant le tableau noir, les unes à côté des autres, en faisant face aux garçons.

— Bien, dit-elle en s'adressant à ceux-ci. Nous allons maintenant voter pour élire la fillette la plus jolie et la plus soignée de cette classe. Vous êtes d'accord ?

Des oui et des hochements de tête lui répondirent. Les fillettes se figèrent, les joues roses, les yeux baissés, pendant que les garçons les observaient en silence.

Le premier vote fut unanime. La reine de la classe était incontestablement Rebecca. Avec ses cheveux bruns qui lui tombaient sur les épaules, ses yeux marrons toujours souriants, ses deux fossettes, la ceinture rouge à nœud bouffant qu'elle portait autour de la taille, elle était effectivement jolie. De plus, elle jouait très mal aux billes et cédait toujours sa balle à un garçon lorsque la classe jouait au ballon-prisonnier, ce qui lui valait la sympathie sans réserve de tous les votants.

L'élection se poursuivit pour la seconde place, la troisième, la quatrième, et ainsi de suite jusqu'à ce qu'il ne reste plus que trois fillettes debout devant le tableau. Abrégeant leur supplice, la maîtresse les renvoya à leur place sans demander un nouveau vote, puis s'adressa à nouveau à la classe :

— Les filles, c'est à vous de choisir le garçon le plus beau et le plus soigné, maintenant. Les garçons, venez ici.

Lentement, comme les fillettes l'avaient fait avant eux, les garçons se levèrent et vinrent s'aligner devant le tableau noir, l'air pataud, se dandinant d'un pied sur l'autre.

Peter n'osait pas regarder les filles, mais il était certain qu'elles avaient toutes les yeux braqués sur lui. Dans son esprit, il ne faisait pas de doute qu'il allait l'emporter haut la main. En tant qu'assistant de la maîtresse, c'était le moins qu'il pouvait attendre. Pourtant, il ne pouvait s'empêcher d'être nerveux. Les poings enfoncés dans les poches, se balançant doucement d'avant en arrière, il essayait de prendre un air dégagé en comptant les taches de couleur des carreaux qui recouvraient le sol de la classe.

Comme celui des garçons, le premier vote des filles fut unanime. La maîtresse annonça le résultat :

— Les filles ont décidé que le garçon le plus beau et le plus soigné de la classe est... David !

L'heureux vainqueur regagna sa place, suivi par tous les regards. Peter était mortifié. Que s'était-il passé ? Il ne s'était jamais préoccupé auparavant d'être beau ou présentable. Il ne s'était jamais soucié non plus de l'opinion des autres enfants. Mais d'un seul coup elle lui importait. Terriblement. Il avait désespérément besoin de leur approbation.

Le vote se poursuivait. La seconde place revint à Joe, la troisième à Mike, la quatrième à Ronnie, la cinquième à Bobby, la sixième... Finalement il ne resta plus que trois garçons devant le tableau noir, que la maîtresse renvoya à leur place ensemble, comme elle l'avait fait pour les trois dernières fillettes. Peter était l'un d'eux.

Lorsqu'il atteignit son banc, il était convaincu que tous ses camarades le trouvaient laid et que Mme Adams partageait leur opinion. Qu'allait-elle penser de lui désormais ? Il avait tellement besoin qu'elle l'aime. Mais il savait maintenant que c'était impossible.

CHAPITRE IX

Lorsque le printemps arriva, la vie à la ferme était devenue une routine sans surprise pour Peter. Son emploi du temps et ses occupations ne variaient qu'en fonction de l'école. Chaque matin, avant l'aube, il allait chercher l'eau de la journée au puits artésien, réveillait ses frères, les aidait à s'habiller pour l'école, puis préparait le petit déjeuner pour tout le monde. Il devait apporter une tasse de café aux Jones à sept heures, avant de servir le repas, qui devait être terminé à sept heures trente. Il lui restait alors tout juste le temps de faire la vaisselle et de vider le pot de chambre avant le passage du car de ramassage scolaire. Parfois, lorsqu'il se dépêchait, il pouvait passer quelques minutes avec Bo avant de partir pour l'école. Il accomplissait ses autres tâches en rentrant le soir ou pendant le week-end.

Lorsqu'il n'était pas avec Peter, Bo passait la plus grande partie de ses journées d'hiver à dormir, roulé en boule sous le porche de l'arrière-cour. Peter devait ramper sur le ventre pour le rejoindre dans sa cachette, où il y avait tout juste assez de place pour eux deux. Il avait ramené des sacs vides de la grange et les avait disposés sur le sol. Il s'en couvrait parfois lorsque le froid était trop vif. Les jours où il n'allait pas à l'école, il pouvait rester ainsi de longues heures, serré contre le chien, la tête reposant sur son flanc, n'ayant rien d'autre à faire que rêver ou dormir. Il se sentait en sécurité dans son trou. Ses frères avaient trop peur de l'obscurité pour venir l'y rejoindre, et Mme Jones n'aurait jamais eu l'idée de venir l'y chercher. C'était un abri idéal.

Avec la neige et le froid, Peter et Bo avaient dû cesser leurs promenades dans la campagne et chercher un refuge contre les intempéries, mais Peter guettait avec impatience le retour du beau temps, qui lui permettrait de recommencer à guetter chaque matin, du sommet de son arbre, le retour réconfortant du soleil. Il se sentait incomparablement plus à l'aise dans les bois avec Bo qu'à la ferme en compagnie des Jones. Il savait que leur présence chez eux n'était que temporaire, qu'un jour ou l'autre on viendrait les chercher, lui et ses frères, pour les emmener ailleurs. Il en avait toujours été ainsi, et cela continuerait sans doute jusqu'à leur majorité. Comme un condamné à mort attendant l'inévitable, il se contentait de vivre au jour le jour, en faisant ce qu'on lui demandait et en évitant tout contact inutile avec ses gardiens. Sa vraie vie était dans la nature, avec ses frères et avec Bo. Pour le reste, il se considérait comme un étranger à la ferme, une sorte d'ouvrier agricole qui n'était là que parce qu'on avait besoin de sa force de travail. En aucune manière il n'y était chez lui.

Un samedi du début du mois de mai, longtemps après la fonte des neiges, alors que le renouveau donnait à la ferme un air de fête, Peter venait de mettre la vaisselle du petit déjeuner à sécher sur l'égouttoir lorsque Mme Jones ordonna à ses frères de le rejoindre dans la cuisine. Alignés contre le mur, les trois enfants la regardèrent avec inquiétude, se demandant quelle nouvelle catastrophe allait les frapper.

Assise à la table, une tasse de café devant elle, la fermière les fixa un moment d'un air sévère avant d'ouvrir la bouche.

— Écoutez-moi bien, dit-elle finalement. Tout à l'heure, des enfants venus d'une école de la ville vont venir visiter la ferme. Karen — c'est ma grande fille — est leur institutrice. Comme ils vivent à la ville, ils ne connaissent pas la campagne et n'ont jamais vu de bétail. C'est pour ça qu'elle les amène ici.

Peter l'écoutait avec attention. D'autres enfants étaient invités à la ferme — sa ferme. Inconsciemment, parce que des étrangers menaçaient de l'envahir, il la considérait pour la première fois comme son domaine, et l'arrivée du car annoncé par Mme Jones le remplissait d'inquiétude. Si les visiteurs allaient découvrir sa cachette sous le porche ? Ou son arbre près de la rivière ? Ou s'ils se prenaient d'amitié pour Bo et décidaient de l'emmener ? L'idée d'avoir à défendre son territoire, son monde à lui l'effrayait. Une terrible envie de s'enfuir avec le chien s'empara de lui.

— Ils ont prévu de faire un pique-nique, poursuivait Mme Jones, sa voix prenant un ton de plus en plus autoritaire. A midi, ils s'installeront dans la cour pour manger dans l'herbe. Vous allez donc rassembler les chiens et les enfermer sous la maison. Tous. S'ils restaient dehors, on ne pourrait pas les tenir, et je ne veux pas qu'ils ennuient les enfants. Enfermez-les, et faites attention qu'ils ne sortent pas. C'est bien compris ?

L'idée de devoir enfermer Bo déplaisait fortement à Peter. Il savait que son chien n'attaquerait pas les enfants et se tiendrait tranquille à l'heure du repas s'il le gardait avec lui. La décision de la fermière était profondément injuste. Il se mit aussitôt à chercher un moyen de cacher Bo sans être obligé de le mettre avec les autres chiens.

— Oui, m'dame ! répondit-il en même temps que ses frères.

— C'est bien. Je vous demande aussi de surveiller nos visiteurs. Qu'ils n'aillent pas se perdre ou se faire mal. Et gare à vous si je vous surprends à être désagréables avec eux ! — Elle leur lança un regard menaçant. — Allez, maintenant ! Attrapez-moi ces chiens !

Ils sortirent sans demander leur reste. Il leur fallut près d'une heure de cavalcades en tous sens pour récupérer tous les chiens. Bo fut le dernier à pénétrer dans la cache. Peter referma la grille à contrecœur, en s'excusant de devoir lui jouer un aussi mauvais tour.

Le car arriva peu après, alors que Peter et ses frères attendaient sous le porche. Les enfants restaient agglutinés près de la porte du véhicule, aussi ahuris que s'ils s'étaient brusquement retrouvés sur la planète Mars. M. et Mme Jones circulaient au milieu de leur groupe, riant avec eux et leur souhaitant la bienvenue.

Peter examinait les petits citadins avec curiosité. Ils avaient à peu près son âge, mais ils paraissaient timides, peu sûrs d'eux, attendant qu'on leur dise ce qu'ils devaient faire. Les garçons portaient des pantalons, une chemise, des chaussures. Ils étaient tous bien coiffés et leurs vêtements étaient propres. Il se rendait compte à quel point ses frères et lui étaient différents, avec leurs shorts et leurs pieds nus, et n'avait aucune envie de se mêler à eux.

Il fut pourtant contraint de le faire lorsque Mme Jones, ayant terminé les présentations, lui confia la responsabilité d'un groupe de garçons et de filles. Il pouvait leur montrer tout ce qu'il voulait, mais ne devait ni les entraîner vers la rivière ni les laisser entrer dans les enclos.

L'air méprisant, il leur fit signe de le suivre. Avant de quitter la cour, il libéra Bo en prenant bien garde de ne laisser sortir aucun autre chien. Bo se mit à trotter devant eux, l'air ravi, comme pour leur montrer le chemin.

— C'est ton chien ? demanda une petite fille.

— C'est le chien de personne, répondit Peter en prenant l'animal par le cou. C'est mon ami. Bo et moi, on n'a pas de maître.

Il ne tarda pas à se rendre compte que ses compagnons étaient étonnamment crédules. Ils croyaient tout ce qu'il leur disait, buvaient chacune de ses paroles. Prenant de plus en plus de plaisir à jouer le rôle qui lui avait été assigné, il se mit à leur raconter, tout en leur montrant les diverses installations de la ferme, les histoires extraordinaires qu'il imaginait habituellement lorsqu'il était seul. Après leur avoir longuement répété qu'ils ne risquaient rien tant qu'ils demeuraient avec lui, il leur décrivit tous les dangers de la vie à la campagne : les inondations, les tornades qui détruisaient tout, les serpents qui avalaient les poules vivantes, les chats sauvages et les ours qui hantaient les bois, les loups qui venaient hurler le soir autour de la maison. Il leur parla de l'or caché par des bandits près de son arbre, qu'il était sûr de découvrir un jour avec l'aide de Bo. Dans un grand élan de générosité, il leur révéla même l'existence du puits magique datant du temps des Indiens qu'il avait trouvé un jour par hasard en se promenant dans la forêt. Lorsqu'il y jetait un penny, en chantant une incantation connue de lui seul, le souhait qu'il formulait à ce moment-là était automatiquement accompli.

Les fillettes furent particulièrement intéressées par cette

dernière histoire. Pressées autour de lui, elles le supplièrent de les conduire au puits pour faire exaucer leurs vœux. Leurs yeux brillèrent d'effroi lorsqu'il leur décrivit les dangers du voyage et insista pour le faire seul, après avoir pris note de leurs désirs. Sa galanterie et son courage furent salués par des regards et des sourires admiratifs.

Lorsqu'il ramena les enfants à la grange pour leur montrer les chevaux, Peter était devenu un héros. Un héros qui avait gagné six pennys et déjà à moitié oublié les six souhaits qu'ils étaient censés acheter.

Mais le conte de fées se termina abruptement lorsqu'une des fillettes, la plus enthousiaste de ses admiratrices, courut tout raconter à la maîtresse. Au lieu de la féliciter comme elle s'y attendait, Karen se mit en colère et alla se plaindre à sa mère de la mauvaise conduite de Peter.

La fureur de Mme Jones ne connut plus de bornes lorsqu'elle vit Bo en train de jouer avec les enfants. Saisissant Peter par l'oreille, elle l'obligea à rendre l'argent et à présenter des excuses à ses victimes. Puis elle l'envoya en punition sous le porche, en compagnie des chiens, en lui interdisant de se montrer avant que tous les visiteurs soient repartis. Lorsqu'il y fut entré, elle poussa elle-même Bo dans la cache et remit la grille en place derrière lui.

Pressés contre la grille, Peter et les chiens virent les enfants se rassembler dans la cour pour le pique-nique. Se racontant avec excitation leurs aventures du matin, ils commencèrent à déballer les victuailles et à les étaler autour d'eux.

Encore humilié par le traitement que lui avait infligé Mme Jones, Peter regardait ce spectacle avec envie. Il était jaloux. Les enfants avaient le droit de faire des choses qui ne lui avaient jamais été accordées, comme monter sur les chevaux ou déjeuner dans l'herbe à midi. Il ne déjeunait jamais dans l'herbe. Il ne déjeunait même pas à midi. C'était injuste. Il était en colère et en voulait aux autres enfants d'être venus. S'ils n'avaient pas été là, lui et Bo n'auraient pas été enfermés. Il souhaitait qu'ils partent le plus vite possible, qu'ils le laissent seul avec sa vie.

Pendant qu'il ruminait ces pensées, la petite fille qui l'avait involontairement dénoncé entamait allégrement une cuisse de poulet. Levant les yeux, elle vit Peter derrière la grille et lui sourit en lui faisant un signe de la main. Peter ne répondit pas. Furieuse, elle haussa les épaules et lui tira la langue. Ce fut la goutte d'eau qui fit déborder le vase. Sans réfléchir une seule seconde aux conséquences de son geste, Peter attira les chiens vers l'arrière de la cache et ouvrit la grille.

Quelques secondes plus tard, dans un concert d'aboiements furieux, une douzaine de chiens affamés firent irruption au milieu du pique-nique, courant d'un enfant à l'autre, avalant tout ce qu'ils trouvaient sur leur passage. Les gamins se mirent à courir en hurlant de terreur. Certains furent culbutés alors qu'ils essayaient de se lever. C'était un spectacle extraordinaire. Les aliments, les chiens, les enfants, les adultes traversaient l'espace dans tous les sens, comme emportés par un tourbillon. Au milieu de cette débâcle, Peter eut même la satisfaction de voir la cuisse de poulet tenue par la petite fille disparaître en un éclair, happée au vol dans un tournoiement de fourrure.

Lorsqu'il n'y eut plus rien à manger, les chiens consentirent à céder la place, et les enfants terrorisés furent conduits un par un, hâtivement, jusqu'à l'autocar. Ne sachant comment arranger les choses, Mme Jones grimpa à bord du véhicule prêt à démarrer et offrit à chacun des écoliers un fer à cheval en souvenir de leur visite à la ferme. Une minute plus tard, les petits citadins avaient repris la route de la ville.

Dès qu'ils furent partis, M. Jones se dirigea vers la grange sans dire un mot. Mme Jones, elle, se mit à la recherche de Peter. La voyant venir vers lui, il se précipita vers le porche de l'arrière-cour avec l'espoir de pouvoir se glisser dans sa cachette avant qu'elle le repère.

Il s'en fallut d'une seconde qu'il y parvienne — et oblige la fermière à démanteler le porche pour aller le chercher. Mais elle fut plus rapide que lui. Le saisissant par une cheville, elle le tira en arrière de toutes ses forces, le ramenant dans la cour sous une bordée d'injures.

Après l'avoir fouetté avec l'extrémité d'un lasso, elle lui ordonna de ramasser tous les détritus et les papiers gras qui traînaient dans la cour. L'écho de ses hurlements résonna dans les oreilles de Peter tout le reste de l'après-midi.

Le nettoyage de la cour terminé, Peter disparut avec Bo

jusqu'au début de la soirée. Il était assis avec le chien dans un des enclos, donnant des kakis à Blackie, la vache laitière. On lui avait souvent répété de ne jamais lui en donner, parce que cela lui faisait perdre son lait, mais il s'en moquait totalement, en tout cas ce jour-là. La vache voulait des kakis ? C'était son droit d'en avoir !

Quelques jours plus tard, en venant faire la traite, Mme Jones s'aperçut que la vache n'avait plus de lait. Il ne lui fallut que quelques secondes pour comprendre pourquoi. Et pour deviner qui était le coupable.

CHAPITRE X

La Toussaint, Noël, le Nouvel An passèrent cette première année sans que Peter s'en rende réellement compte. Aucun des enfants ou des petits-enfants des Jones ne vint à la ferme pour les vacances, aussi n'y eut-il ni repas de fête, ni cadeaux, ni réjouissances d'aucune sorte. Ce fut seulement à l'école qu'il put se faire une vague idée de ce que cette période de festivités représentait pour les autres enfants. Mme Adams avait demandé aux élèves de faire des dessins représentant l'hiver et les avait accrochés aux murs de la classe. Elle avait également lu à plusieurs reprises des contes de Noël et des histoires de fantômes et de bons génies. Lorsque l'école reprit, Peter écouta avec curiosité ses camarades raconter les choses merveilleuses qui leur étaient arrivées les jours précédents. Pour lui, les vacances de Noël ne représentaient rien de plus que quelques souvenirs lointains qu'il aurait préféré oublier et quelques journées de travail supplémentaire à la ferme. Lorsqu'il avait atteint l'âge de s'intéresser aux fêtes de fin d'année, son père et sa mère étaient déjà séparés et sa mère ne survivait que grâce à l'aide sociale. Elle n'avait pas d'argent à consacrer à des futilités comme des étrennes, un arbre de Noël ou même des guirlandes. Peter n'avait jamais souffert de ne pas avoir ces choses-là. Sauf lorsque les autres enfants lui demandaient ce qu'il avait eu dans ses souliers et qu'il était obligé de répondre : « Rien. »

Il avait neuf ans lorsqu'il reçut le premier cadeau de Noël

dont il lui fut possible de se souvenir. Il lui fallut attendre l'adolescence pour aller à sa première soirée, et le premier anniversaire qu'il garda en mémoire fut celui de ses onze ans.

Lorsqu'arrivèrent les vacances de Pâques, les trois enfants furent informés qu'ils partaient chez leur mère, qui vivait maintenant dans une petite maison à l'extérieur de la ville avec Junior, son nouveau mari. En lui annonçant la nouvelle, on ne précisa pas à Peter qu'il ne devait rester avec elle que quelques jours, aussi crut-il qu'il rentrait définitivement chez lui et que toutes ses épreuves étaient terminées. Il était littéralement fou de joie. La seule ombre à son bonheur était qu'il devait abandonner Bo. Après qu'on lui eut répété pour la dixième fois qu'il ne pouvait pas l'emmener avec lui, il dut se résigner à lui dire au revoir. L'étreignant de toutes ses forces, il promit au chien de revenir le chercher lorsqu'il serait grand.

Le voyage de la ferme à la ville lui parut durer une éternité. Les jours qui suivirent son arrivée passèrent comme dans un rêve, même s'il ne fit rien de particulier. Il lui suffisait d'être à nouveau avec sa mère. Il ne la quittait pratiquement pas, la suivant sans cesse, s'arrangeant pour ne jamais la perdre de vue. Lorsqu'elle regardait la télévision, il restait assis à côté d'elle en lui tenant la main. Le soir, il restait éveillé le plus tard possible, guettant dans le noir les bruits rassurants qui lui disaient qu'elle était toujours là. Parfois il se réveillait au milieu de la nuit, le cœur battant, le corps couvert de sueur, persuadé qu'elle était partie. Il courait alors jusqu'à sa chambre et la regardait dormir, serrée contre son mari, jusqu'à ce que ses forces l'abandonnent. Elle le retrouvait au petit matin à côté du lit, roulé en boule sur le linoléum.

Le temps passant sans incident, son angoisse commença à diminuer et il se détendit progressivement. Un dimanche après-midi, alors qu'assis sur le divan il jouait avec la guitare de Junior, il vit sa mère se lever lentement, en poussant un profond soupir, puis commencer à mettre des affaires dans des sacs de voyage qu'elle déposait près de la porte d'entrée.

Avec l'impression que le monde s'écroulait autour de lui, il réalisa brusquement que les affaires rassemblées par sa mère étaient les siennes et celles de ses frères. Laissant tomber la guitare, il courut jusqu'à elle et lui prit la main.

— Qu'est-ce que tu fais, Maman ? demanda-t-il en cherchant avidement son regard.

— Junior va bientôt rentrer, Peter. Il faut que nous soyons prêts à partir, répondit-elle en détournant les yeux.

— Partir pour où, Maman ? Partir pour où ?

Elle le contraignit à lâcher sa main et se dirigea vers la chambre, toujours sans le regarder.

— Le moment est venu de vous ramener tous les trois à la ferme, dit-elle en repoussant la porte derrière elle.

Pris de panique, Peter cherchait désespérément le moyen de la faire revenir sur ce qu'il croyait être sa décision. Convaincu qu'elle le renvoyait à cause de quelque chose qu'il avait fait sans s'en rendre compte, il essayait de deviner ce qui pourrait la faire changer d'avis. Il était prêt à tout pour rester. Si seulement il avait une idée !

Il trouva la solution dans la cuisine, en découvrant la vaisselle du petit déjeuner encore empilée dans l'évier. Ouvrant le robinet d'eau chaude, il se mit au travail sans perdre une seconde. Il était en train de frotter les assiettes lorsque sa mère apparut à la porte, s'arrêta, le fixa en silence, les yeux rouges et gonflés.

— Regarde, Maman, je fais la vaisselle ! cria-t-il. Je sais très bien la faire ! Tu verras, je la ferai tous les jours !

Elle soutint son regard suppliant pendant quelques instants, puis se retourna et disparut sans dire un mot.

Il termina hâtivement la vaisselle, la mit à sécher sur l'égouttoir, entreprit de nettoyer le compteur à gaz. Dans l'entrée, les préparatifs du départ se poursuivaient. Peter finissait de balayer la cuisine lorsque Junior arriva.

— Tout le monde est prêt ? demanda-t-il en saisissant deux sacs pour les porter dans la voiture.

— Une minute, Junior. Nous y sommes presque.

En entendant la réponse de sa mère, Peter sentit son cœur s'arrêter de battre. Retenant ses sanglots, avec des gestes frénétiques, il sortit la serpillière, la passa sous le robinet, commença à frotter le sol.

Des larmes coulaient sur ses joues, mais il gardait encore un faible espoir, s'il pouvait lui montrer tout ce qu'il savait faire, de convaincre sa mère de le garder avec elle. Il mettait toute son énergie, tout son courage, toute sa force à nettoyer le carrelage. A travers les larmes qui lui emplissaient les yeux, il vit qu'elle était à nouveau debout, immobile, à l'entrée de la cuisine.

— Maman, regarde ! J'ai fait la vaisselle et j'ai balayé ! Ta cuisine est propre, hein ? Je suis un gentil petit garçon, non ? lâcha-t-il d'une traite tout en continuant à manier la serpillière. Je ne suis pas un gentil garçon ?

Pour toute réponse, une main se posa sur son épaule.

— Il faut partir, Peter.

— Non, Maman, s'il te plaît ! S'il te plaît, Maman ! Je ne veux pas partir ! Je veux rester avec toi !

Il la prit par le bras et voulut l'attirer vers la chambre, mais elle se dégagea brusquement, courut jusqu'à la porte d'entrée et disparut dans la cour.

Seul dans la cuisine, Peter se laissa tomber à terre, se roulant sur la serpillière, en hurlant de chagrin. Il avait l'impression qu'il ne pourrait plus jamais s'arrêter de pleurer.

Après quelques minutes, Junior le rejoignit, le prit dans ses bras et le porta jusqu'à la voiture. Le feu qui lui brûlait la gorge et les yeux s'apaisa lentement. Ses larmes se firent plus rares, puis cessèrent tout à fait. Le long et douloureux voyage de retour commença.

CHAPITRE XI

Peter ne devait revoir sa mère qu'une seule fois pendant les quatorze années suivantes. La rencontre eut lieu à la fin de l'été 1958.

C'était un dimanche. Le ciel était dégagé, la température clémente. Mme Jones avait mis une robe, ce qui ne pouvait signifier qu'une seule chose : qu'ils allaient tous à l'église.

La petite église baptiste du village se trouvait dans la même rue que l'école. C'était un vieux bâtiment de bois dont le toit fatigué s'affaissait au-dessus du porche. Ses murs n'étaient pas peints. A l'intérieur, à l'arrière de la grande salle où avaient lieu les services religieux, trois petites pièces permettaient d'accueillir l'école du dimanche.

Pendant les deux années que Peter passa à la ferme, Mme Jones fit son possible pour aller régulièrement à l'église. Elle n'y renonçait que lorsque la route reliant la ferme au village était rendue impraticable par la boue ou la neige. Pour des raisons qui lui étaient propres, M. Jones ne l'accompagnait jamais, préférant rester chez lui à bricoler ou à s'occuper des animaux.

Les dimanches où la route était carrossable, les enfants mettaient un jeans, une chemise, des chaussures et grimpaient à l'arrière de la Chevrolet, dont Mme Jones prenait le volant. Peter n'était ni ravi ni ennuyé d'aller à l'église. Généralement tranquille et réservé, il ne recherchait pas la compagnie des autres enfants et se tenait délibérément à l'écart des adultes, ne demandant rien à personne sinon qu'on le laisse en paix.

La seule partie de la messe qui lui plaisait était le moment où tout le monde chantait. Bien que n'ayant jamais essayé lui-même, il aimait entendre les dames de la chorale lorsqu'elles entonnaient les vieilles hymnes religieuses et invitaient la petite congrégation à les reprendre en chœur. La vision de Mme Jones avec sa bouche grande ouverte et le frémissement incontrôlé de son double menton était également un spectacle qui le réjouissait profondément. Par contre, il détestait le sermon. Il ne comprenait pas qu'un homme puisse avoir tant de choses à dire en une seule fois et prenne autant de temps pour les exprimer. Assis sur son banc, près d'une fenêtre ouverte, il se laissait généralement emporter par un rêve éveillé. Mais rêver n'était pas toujours son seul moyen d'évasion. A deux reprises pendant son séjour à la ferme, il échappa au sermon en sautant par la fenêtre. Peu de gens s'en rendirent compte, parce que la plupart des fidèles qui ne dormaient pas avaient le plus grand mal à garder les yeux ouverts. Mais Mme Jones s'en aperçut les deux fois, et Peter paya chaque fois son escapade d'une volée administrée dans les bois, derrière l'église, aussitôt après la fin du service.

Ce dimanche de la fin de l'été était particulier. C'était le jour où toute la congrégation se retrouvait après la messe et l'école pour un grand pique-nique dans la clairière. La nourriture apportée par les familles était toujours abondante, et depuis l'aube Peter ne cessait de penser à tout ce qu'il allait manger, en particulier aux desserts.

A neuf heures précises, juste à temps pour l'école du dimanche, la voiture ralentit et s'arrêta près de l'église.

Peter s'assit au fond de la classe. Avec la perspective du pique-nique qui le faisait saliver à l'avance, le catéchisme l'intéressait encore moins que d'habitude. Mais il sortit brusquement de sa rêverie lorsque le pasteur et le maître de chant entrèrent dans la pièce. Le pasteur n'était jamais intervenu pendant un cours, aussi sa visite devait-elle être importante.

Il s'entretint pendant quelques instants avec le responsable de la classe, puis se tourna vers les enfants. Treize paires d'yeux innocents croisèrent les siens.

— Écoutez-moi bien, dit-il. Je désire vous poser deux questions très importantes. Mais auparavant je vous demande à tous de baisser la tête et de fermer les yeux, de manière à ce que chacun de vous réponde en son âme et conscience, sans être influencé par l'attitude de son voisin.

Il attendit que toutes les têtes soient courbées, tous les yeux clos, puis reprit :

— Maintenant dites-moi : savez-vous qui est Jésus-Christ ? Si vous savez qui est Jésus-Christ, levez votre main. Peter leva le bras. Aux froissements et aux craquements qu'il entendit autour de lui, il devina que les autres enfants avaient fait de même.

— C'est bien, c'est très bien ! se réjouit le pasteur. Une autre question, maintenant : désirez-vous connaître plus Jésus-Christ ? Si vous le désirez, gardez votre main levée.

Aucun bras ne s'abaissa.

— Loué soit le Seigneur ! s'exclama le pasteur. Je vois que l'Esprit Saint est à l'œuvre dans nos jeunes âmes, ce matin !

— Amen ! répondit en écho la voix du maître de chant.

— Bon. Vous pouvez baisser vos mains. Pour terminer, ceux qui ont dit qu'ils souhaitaient se rapprocher de Jésus vont rester assis. Les autres peuvent sortir.

Peter ne savait pas s'il devait ouvrir les yeux. Dans le doute, il les garda fermés et ne releva pas la tête. Des râclements de chaises et de chaussures lui apprirent que des enfants s'en allaient, mais il ne bougea pas. Au bout d'un moment, la pièce devint si silencieuse qu'il pouvait entendre les mouches voler.

La voix du pasteur résonnant tout près de lui le fit sursauter.

— Tu peux relever la tête et ouvrir les yeux, Peter.

Obéissant, il découvrit avec stupéfaction que tous ses camarades étaient partis. Même le responsable de la classe n'était plus là. Le pasteur était assis à sa droite, le maître de chant à sa gauche. Il ne comprenait pratiquement rien à ce qu'ils lui disaient, et le peu qu'il saisissait n'était pas fait pour le rassurer — « damnation éternelle », « Christ est mort pour toi », « repens-toi de tes péchés », « tu dois sauver ton âme ». Les deux hommes avaient l'air si sérieux ! Ils parlaient à tour de rôle, si rapidement que la seule chose qu'il pouvait faire était de tourner la tête de gauche à droite, chaque fois que l'un d'eux se taisait, pour essayer de lire la suite sur le visage de l'autre. Au bout de quelques minutes de ce jeu, le pasteur finit par conclure :

— A la fin du service d'aujourd'hui, nous chanterons tous l'hymne qui commence par « Tel que je suis ». Lorsque nous l'entonnerons, je veux que tu te lèves, que tu viennes jusqu'à moi, devant tous les fidèles, et que tu demandes à être baptisé pour le salut de ton âme immortelle.

Sans même chercher à savoir ce que l'enfant avait compris, le pasteur se leva alors, posa une main sur la tête de Peter et se mit à prier pour la rémission de ses péchés.

De tout ce qui lui avait été dit, Peter n'avait retenu qu'une seule chose : qu'il devait se présenter devant le pasteur, sous les yeux de toute la congrégation, à la fin de la messe. Il était mort de peur.

Ne sachant pas ce qu'on attendait de lui, il demeura figé sur son banc pendant tout le service, n'osant pas faire un geste. Même le double menton de Mme Jones ne parvint pas à l'amuser. Le pasteur voulait qu'il fasse quelque chose d'important, mais il ignorait quoi. Il aurait sans doute des ennuis et irait probablement en enfer s'il ne le faisait pas, mais comment pouvait-il obéir à un ordre auquel il n'avait rien compris ?

Brusquement, les fidèles se levèrent en ouvrant leurs livres de cantiques. Derrière son pupitre, le maître de chant leva le bras. Le pasteur s'avança jusqu'à la hauteur des premiers bancs. Les dames de la chorale entonnèrent l'hymne du jour, reprise par toute l'assemblée.

Tel que je suis, sans autre foi
Que le sang que Tu versas pour moi,
Que l'appel que Tu me lanças,
Agneau Divin, je viens à Toi !

Peter était au supplice. Que devait-il faire ? Ni le pasteur ni le maître de chant ne le regardaient. Les chanteurs entamèrent le second couplet, puis le troisième. Au quatrième, les deux hommes se tournèrent vers lui. Il ne bougea pas. A la fin du cinquième, le pasteur demanda un instant d'attention et invita les âmes égarées à rejoindre le Seigneur. Qu'elles viennent, disait-il en gardant les yeux fixés sur Peter, qu'elles viennent maintenant ! Peter restait collé à son siège, incapable de faire un mouvement.

Comme dans un cauchemar, il entendit le sixième couplet, puis à nouveau la voix du pasteur, expliquant qu'il y avait au moins un pécheur dans l'église, un jeune garçon qui désirait venir au Christ mais que Satan maintenait de force sur son banc. Après une courte prière demandant que le malheureux soit libéré de l'emprise du démon, le sixième couplet fut répété. Le pasteur et le maître de chant ne quittaient plus Peter des yeux. Des fidèles commençaient à se retourner. Toujours immobile, il vit le visage du pasteur se renfrogner. Pris de panique, il se leva d'un bond, courut le long de l'allée centrale, tomba à genoux aux pieds du pasteur et se mit à pleurer.

Le pasteur se pencha vers lui, attendant qu'il demande à être sauvé. Mais il était si terrifié qu'aucun mot ne sortit de ses lèvres. Se redressant brusquement à l'instant précis où la musique s'arrêtait, le pasteur déclara alors que le jeune Peter avait été arraché aux forces du Mal, qu'il ne pouvait pas parler parce qu'il pleurait de joie, mais qu'il l'avait supplié de lui faire connaître le Christ et souhaitait être baptisé. Après une nouvelle prière, le service se termina. Le pasteur fit lever Peter, lui sourit, lui dit qu'il s'arrangerait avec les Jones pour la date du baptême, puis sortit à son tour pour aller s'occuper du pique-nique.

Effrayé et honteux, Peter se glissa sous un des bancs de la première rangée et y demeura jusqu'à ce que l'église soit vide. Sortant alors sans se faire voir, il repéra la table où avaient été disposés les desserts. Le drap qui la recouvrait descendait jusqu'au sol, formant une cachette idéale. Il s'y faufila sans hésiter, bien décidé à ne pas en sortir avant la fin du repas.

Le pique-nique commença peu après. Il pouvait entendre les conversations paisibles des adultes rassemblés autour des nappes étendues sous les arbres. Les enfants jouaient plus loin, ne s'approchant d'eux que pour venir chercher une cuisse de poulet ou un morceau de pain.

Peter se calma peu à peu, mais ne trouva pas la paix pour autant. Sa peur se dissipant, la faim se remit à le tenailler, attisée par la proximité de la nourriture. N'osant toujours pas sortir de sa cachette, il rampa jusqu'à l'arrière de la table, s'assura en regardant sous le drap qu'aucun adulte ne trainait autour, puis sortit un bras et ramena le premier dessert qui lui tomba sous la main. En quelques minutes, il fit un sort à tout ce qu'il pouvait attraper.

Au bord de l'écœurement, il entendit soudain la voix de Mme Jones.

— Tu vas sortir de là-dessous tout de suite ! Allez !

Pris de panique, il battit en retraite, manquant d'emporter le drap avec lui, tenta une sortie désespérée dans la direction opposée à celle d'où venait la voix, se retrouva dans les jambes du pasteur. Il resta pétrifié pendant une brève seconde, puis commença à reculer lentement, persuadé que la colère divine allait le foudroyer sur place.

Dieu ne se manifesta pas, mais le visage du pasteur se durcit lorsqu'il posa les yeux sur les joues barbouillées de crème de l'enfant. Son crime était inscrit sur son visage. Tout le monde pouvait voir ce qu'il avait fait.

Il fixait toujours le pasteur lorsqu'une main le saisit par l'oreille, le tirant brutalement en arrière. Passant entre les convives stupéfaits, il fut conduit sans ménagement jusqu'à la Chevrolet des Jones. Pendant que la fermière appelait ses deux frères, il s'essuya le visage, essayant de faire disparaître les traces de son forfait. Il avait tellement mangé qu'il en avait mal au ventre et commençait à être pris de nausées.

Mme Jones ne dit pas un mot pendant tout le voyage de retour. C'était très mauvais signe. Il ne pouvait s'empêcher de frissonner en pensant à ce qui l'attendait à l'arrivée et sa peau se hérissait à l'avance à l'endroit où il savait que la ceinture le frapperait, mais il fit tout le trajet en silence, avec la dignité d'un condamné attendant l'application de sa peine.

Lorsque la voiture atteignit la vallée, il vit qu'un véhicule était garé devant la ferme. Un véhicule signifiait de la compagnie, et la certitude qu'il ne serait pas battu tant que les visiteurs, quels qu'ils fussent, ne seraient pas repartis. Soulagé, il poussa un énorme soupir et sa crainte céda la place à de la curiosité, puis à une impatience de plus en plus grande au fur et à mesure que la Chevrolet approchait de la ferme.

Les visiteurs n'étaient autres que Junior et sa mère. Ils étaient venus sans prévenir, avec l'espoir de pouvoir passer quelques heures avec les garçons. Ils s'entassèrent tous dans la voiture et partirent en direction de la rivière, Junior conduisant pendant que les enfants bavardaient joyeusement avec leur mère. Un peu avant le pont, ils s'arrêtèrent sur l'accotement, à l'ombre d'un grand arbre, et Junior, sur l'insistance de leur mère, les prit tous les quatre en photo. Pour autant qu'il s'en souvenait, Peter n'avait jamais été photographié auparavant.

Lorsqu'ils furent installés, plus tard, sa mère se tourna vers eux.

— Devinez ce que j'ai apporté, les garçons !

Curieux et impatients, ils virent son visage s'illuminer, son sourire s'élargir à l'idée de la joie qu'ils allaient éprouver.

— J'ai une surprise pour vous. Je l'ai préparée moi-même, regardez !

Elle leur montra un gâteau au chocolat et une bouteille en plastique pleine de sirop de fruits qu'elle venait de sortir du coffre de la voiture.

Jimmy et Bobby poussèrent des cris de joie. Peter retint une nausée. Après tout ce qu'il avait avalé au pique-nique, la seule vue de la nourriture lui donnait envie de vomir.

Il fit cependant bonne contenance. Feignant un enthousiasme qu'il était loin de ressentir, il but lentement son sirop en gardant son morceau de gâteau dans la main, se demandant avec angoisse ce qu'il allait bien pouvoir en faire. Sa mère distribuait déjà de nouvelles tranches aux deux petits, qui n'avaient pratiquement fait qu'une bouchée de leur première part.

Il se reprochait amèrement d'avoir été si glouton tout à l'heure. Il pouvait voir ce que le cadeau d'un gâteau à ses trois fils représentait pour leur mère, et la joie éclairait son visage lorsqu'elle regardait les deux gamins en train de dévorer leurs portions. Il souhaitait désespérément lui faire plaisir, pour qu'elle continue à sourire de cette manière, mais quel risque il aurait couru s'il avait essayé de manger la sienne !

Il chercha des yeux un endroit où il aurait pu la faire disparaître sans que personne s'en aperçoive et repéra un buisson près de l'aile avant droite de la voiture. Il s'en approcha en faisant semblant de nettoyer sa serviette. Les autres étaient regroupés près du coffre. En leur tournant le dos, il laissa tomber son gâteau dans le feuillage, puis se retourna en se léchant les doigts.

La première chose qu'il vit fut sa mère figée près de la portière, un gobelet de sirop à la main. La surprise et la douleur qu'il lut dans ses yeux lui firent comprendre qu'elle avait surpris son geste. Elle ne souriait plus, son visage avait cessé de rayonner.

Pendant un long moment, leurs regards demeurèrent soudés l'un à l'autre. La honte, le remords, la haine de lui-même submergeaient l'enfant. Il savait que jamais il n'oublierait ce qu'il venait de faire à sa mère, que jamais il ne se le pardonnerait. Il savait aussi qu'il n'y avait rien à faire avec lui, qu'il était un méchant garçon, et il comprenait pourquoi personne ne voulait de lui.

Peu de temps après, la voiture le ramena à la ferme avec ses frères. Il ne revit plus sa mère pendant quatorze ans.

Trois semaines plus tard, il fut baptisé par le pasteur. La cérémonie eut lieu un dimanche soir et fut un événement pour tous ceux qui y assistèrent. Mais personne ne lui prêta beaucoup d'attention. Sitôt le service terminé, il alla se réfugier dans la voiture, loin des tables où des rafraîchissements étaient offerts à tous les présents.

Après cette soirée, Mme Jones ne l'emmena plus jamais à l'église.

CHAPITRE XII

Le 24 décembre 1958, le temps fut exceptionnellement clément. Le ciel était dégagé, l'air froid et vif. Dès le matin, Mme Jones bouscula la routine de la ferme en déchargeant Peter de ses tâches à la cuisine et en s'activant elle-même devant le fourneau, de toute évidence pour préparer un repas inhabituel. Elle ordonna également aux trois garçons de ne pas s'éloigner de la maison, afin de ne pas être obligée d'aller les chercher lorsqu'on aurait besoin d'eux. Tous ces mystères, l'agitation, la tension qui les entouraient annonçaient certainement un événement hors du commun, mais Peter n'avait pas la moindre idée de ce qu'il pouvait être.

Au début de l'après-midi, il était assis sous le porche avec Bo entre ses jambes lorsqu'une voiture qu'il ne connaissait pas apparut sur la route, se dirigeant vers la ferme. Il la suivit des yeux jusqu'à ce qu'elle s'arrête devant le portail. Attirés par le bruit, ses deux frères avaient tourné le coin de la maison et attendaient eux aussi, immobiles et intrigués, pendant que les chiens, dans une joyeuse et bruyante mêlée, se précipitaient pour accueillir les visiteurs.

Quelques instants passèrent, puis un homme de grande taille au teint sombre et deux enfants sortirent du véhicule et s'avancèrent prudemment dans la cour. Ils s'arrêtèrent à mi-chemin, lorsque Mme Jones sortit pour aller à leur rencontre en essuyant hâtivement ses mains avec le tablier qu'elle avait noué autour de sa taille.

Peter ne les avait pas revus depuis la nuit dramatique de

leur départ, mais il les reconnut tout de suite — son père, sa sœur et son frère aîné. Il sentit un frisson le parcourir pendant qu'il les regardait parlementer avec Mme Jones.

Se retournant brusquement, la fermière cria aux trois garçons de s'approcher. N'osant pas lui désobéir, ils vinrent se ranger à son côté.

— Vous savez qui est là ? leur demanda-t-elle.

Ils ne répondirent pas, se contentant de fixer les nouveaux venus en se dandinant d'un pied sur l'autre. Peter sentait l'émotion lui serrer la gorge au fur et à mesure que les souvenirs lui revenaient.

— C'est votre père, votre grand frère et votre sœur, dit finalement Mme Jones. Je vais vous laisser visiter la ferme tous ensemble. Si vous avez besoin de moi, n'hésitez pas à m'appeler. Je serai dans la cuisine.

Après un dernier sourire forcé, elle disparut dans la maison. Revoyant leur père pour la première fois depuis trois ans, les garçons ne savaient pas quoi faire. Ils le regardaient d'un air inquiet, sans bouger. Après les avoir regardés lui aussi, il s'accroupit et ouvrit les bras, appelant les deux petits.

— Vous ne m'embrassez pas ?

Ils se jetèrent dans ses bras. David et Sharon étaient debout derrière lui. Peter n'avait pas fait un geste. Brusquement, comme autrefois, il eut envie d'attirer l'attention de son père.

— J'ai huit ans, j'en aurai bientôt neuf, dit-il à voix basse.

En entendant sa voix, Bo, qui se tenait à ses pieds, se mit à lui lécher les mains. Mais son père ne réagit pas. Caressant Bo d'un geste machinal, il attendit alors patiemment son tour. Jimmy et Bobby parlaient avec animation de l'école, de la ferme, des animaux, de tout ce qui leur paraissait susceptible d'éveiller l'intérêt de leur père. Celui-ci les écoutait en souriant, en riant parfois, sans se préoccuper de Peter.

Sharon, sa sœur de neuf ans, se détacha du groupe pour le rejoindre. Il la regarda approcher d'un air méfiant, mais elle lui passa les bras autour du cou et l'étreignit longuement.

— Tu m'as beaucoup manqué, petit Peter, dit-elle simplement.

De tous ses frères, Peter avait toujours été son préféré. Elle n'avait qu'un an lorsqu'il était né, et en grandissant elle avait semblé considérer qu'il était de son devoir d'aider sa mère en s'occupant de lui. Elle passait la plus grande partie de son temps libre à jouer avec lui, paraissait toujours deviner ses besoins avant même qu'il les ait exprimés. Parfois, elle se réveillait la nuit sans raison apparente et courait jusqu'à son berceau pour s'assurer qu'il allait bien. Après l'avoir involontairement blessé en lui faisant tomber une brique sur la tête — ce qui lui avait valu dix-huit points de suture — elle était restée inconsolable pendant plusieurs semaines, et à partir de ce jour le bien-être de Peter était devenu pour elle une priorité qui prévalait sur toutes les autres. Ce qui ne signifiait pas qu'elle n'aimait pas ses autres frères. Mais Peter était particulier. Il l'avait toujours été et le serait toujours.

Elle avait mis dans son étreinte toute la tendresse qu'elle avait en elle. Pendant un court instant, Peter demeura figé, le corps et les membres raidis. Puis les souvenirs d'une autre vie affluèrent à sa mémoire, le submergeant totalement. Il referma ses bras autour du cou de la fillette et commença à sangloter sans pouvoir s'arrêter, bientôt imité par Sharon. Debout au milieu de la cour, étroitement enlacés, les deux enfants pleuraient à chaudes larmes, inconscients du monde qui les entourait.

Leur père et leurs frères s'étaient tus et les observaient en silence. Bo gémissait doucement, ses yeux inquiets allant de l'un à l'autre.

— Calme-toi, Peter, calme-toi, murmurait Sharon.

— Je t'en prie, Sissy, ne me laisse pas, hoquetait Peter entre deux sanglots.

Comprenant qu'il devait faire quelque chose, leur père finit par se relever, malgré les protestations des deux petits, et alla ouvrir le coffre de la voiture.

— Tenez, les garçons. Joyeux Noël ! dit-il en sortant une dizaine de boîtes.

Peter demeura près de sa sœur pendant que Johnny et Bobby sortaient un à un les jouets usagers. Il y avait un ballon de basket, un ballon de football, plusieurs pistolets, un jeu d'échecs, des masques de Carnaval, des petites voitures.

En lui faisant visiter la ferme, Peter montra à Sharon tous

ses endroits favoris, terminant par la cachette sous le porche arrière qu'il partageait avec Bo. Lorsque vint le moment du départ, ils se retrouvèrent tous dans la cour pour se dire au revoir. Peter ne voulait pas lâcher sa sœur, qui dut presque se battre avec lui pour se libérer. L'ayant perdue une seconde fois, il s'assit près du porche, Bo entre ses jambes, et regarda la voiture s'éloigner en direction de la colline. Lorsqu'elle eut disparu, il garda les yeux fixés sur la route et se mit à se balancer d'avant en arrière en chantonnant à mi-voix « Jésus m'aime, je le sais, car la Bible me le dit. » Comme avec sa mère, il ne devait plus avoir le moindre contact avec son père et ses aînés pendant les quatorze années qui suivirent cette rencontre.

Après leur départ, Mme Jones rassembla les jouets, les remit dans leurs boîtes et les emporta.

— Vous n'avez pas besoin de ça ici, se contenta-t-elle de leur dire en les remettant au travail.

Vers la fin de l'après-midi, les trois enfants des Jones et leurs familles arrivèrent. Peter et ses frères durent transporter leurs bagages jusqu'à la maison, puis servir des boissons et des collations à tout le monde. Une des familles avait apporté un arbre de Noël. Les trois garçons furent autorisés à s'asseoir dans un coin du salon pendant que les cinq petits-enfants des fermiers le décoraient. En voyant les paquets entassés sous l'arbre, Bobby et Johnny demandèrent s'ils auraient aussi des cadeaux. On leur répondit que le Père Noël n'en apportait qu'aux enfants qui avaient été sages pendant toute l'année et que ceux qui avaient été désobéissants ou malpolis n'y avaient pas droit.

On servit ensuite le repas. Peter n'avait jamais vu une telle quantité de nourriture. Ses frères et lui purent manger autant qu'ils le souhaitaient, mais ils durent le faire à la cuisine, sur leur coin de table, à l'écart de la fête.

Lorsque Peter eut terminé la vaisselle, la nuit était tombée depuis longtemps. Comme il se couchait habituellement avec le soleil, il s'attendait à ce qu'on l'envoie au lit, mais à sa grande surprise Mme Jones lui permit de venir dans le salon avec ses frères pour assister à la remise des cadeaux. Assis le long du mur, les trois garçons reçurent la permission de rester un moment, à condition qu'ils se tiennent tranquilles et ne se mêlent pas aux autres enfants.

Après deux ou trois chants de Noël, les adultes donnèrent le signal tant attendu et le déballage des cadeaux commença. Sagement assis sur leurs sièges, les yeux brillants d'impatience, les trois garçons ne perdirent pas une miette du spectacle.

Lorsque tous les paquets furent ouverts, les petits-enfants réclamèrent d'autres cadeaux. Mme Jones alla chercher les jouets usagés offerts par le père de Peter et les leur distribua. Puis elle appela les trois garçons, l'un après l'autre, leur donna à chacun une ceinture, leur souhaita un joyeux Noël et les envoya se coucher.

Comme tous les lits étaient occupés, ils allèrent dormir dans la grange, sur des bottes de foin, avec des sacs de jute pour se protéger du froid. Lorsqu'ils se réveillèrent le lendemain matin, les trois ceintures avaient disparu.

CHAPITRE XIII

La saison que Peter préférait était l'été. Il faisait beau, les journées étaient chaudes, et les rares orages qui auraient pu le contraindre à rester à l'intérieur ne duraient jamais longtemps.

Comme il n'y avait pas d'école, il disposait de longues heures de liberté pendant la journée, entre ses tâches du matin et ses tâches du soir, pendant lesquelles personne ne lui demandait rien. Il les passait seul avec Bo ou avec ses frères, toujours loin des adultes.

A la fin du troisième été de son séjour, il n'y avait plus un endroit dans toute l'exploitation qu'il n'eût exploré lors d'une de ses longues promenades avec le chien. Il connaissait la ferme mieux que les fermiers eux-mêmes.

Avant même d'avoir entendu Mme Jones rapporter que le bétail sortait du domaine pour aller paître chez les voisins, il savait quelle partie de la clôture devait être réparée. Il pouvait dire où les vaches se cachaient pour mettre bas, où les daims vivant dans la forêt avaient leurs points d'eau, où se trouvaient les arbres produisant les meilleurs fruits, quels raccourcis conduisaient le plus vite à la maison, quels passages permettaient de traverser la rivière, où les serpents avaient leurs nids, les lièvres leurs terriers. Il n'ignorait pratiquement rien de ce qui se passait à la ferme. Elle était devenue son terrain de jeux, son royaume, sa planète — un univers privé qui se suffisait à lui-même et qu'il devait défendre contre toute intrusion.

Depuis la visite des enfants venus de la ville, il considérait le domaine comme sa propriété. Une propriété qu'il ne désirait partager avec personne, sauf avec Bo. Il se sentait toujours étranger dans la maison, avec les Jones, mais dans les bois, avec Bo, il était chez lui. Sans les tâches qu'il avait à accomplir chaque jour, il ne serait jamais rentré. Il n'était heureux que dehors et ne restait à l'intérieur que lorsqu'il y était contraint, par le temps ou par une décision de Mme Jones.

Les mois passant, la fermière avait progressivement accru la quantité de travail qu'elle exigeait de lui. En 1960, il préparait la cuisine pour toute la famille, à l'exception du repas du dimanche soir, et assurait toutes les tâches d'entretien de la maison. Malgré l'habitude qu'il en avait, il continuait de les détester autant que le premier jour.

Il était par ailleurs de plus en plus impliqué dans les travaux de la ferme. Il participait aux semailles et aux moissons, rentrait le foin, nourrissait et soignait le bétail pendant l'hiver. Au printemps, il labourait et entretenait le potager de Mme Jones. Un collier de cheval passé autour de la poitrine, il tirait une petite charrue, creusant des sillons dans la terre durcie par l'hiver. Mme Jones guidait la charrue et lui lançait des ordres en faisant claquer son fouet. « Plus vite, cheval ! » Après les semis, il passait de longues heures à sarcler et à arracher les mauvaises herbes.

Ces travaux agricoles étaient épuisants. Il devait tenir toute la journée avec seulement deux crêpes dans l'estomac, aussi se rattrapait-il largement au repas du soir. Il grandit et grossit peu pendant son séjour à la ferme, mais il y développa sa musculature et s'endurcit considérablement. La vie au grand air et les exigences de Mme Jones le rendirent rapidement assez vigoureux pour qu'il puisse assurer sans peine la plupart des tâches qui lui étaient confiées.

Il admirait beaucoup M. Jones. Le fermier parlait peu, mais les quelques mots qu'il prononçait avaient force de loi. Le fait que Mme Jones ne le contredisait jamais impressionnait Peter plus que toute autre chose. Il avait peur de lui, mais il rêvait de lui ressembler lorsqu'il serait grand. M. Jones ne s'occupait des garçons que lorsqu'il avait un travail à leur faire faire et ne s'adressait à eux que pour leur donner des directives sur la manière de le mener à bien. Tout comme Peter, il passait la plus grande partie de ses journées à l'extérieur, mais ils ne se croisaient qu'en de rares occasions. Le domaine qu'ils partageaient de fait hors de la maison était assez vaste pour qu'ils aient tous les deux l'impression d'y être seuls.

Un matin du début de l'automne, Peter venait de terminer la vaisselle et s'apprêtait à disparaître avant que Mme Jones lui assigne une autre tâche lorsque M. Jones entra dans la cuisine. Après s'être désaltéré, il se retourna vers le garçon, qui le regardait avec un mélange de crainte et d'admiration.

— Quel âge ça te fait, petit ? demanda-t-il.

— Dix ans, Monsieur, répondit Peter d'une voix tremblante.

— Je pense que tu dois être assez vieux, dit M. Jones en souriant. Il est temps que tu apprennes, si tu comptes aller au rodéo.

Une lueur s'alluma dans les yeux de Peter. Il n'avait jamais assisté à un rodéo, mais il savait ce que c'était pour avoir souvent entendu les cow-boys en parler autour des enclos. Il y en avait un chaque année à l'automne, auquel toutes les familles de la région participaient. Il y avait des clowns, un défilé, des costumes, les concurrents devaient monter des chevaux sauvages, des jeunes taureaux, attraper et ligoter des vachettes. La perspective d'assister à une telle fête lui faisait tourner la tête, et il devait se retenir pour ne pas sauter de joie.

— Tu aimerais devenir un cow-boy ? lui demanda encore M. Jones.

— Oui, Monsieur ! Oh oui, Monsieur !

Se retournant, le fermier appela sa femme. En entrant dans la cuisine, Mme Jones aperçut Peter, immobile dans son coin, et se mit aussitôt à hurler.

— Qu'est-ce qu'il a encore fait, celui-là ?

— Calme-toi, dit son mari d'une voix sèche. Il n'a rien fait du tout.

— Qu'est-ce qu'il y a, alors ?

— Je vais l'inscrire pour le rodéo.

Mme Jones resta silencieuse pendant quelques instants.

— Pour quoi faire ? demanda-t-elle finalement.

— Il pourrait monter Smokey à la parade et tenter sa chance au dressage des veaux. Il y aura peut-être aussi un concours de cochons cette année.

Les deux semaines suivantes, afin de se préparer sérieusement au rodéo, Peter fut déchargé de la plupart de ses tâches domestiques. Ce furent les jours les plus heureux de tout son séjour à la ferme. Il allait devenir un cow-boy, comme M. Jones ! Et concourir dans un rodéo ! C'était comme si un des rêves qu'il avait l'habitude de faire en se promenant avec Bo était soudain devenu une réalité. Pour la première fois depuis son arrivée, il se réjouissait d'être chez les Jones et restait de son plein gré avec les adultes au lieu de les fuir en disparaissant dans les bois.

Il commença par apprendre à seller et à chevaucher Smokey, un poney de six ans qu'il rêvait de monter depuis le premier jour où il l'avait vu. L'animal était doux et obéissant, aussi ne lui fallut-il pas plus d'une semaine, avec l'aide de M. Jones, pour être capable de se tenir en selle comme un cavalier chevronné. Aussitôt après, commença le véritable entraînement. Les cow-boys immobilisaient le veau, Peter était placé sur son dos, saisissait la longe à deux mains, puis le veau était libéré et commençait à ruer, à sauter et à courir tout autour de l'enclos pour essayer de se débarrasser de lui. Les cow-boys riaient et à chaque nouvel essai engageaient des paris sur la performance, le plus souvent très courte, de Peter.

Vers le milieu de la seconde semaine, il était si raide et courbattu qu'il avait du mal à marcher. A force d'atterrir dans la poussière ou contre la barrière, son corps était couvert de bleus et tous ses muscles lui faisaient mal.

Mais il ne renonçait pas pour autant. Quoi qu'il lui en coûtât, il était bien décidé à tenir jusqu'au bout. Rien ne pouvait l'arrêter. Il était heureux de l'attention que lui prêtaient les cow-boys lorsqu'ils lui donnaient des conseils, assis sur la barre supérieure de la clôture. La souffrance physique qu'il s'infligeait valait largement le plaisir qu'il éprouvait à être avec eux, à se sentir admis parmi eux.

La veille du rodéo, il resta seul avec Bo et ses frères. Tout le monde était occupé à préparer la fête ou à faire des courses.

Il se sentait heureux comme il ne l'avait pas été depuis des années. Il était chez lui. Pour la première fois depuis longtemps, il ne se considérait plus comme un étranger. La ferme était sa maison, il ne voulait plus jamais en partir.

Il avait du mal à refréner son impatience. Il allait leur montrer ! Ils verraient ce qu'il savait faire. Il resterait sur le veau jusqu'au coup de sifflet et gagnerait le concours. Et il monterait Smokey pendant le défilé d'ouverture. Tout le monde le verrait. Tout le monde le reconnaîtrait. Et tout le monde saurait qu'il allait devenir un cow-boy !

Comme chaque jour, Mme Jones avait mis les enfants dehors après l'accomplissement de leurs tâches du matin, en leur ordonnant de ne plus se montrer jusqu'à l'heure où Peter devait préparer le repas du soir. Heureux d'obéir, ils s'étaient éloignés de la maison et s'étaient installés pour jouer à l'ombre d'un bosquet.

En début d'après-midi, lorsqu'ils commencèrent à avoir faim, Peter conduisit ses frères jusqu'à un grand mûrier situé près de la rivière. Grimpant aussi haut qu'il le pouvait, il se mit à secouer les mûres pour les faire tomber sur le sol. Au bout d'une heure, il n'en resta plus une seule à sa portée, mais d'autres s'offraient à sa vue, grosses et juteuses, à moins d'un mètre de l'endroit où il se trouvait. Il s'avança précautionneusement sur la branche, tendit le bras pour cueillir les plus éloignées. A l'instant où sa main se refermait sur l'une d'elles, il y eut un « crac » et il se retrouva soudain couché dans l'herbe, regardant le ciel à travers les branches. Il avait des nausées et une barre douloureuse à la hauteur de l'estomac. Lorsqu'il essaya de se redresser, il constata que son bras gauche était immobilisé. Une grosse bosse blanchâtre déformait son poignet et sa main refusait de lui obéir.

Il savait qu'il était sérieusement blessé. Dans un souffle, il appela Bobby et lui demanda de courir jusqu'à la maison pour aller chercher Mme Jones. Le gamin fila comme une flèche.

Il n'avait qu'un kilomètre à parcourir, mais il ne réapparut qu'au bout d'une demi-heure. S'agenouillant à côté de Peter, il lui tendit une serviette mouillée.

— Où est Mme Jones ? demanda Peter en serrant les dents

pour ne pas se laisser submerger par la douleur qui embrasait tout son corps.

— Elle ne vient pas, répondit l'enfant effrayé. Laisse-moi faire, je vais t'essuyer.

— Elle ne vient pas ? hurla Peter. Pourquoi ?

Bobby baissa la tête.

— J'ai eu peur de l'appeler, Peter. Elle ne veut pas qu'on rentre dans la maison. Je... j'ai peur du fouet.

Peter pouvait voir que son frère était déchiré, écartelé entre son désir de l'aider et sa crainte d'affronter Mme Jones. Il comprenait fort bien sa réaction. Pendant un court instant, il eut pitié de lui, puis la souffrance et la terreur balayèrent ses scrupules.

— Ça va, Bobby, tu restes avec moi, murmura-t-il. Jimmy, je me suis fait très très mal. Va voir Mme Jones. Dis-lui que je ne peux pas bouger. Dépêche-toi !

Vingt minutes plus tard, Jimmy était de retour avec la fermière. Elle le mit debout, saisit son poignet blessé à deux mains en appuyant un pied sur son estomac et tira lentement sur son bras. Juste à l'instant où Peter sentait qu'il ne pourrait pas tenir une seconde de plus, l'os brisé se remit en place et Mme Jones le laissa aller. Il s'effondra comme une masse, le corps trempé de sueur, le visage couvert de larmes.

Mme Jones se pencha, le prit dans ses bras et le ramena dans la cour en le portant comme un bébé. Elle le coucha sur la banquette arrière de la voiture et ordonna aux deux petits de s'installer sur le siège avant pendant qu'elle courait jusqu'à la maison pour prendre ses clés et laisser un mot d'explication à son mari.

Elle démarra en trombe, conduisit aussi vite qu'elle pouvait sur les mauvaises routes de campagne, mais à deux kilomètres du village un des pneus de la voiture creva. Il n'y avait pas de roue de secours.

Peter avait le visage blanc comme un linge. Son souffle était irrégulier, son ventre commençait à enfler. Affolée, Mme Jones dit aux gamins de rester avec leur frère jusqu'à son retour et se mit à courir en direction du village.

Une heure s'était écoulée lorsqu'elle revint dans une camionnette. L'homme qui la conduisait changea la roue en moins de cinq minutes et ils repartirent aussitôt.

L'hôpital le plus proche se trouvait à une quarantaine de kilomètres du village. En roulant vite, il leur fallut une nouvelle heure pour l'atteindre. Peter gémit lorsque Mme Jones le sortit de la voiture. Les yeux brouillés de larmes, les paupières à demi closes, il avait du mal à reconnaître son visage. Dans un brouillard, il entr'aperçut des gens assis le long d'un mur, puis une femme vêtue de blanc qui leur fit signe de la suivre et les conduisit hâtivement le long d'un couloir, jusqu'à une pièce violemment éclairée.

Au moment où Mme Jones le déposait sur ce qui lui parut être une table, il perdit connaissance. Il se réveilla trois jours plus tard, couché dans un lit d'hôpital, Mme Jones veillant à son chevet.

Il avait fait une chute de près de dix mètres. La fracture de son bras gauche était sans gravité, mais les lésions provoquées par le choc avaient déclenché une hémorragie interne qui avait failli lui coûter la vie. Le médecin qui l'avait soigné confia par la suite aux Jones qu'il s'en était fallu de très peu — si la voiture était arrivée une demi-heure plus tard, il n'aurait pas survécu à ses blessures.

Lorsqu'il apprit de la bouche de Mme Jones que le rodéo avait eu lieu deux jours auparavant, toute sa joie d'être sorti vivant de l'aventure l'abandonna et il appela la mort de toutes ses forces.

Mais la mort ne vint pas. Après deux semaines d'hospitalisation, au cours desquelles il toucha le fond du désespoir, il fut autorisé à rentrer à la ferme. Lorsqu'il partit, le médecin dit à Mme Jones qu'il devait être dispensé de tout travail pénible pendant au moins deux mois et qu'il devrait revenir au bout de dix semaines pour se faire retirer le plâtre.

Son rêve de devenir un cow-boy et un membre à part entière de la famille ayant volé en éclats, il retrouva ses tâches quotidiennes, sa solitude et ses longues promenades avec Bo. Il demeura déprimé pendant de longs mois, pendant lesquels le chien fut sa seule consolation.

CHAPITRE XIV

La journée du 7 décembre 1960 commença comme toutes les autres, à un détail près : pour la première fois depuis qu'ils vivaient à la ferme, Mme Jones conduisit elle-même les garçons à l'école. Intrigué, Peter lui demanda dans la voiture si elle avait des achats à faire au village. Elle ne répondit pas. Croyant qu'elle ne l'avait pas entendu, il s'apprêtait à répéter sa question lorsqu'elle haussa les épaules.

— Une affaire à régler, maugréa-t-elle d'un ton qui signifiait qu'elle n'avait pas l'intention d'en dire plus.

Peter comprit qu'il était inutile d'insister. Il connaissait suffisamment Mme Jones pour savoir qu'elle se mettrait en colère s'il cherchait à en savoir plus. Mais sa curiosité était éveillée. Lorsque la fermière gara la Chevrolet dans le parking de l'école et se dirigea vers le bureau du directeur après l'avoir laissé avec ses frères devant l'entrée de leurs bâtiments, il se dit qu'un événement inhabituel était en train de se préparer. Il continua d'y penser, non sans inquiétude, jusqu'à ce que son travail scolaire l'ait entièrement absorbé.

Il allait maintenant sur ses onze ans. Il était à la ferme depuis trois ans et n'avait revu ni sa mère, ni son père, ni ses aînés depuis deux ans. A l'exception de sa sœur, il ne se préoccupait plus de les revoir un jour. La dernière fois qu'ils s'étaient rencontrés, il avait promis à Sharon de ne jamais l'oublier et de tout faire pour la retrouver. Depuis son accident, il s'était à nouveau éloigné des adultes, convaincu qu'il ne trouverait jamais sa place parmi eux. Renfermé sur lui-même, il ne vivait plus que pour Bo et ses frères, dans l'amour de la nature et le souvenir de sa sœur.

Il travaillait bien à l'école. Maintenant au cours moyen, dans la classe de M. Davis, il était presque toujours parmi les premiers. Réservé, méfiant, il n'avait qu'une seule amie : Delsey, une fillette plus âgée que lui qui avait eu la poliomyélite dans sa petite enfance. Elle avait trois ans de retard et était traitée comme une paria par tout le monde à cause de son corps infirme et des difficultés qu'elle avait à parler. Peter ne se sentait bien qu'avec elle — il évitait tous les autres enfants qui, en retour, le tenaient soigneusement à l'écart de leurs jeux.

Peter et Delsey étaient devenus amis après le concours de beauté organisé au cours élémentaire par Mme Adams, au cours duquel Delsey avait été rejetée par les garçons comme Peter l'avait été par les filles. Deux jours après ce pénible incident, persuadé qu'il était aussi laid qu'elle, Peter avait approché la fillette et lui avait proposé un marché : si le concours avait lieu à nouveau un jour, il voterait pour elle et elle voterait pour lui, de manière à ce qu'ils aient chacun au moins une voix. Delsey avait accepté.

Ils n'avaient pas eu l'occasion de voter l'un pour l'autre, mais le contrat qu'ils avaient passé avait scellé leur amitié. Ignorant les moqueries des autres élèves, ils avaient pris l'habitude de se promener ensemble dans la cour de récréation, de manger à l'écart au bout d'une des longues tables de la cantine, de s'asseoir l'un à côté de l'autre dans le car de ramassage scolaire. Peter faisait tout ce qu'il pouvait pour aider Delsey à surmonter son handicap scolaire, rédigeant ses devoirs à sa place, lui soufflant les réponses lorsqu'elle était interrogée, confectionnant même des « anti-sèches » qu'elle glissait dans l'encolure ou sous les manches de sa chemise lors des interrogations écrites. Le temps passant, les deux enfants étaient devenus aussi proches que s'ils avaient été frère et sœur. Peter avait raconté à Delsey sa vie à la ferme, ses promenades avec Bo, les rêves qu'il faisait en parcourant son domaine. Elle avait pleuré lorsqu'il lui avait parlé de sa mère. Elle lui avait expliqué que ses parents l'enfermaient dans la cave lorsqu'ils recevaient des visiteurs, parce qu'ils avaient honte d'elle. Elle était restée une fois une semaine entière sans nourriture et sans eau. Mais elle s'en moquait, disait-elle, parce qu'elle avait des amis imaginaires qui lui tenaient compagnie. Ils étaient ses amis parce qu'ils l'aimaient. Et elle avait beaucoup de chance, puisque Peter l'aimait aussi.

Peter avait totalement oublié l'inquiétude qui l'avait saisi en voyant Mme Jones se diriger vers le bureau du directeur lorsque la porte du fond de la classe s'ouvrit. Il était environ dix heures du matin. On n'entendait dans la pièce que le bruit des pages tournées et des plumes grattant le papier. M. Davis et tous les élèves, y compris Peter, se retournèrent pour voir qui venait d'entrer. C'était M. Adams, le directeur. Peter se raidit sur sa chaise.

— Je suis désolé d'interrompre votre travail, M. Davis, s'excusa le directeur.

— Il n'y a pas de mal, M. Adams. Entrez, je vous prie. Que puis-je pour vous ? répondit l'instituteur sans chercher à cacher sa curiosité.

— Il s'agit de Peter, M. Davis. Vous allez rassembler ses affaires personnelles. Nous nous occuperons de son dossier plus tard.

Les enfants laissèrent échapper un murmure de surprise et tous les yeux se tournèrent vers Peter. Qu'avait-il fait de mal ? Allait-il être puni ? Où M. Adams l'emmenait-il ? Peter commençait à comprendre. Des souvenirs de départs précipités, inexplicables, se bousculaient dans sa tête. La peur le paralysait.

— Il... il y a un problème, M. Adams ? demanda l'instituteur, médusé.

— S'il vous plaît, M. Davis. Faites seulement ce que je vous demande. Je n'ai pas le temps de vous expliquer.

En quelques minutes, les crayons, les gommes, le porte-plume, les cahiers de Peter furent rangés dans un petit sac de papier brun. Lorsque M. Davis le lui tendit, Peter leva les yeux, cherchant à découvrir sur son visage une explication de ce qui lui arrivait. Mais il ne lut que de l'inquiétude, et son angoisse redoubla.

— Suis-moi, Peter, dit M. Adams du fond de la classe. Les enfants, dites au revoir à Peter.

Au revoir ? Peter était si désemparé qu'il pouvait à peine bouger. Où le conduisait-on ? Pourquoi ? La peur lui nouait l'estomac. Lentement, le cœur serré, il repoussa son siège et tourna le dos à son pupitre, abandonnant le livre dans lequel il était plongé lorsque M. Adams était arrivé. En se dirigeant vers lui, il scruta le visage du directeur, guettant une expression de colère ou de mécontentement. Mais comme sur celui de M. Davis, il ne vit que de l'inquiétude. Et une profonde tristesse.

Au passage, il s'arrêta à côté du pupitre de Delsey. La fillette avait des larmes dans les yeux. Il aurait aimé lui dire quelque chose, mais il ne savait quoi. Sortant de sa poche la patte de lapin porte-bonheur qu'il avait trouvée dans la cour, il la lui tendit.

— Elle est à toi, Delsey, je n'en ai plus besoin, dit-il comme elle prenait la patte dans sa main déformée et commençait à pleurer.

Il crut un instant que M. Adams allait le prendre dans ses bras et le serrer contre lui, mais le directeur se contenta de le prendre par la main et de l'entraîner hors de la pièce, lui faisant traverser le vestiaire et le hall central, puis la classe de Mme Adams.

Tous les élèves relevèrent la tête pour le regarder passer. Certains lui firent un signe de la main. Il chercha ses frères des yeux, mais leurs places étaient vides. Retenant ses larmes, il se retourna pour jeter un dernier regard à Mme Adams pendant que son mari ouvrait la porte de la cour.

— Au revoir, Peter, murmura-t-elle d'une voix étranglée, en détournant les yeux.

Il savait maintenant qu'une chose terrible était arrivée. Il ignorait laquelle, mais il devinait qu'une fois de plus sa vie allait être brutalement bouleversée sans qu'il puisse rien faire pour s'y opposer. Il était littéralement terrifié.

Sans un mot, M. Adams le conduisit jusqu'au bâtiment qui abritait la cantine. En entrant dans la grande salle, Peter fut frappé par l'étrangeté de la scène. Les sons et les odeurs lui étaient familiers, il reconnaissait les rangées de chaises pliantes, les longues tables de bois autour desquelles s'affairaient les femmes de service, mais c'était la première fois qu'il les voyait ainsi, sans la présence bruyante et colorée des autres enfants.

Ses deux frères étaient assis à une table. Mme Jones se tenait debout en face d'eux. Le directeur le guida jusqu'à eux, le fit asseoir, puis se retira sans une parole.

La fermière demeura silencieuse pendant un long moment, les yeux fixés sur les trois garçons qui n'osaient ni bouger ni parler.

— Vous vous souvenez, dit-elle enfin, je vous ai expliqué une fois que vous ne resteriez peut-être pas toujours à la ferme, qu'on vous confierait peut-être un jour à quelqu'un d'autre. Vous n'avez pas oublié ?

— Non, m'dame, répondirent-ils en chœur, en se mettant tous les trois à pleurer.

Peter écouta à peine les explications de Mme Jones. Il ne lui posa pas non plus de questions. Il n'avait pas besoin d'en savoir plus. Il avait compris. Après l'avoir oublié pendant trois ans, les hommes qui avaient le droit de disposer de lui à leur guise l'envoyaient dans une autre maison, auprès d'une autre famille. La ronde des foyers recommençait.

Lorsque la fermière eut terminé, elle ramena les enfants à la voiture et leur demanda de l'attendre sans bouger pendant qu'elle allait régler les derniers détails de leur départ avec le directeur.

Assis sur la banquette arrière entre ses deux frères trop stupéfaits pour parler, Peter ouvrit son sac, sortit un cahier et ses crayons de couleurs et entreprit de dessiner le drapeau américain qui flottait au sommet du mât de l'école. Il le représenta dans tous ses détails, avec les bandes rouges et ses étoiles. Il n'a jamais perdu ce dessin. Il l'a encore avec lui aujourd'hui.

Le voyage de retour jusqu'à la ferme lui parut très court. Il regardait le paysage, la vallée, les pâturages, comme s'il ne les avait jamais vus auparavant. Avant qu'il ait pu s'en rendre compte, ils étaient arrivés. Il reconnut la voiture du shérif garée devant l'entrée de la cour. Trois petites boîtes en carton entourées de ficelles, qu'il reconnut également, étaient alignées sous le porche.

— Vous pouvez attendre dehors ou rentrer avec moi, dit Mme Jones en pénétrant dans la maison.

Sans un mot, les trois garçons s'assirent côte à côte sur les marches, les coudes sur les genoux, le menton dans les mains. Peter resta un moment ainsi, puis il se leva et se dirigea vers l'arrière-cour en appelant Bo. Comme il aimait ce chien ! Depuis la première heure du premier jour qu'il avait passé à la ferme, Bo avait été pour lui une source constante de réconfort. Ils avaient arpenté ensemble le domaine, joué ensemble dans les bois, regardé ensemble le soleil se lever, et même dormi ensemble dans leur cachette, sous le porche arrière. Pas une seule fois en trois ans Bo ne l'avait mordu, ni n'avait grondé ou aboyé après lui. Il avait toujours été là, prêt à le suivre, heureux de le retrouver. Peter était sûr que le chien l'aimait autant qu'il l'aimait lui-même.

Il le trouva endormi sous le porche, roulé en boule pour se protéger du froid. Lorsqu'il l'appela doucement, Bo sortit en rampant, s'étira, puis se précipita vers lui en remuant joyeusement la queue.

Se laissant tomber dans l'herbe, il prit le chien entre ses jambes, pressa son museau contre son visage et se mit à le bercer doucement, les yeux fermés, cependant que la chanson que sa mère lui avait apprise si longtemps auparavant lui venait tout naturellement aux lèvres.

« Jésus m'aime, je le sais,
Car la Bible me l'a dit... »

Inlassablement, sans cesser de se balancer, il répéta et répéta ces deux vers jusqu'à ce que la voix de Mme Jones lui apprenne qu'il était temps de partir.

Il étreignit le chien une dernière fois, se leva lentement, le regarda une seconde avec des yeux remplis de larmes, puis lui donna un violent coup de pied dans les côtes, en y mettant toute sa force, et courut en pleurant jusqu'à la voiture du shérif qui attendait pour l'emmener sans espoir de retour.

Le soleil était au zénith. Il s'était levé comme d'habitude, au-dessus des collines. Mais un événement inattendu s'était produit, qui faisait que Peter ne pouvait imaginer où il se coucherait à la fin de cette terrible journée. De manière plus effrayante encore, il ignorait totalement dans quelle direction il devrait regarder le lendemain matin pour le voir apparaître de nouveau. Même s'il avait cru que les choses seraient différentes cette fois-ci, qu'il pourrait rester indéfiniment à la ferme, une partie de lui-même avait toujours su qu'il devrait partir un jour. Ce qui lui arrivait était normal. Mme Jones ne l'aimait pas. Ses camarades de classe le trouvaient laid. Il n'avait aucun ami, à l'exception de Bo et de Delsey. Il était si mauvais que même son père et sa mère préféraient ne pas le voir. Comment, dans ces conditions, pouvait-il espérer que quelqu'un, n'importe qui, aurait envie de le garder ?

Le voyage jusqu'à la ville se déroula sans incident. Vers le milieu de l'après-midi, le shérif arrêta la voiture dans le parking du motel Palomino. Laissant Peter et ses frères assis à l'arrière, il descendit avec le représentant du Bureau d'Aide à l'Enfance et les deux hommes se dirigèrent vers la chambre numéro treize. La porte s'ouvrit dès qu'ils eurent frappé et ils disparurent à l'intérieur. De longues minutes s'écoulèrent. Puis la porte s'ouvrit à nouveau, le policier revint à la voiture et ordonna aux garçons de le suivre. Obéissant à contrecœur, ils entrèrent dans la chambre.

— Les enfants, dit le représenant du Bureau d'Aide en les voyant apparaître, je vous présente vos nouveaux parents.

Un homme jeune et une femme étaient debout à côté de lui. Ils tendirent la main à Peter, puis à Bobby et Jimmy. Tout ce que Peter vit d'eux fut qu'ils étaient jeunes, grands, et qu'ils portaient des imperméables qui leur descendaient jusqu'aux genoux. Leurs visages ne l'intéressaient pas.

Après les avoir longuement regardés, l'homme et la femme offrirent un pistolet à amorces à chacun des enfants, puis ils furent priés d'aller attendre dehors. Assis dans le parking, au bord du trottoir, ils se mirent à jouer avec leurs nouveaux jouets.

Les quatre adultes sortirent peu de temps après. Les trois cartons furent transférés du coffre de la voiture de patrouille à celui de la voiture du jeune couple. Une minute plus tard, le shérif et le représentant du Bureau d'Aide étaient partis.

TROISIÈME PARTIE

LA FAMILLE ADOPTIVE

Peter avait plus de dix ans lorsqu'il fut définitivement adopté. Pendant les cinq années qui s'étaient écoulées depuis l'éclatement et la dispersion de sa famille, il avait subi un grand nombre d'épreuves. Non seulement il avait perdu son père, sa sœur et son frère aîné, mais il avait été arraché à trois reprises à sa mère. A la suite de ces pertes et de sa prise en charge par le Bureau d'Aide à l'Enfance, il avait dû s'adapter à un grand nombre de substituts maternels, à un nombre égal d'environnements, à de fréquents changements d'écoles, à des périodes de solitude pendant lesquelles même ses jeunes frères lui étaient enlevés. Tout cela en l'espace de cinq ans.

La survie d'un être humain dépend essentiellement de sa capacité à accepter et intégrer les changements. La santé psychique d'un adulte raisonnablement équilibré aurait été mise à rude épreuve par cette série de bouleversements brutaux survenus en un laps de temps si bref. Et Peter était plus vulnérable qu'un adulte, puisque, comme tous les enfants, il ne disposait pas de cette ressource qui ne s'acquiert qu'avec l'âge : l'expérience.

La perte de sa famille avait été un premier choc, déjà suffisamment difficile à surmonter. Par la suite, ses errances de foyer en foyer, alternant avec des rencontres ponctuelles avec ses parents, n'avaient fait que perpétuer et accroître les effets de ce traumatisme. Son chagrin n'avait jamais pu se résorber, étant constamment renouvelé et aggravé par ces moments privilégiés passés avec les siens qui ranimaient son espoir mais se terminaient toujours par une nouvelle séparation.

A l'origine, l'intervention du Bureau d'Aide à l'Enfance avait été positive. Elle lui avait assuré un toit et lui avait donné les moyens de survivre physiquement. Mais à la longue, elle s'était révélée profondément néfaste. Les souffrances qui lui étaient infligées avaient eu un effet cumulatif, créant une menace pour sa santé mentale et même pour sa vie. Lorsqu'un enfant est abandonné, il ne suffit pas de le nourrir, de le vêtir et de le loger. Pour qu'il se développe normalement, il faut que ses besoins psychologiques, affectifs et sociaux soient également pris en compte. Si ce n'est pas le cas, il court le même danger qu'un accidenté de la route qui ne serait soigné que pour ses blessures apparentes, superficielles, alors qu'il est en train de mourir d'une hémorragie interne.

A dix ans, l'univers de Peter comprenait les autres enfants, la nature, les adultes et les animaux. Il adorait les animaux. A l'exception de ses frères et d'une fillette, il enviait et ignorait les autres enfants. Ils étaient différents. Ou plutôt il n'était pas comme eux. Un monstre peut-être, un être qui n'aurait pas dû voir le jour, une erreur de la nature n'ayant pas sa place dans le cours normal de la vie. En tout cas, et cela lui était rappelé à chaque instant sous mille et une formes, un enfant dont personne ne voulait.

Il aimait la nature. Le monde était sa cour de récréations. Les bois, les rochers, les ravins, les arbres, les aurores, les rivières, les marais — tout l'enchantait. La forêt était son domaine, il y était chez lui. Et la nature était fidèle. Elle restait la même jour après jour. Son arbre était toujours au même endroit, près de la rivière, et l'accueillait chaque matin comme un ami. Les sentiers passaient toujours au même endroit, la rivière ne changeait pas son cours. La nature était immuable. Son apparence variait selon les saisons, mais l'essentiel était préservé, intact, toujours identique. Particulièrement les levers de soleil. Il savait qu'il pouvait compter sur eux.

Les adultes lui faisaient peur. Au fond de lui-même, il souhaitait leur présence, il avait désespérément besoin de ce qu'ils auraient pu lui offrir, mais en même temps il était conscient de ne pouvoir survivre qu'en refusant ce qu'ils lui imposaient. Il ne pouvait plus leur faire confiance. Ils lui avaient fait trop de mal. Ils ne lui avaient fait que du mal.

Au moment de son adoption, il avait perdu tout espoir d'avoir un foyer à lui, d'être choyé et désiré comme les autres enfants. Il s'était résigné à être toujours en sursis, toujours affamé, effrayé et solitaire. Il était persuadé qu'il y avait en lui quelque chose d'anormal qui faisait qu'on ne pouvait pas l'aimer.

Il savait que ses attachements ne pouvaient être que provisoires, qu'ils lui procuraient de la chaleur et de la nourriture pendant un certain temps, puis qu'ils cessaient du jour au lendemain, laissant un vide que rien ne parvenait à combler. Il devait les éviter, tout comme l'amour, s'il voulait s'en sortir. Leur fragilité le blessait toujours profondément. Parfois trop.

Il lui avait fallu trois ans pour s'adapter à la vie de la ferme, mais il avait suffi d'une seconde — le temps de dire au revoir — pour que la ferme n'existe plus. Les Jones avaient disparu. La grange. L'école. L'église. Delsey. Ses tâches quotidiennes. Ses promenades dans la forêt. Son arbre. La rivière. Bo. Tout lui avait été pris, aussi facilement que la balle du chasseur prend la vie du gibier sans méfiance. Il ne lui restait que des souvenirs, aussi réels, aussi douloureux, aussi friables que tous ceux qui hantaient sa mémoire depuis que sa famille avait été dispersée.

D'autres visages, d'autres endroits, d'autres règles et d'autres arrangements. De la vie rurale à la vie urbaine. De garçon de ferme à petit citadin. Des grands espaces aux arrière-cours grillagées. Des chemins serpentant dans la forêt aux rues pavées et aux trottoirs. De l'amour de Bo à l'absence de tout amour.

Du rêve au cauchemar.

Tout était différent, étrange. Tout sauf le sentiment familier de n'être ni aimé ni désiré. Celui-là ne changeait jamais.

CHAPITRE XV

Les trois premières semaines de sa nouvelle vie ne laissèrent aucune trace dans la mémoire de Peter. Ses parents adoptifs ne l'intéressaient pas. Il était persuadé qu'ils se rendraient vite compte de l'erreur qu'ils avaient faite en adoptant un enfant que personne ne pouvait aimer, et que, comme tous leurs prédécesseurs, ils finiraient inévitablement par se débarrasser de lui. Sachant qu'il devrait partir un jour ou l'autre, il ne fit aucun effort pour s'intégrer. Il passait la plus grande partie de son temps assis sur le divan du salon, silencieux, fixant la fenêtre d'un regard absent. Réfugié dans son monde intérieur, il ne prêtait pas la moindre attention à ce qui l'entourait. Même ses frères ne parvenaient plus à le distraire. Il se moquait de tout. Plus rien n'avait d'importance. Il ne demandait qu'une seule chose : qu'on le laisse seul. Totalement.

Dans ses rêveries, il utilisait ses souvenirs de la ferme pour inventer des histoires terrifiantes. Il se revoyait seul avec le chauffeur dans le car de ramassage scolaire et imaginait que le véhicule manquait un tournant dans la montagne et allait s'écraser au fond d'un ravin. Ou il traversait la rivière avec Bo en sautant de pierre en pierre, manquait une pierre, perdait pied et était entraîné par le courant loin de l'air et de la lumière, dans des profondeurs glauques où il disparaissait pour toujours. Ou encore le serpent inoffensif qu'il avait trouvé un jour dans le poulailler devenait un crotale qui lui plantait ses crocs venimeux dans la main. Ces scènes d'autodestruction lui procuraient un très grand plaisir. Il les répétait inlassablement, savourant le sentiment de puissance qu'elles lui donnaient autant que leur promesse explicite de délivrance finale. A défiler ainsi l'une après l'autre dans sa tête, elles finissaient par devenir plus réelles à ses yeux que les visages qui se penchaient parfois sur le sien pour essayer de le sortir de sa torpeur.

Ses parents adoptifs faisaient tout ce qui leur était possible pour établir un contact avec lui, au moins le contraindre à parler, mais leurs efforts n'aboutissaient à rien. Il demeurait muré au plus profond de lui-même, inaccessible au monde extérieur.

Puis un jour, à la fin de la troisième semaine, ils trouvèrent la solution. Il avait plu toute la matinée. En rentrant pour déjeuner avec ses chaussures boueuses, l'homme salit sans y prendre garde le tapis du salon. La femme était occupée à mettre le couvert dans la salle à manger. Lorsqu'elle eut terminé, elle appela les enfants pour qu'ils viennent se mettre à table. Les deux petits accoururent aussitôt, mais Peter, qui était une fois de plus plongé dans un de ses rêves éveillés, ne l'entendit pas.

En venant le chercher dans le salon, elle vit les traces de boue sur la moquette. Obsédée par la propreté, elle ne supportait pas que son intérieur ne soit pas impeccable. Aussi laissa-t-elle exploser sa fureur en se précipitant vers Peter, qui était assis sur le divan. Après l'avoir violemment giflé, elle le saisit par les cheveux, le traîna jusqu'à l'entrée et se mit à lui cogner la tête contre la porte. Terrorisé, sachant à peine où il était, il voulut lui échapper en se laissant tomber sur le sol, mais elle le cueillit d'un coup de pied dans l'estomac qui lui coupa le souffle.

— C'est toi qui as mis cette boue sur mon tapis, hein, petit merdeux ? hurla-t-elle en se penchant sur lui.

— Non, m'dame, ce n'est pas...

Un nouveau coup de pied dans le ventre l'arrêta net. Luttant pour retrouver sa respiration, il se mit à sangloter éperdument.

Malgré son obstination, ses parents adoptifs avaient enfin réussi à entrer en contact avec lui.

— Petite saloperie de menteur !

Les yeux flamboyant de colère, les mâchoires serrées, la femme s'agenouilla à côté de lui et lui prit le visage à deux mains, enfonçant ses ongles dans son nez, ses pommettes et ses joues.

— Tu mens, Peter ! C'est toi qui as ramené cette boue, je le sais !

Il tenta de se justifier une nouvelle fois, mais les mains qui emprisonnaient son visage lui couvraient aussi la bouche.

— C'est toi, hein ? Tu vas répondre quand je te parle ? rugit la femme.

Le lâchant brusquement, elle le frappa d'un revers de main, si fort que sa lèvre inférieure se mit à saigner.

— C'est toi ?

Comprenant que toute défense était inutile et qu'une nouvelle dénégation lui vaudrait de nouveaux coups, il hocha prudemment la tête.

— Oui, m'dame.

La colère de la femme s'apaisa aussitôt. Elle fit un pas en arrière et le regarda d'un air sévère.

— Tu n'es qu'un sale menteur, dit-elle d'une voix dénuée de toute tendresse. Je n'aurais pas été obligée de te battre si tu ne m'avais pas menti. Ce n'est pas vrai ?

— Oui, m'dame.

— Tu l'avais bien cherché.

— Oui, m'dame.

— Et c'est toi qui as sali mon tapis.

— Oui, m'dame.

— Je croyais que tu étais muet. Mais je vois que tu peux parler.

— Oui, m'dame.

— Alors laisse-moi te donner un conseil. Ne me raconte plus jamais de mensonges. Plus jamais. Ou je te coupe en morceaux. Tu as bien compris ?

— Oui, m'dame.

— Et quand quelqu'un te parle, tu réponds.

— Oui, m'dame.

— Par ailleurs, j'en ai par-dessus la tête de te voir traîner à longueur de journée sur ce divan. Je me fiche de savoir si tu avais envie d'être adopté ou non. Tu l'as été. Alors maintenant, tu oublies tout le reste et tu fais avec. C'est clair ?

— Oui, m'dame.

La femme garda le silence pendant un long moment, sans quitter Peter des yeux. Elle avait tout de même fini par l'atteindre, qu'il l'ait voulu ou non.

— Bill et moi nous vous avons adoptés pour vous donner un vrai foyer, reprit-elle. Et quel remerciement nous en avons ? Pas un mot ! Tu as intérêt à ce que ça change, mon garçon ! Et tout de suite ! Je veux te voir sourire et participer à la vie de cette maison. Tu m'entends ? Sourire et être aimable. C'est un ordre que je te donne. Et tu m'obéiras, tu peux en être certain !

— Oui, m'dame, murmura Peter en essayant désespérément de transformer en un sourire acceptable la grimace de ses lèvres tuméfiées.

— Très bien. Va te nettoyer. Ensuite tu reviendras ici et tu ramasseras toute cette boue. Je ne veux pas te voir bouger tant que ce tapis ne sera pas impeccable. File !

Peter courut jusqu'au lavabo sans demander son reste, puis revint dans le salon. Se laissant tomber à genoux, il commença à gratter les croûtes de boue qui adhéraient au tapis.

La femme le regarda faire pendant un moment, puis alla rejoindre son mari et les deux frères de Peter qui l'attendaient pour manger. L'homme ne fit aucun commentaire lorsqu'elle s'assit à côté de lui. Bobby et Jimmy ne dirent rien non plus, mais la regardèrent avec de grands yeux effrayés.

— Je crois que j'ai trouvé la bonne manière de lui parler, dit-elle d'un ton détaché en entamant le repas dont Peter venait d'être privé. Qu'est-ce que tu en dis ?

— Oui, répondit l'homme en regardant d'un air froid le jeune garçon occupé à gratter le tapis. Je crois aussi que tu as trouvé.

CHAPITRE XVI

Le père adoptif de Peter, Bill, était ingénieur et travaillait pour une importante société de construction dans une ville de l'Ouest. Peu de temps après l'adoption des trois enfants, il fut muté sur la côte. N'ayant fait que deux ans d'université, il était très fier d'avoir réussi à obtenir un poste brigué par des hommes plus instruits et plus jeunes que lui. Il avait même déposé plusieurs brevets au sein de la société qui l'employait. Grand, massif, il avait des épaules larges et des bras puissants. Ancien combattant de la guerre de Corée, il avait joué pendant de nombreuses années sur tous les terrains de football de l'État. Après plusieurs années d'un mariage sans enfants avec Judy, il avait accepté d'entamer une procédure d'adoption.

Judy était la dernière-née d'une famille de treize enfants. Elle avait eu une enfance difficile, marquée par la misère, mais à force de courage et de ténacité elle avait réussi à s'élever au-dessus de sa condition. Après le collège, elle avait suivi des cours pendant deux ans pour devenir infirmière. Au moment de l'adoption, elle s'était mise en disponibilité pour pouvoir rester chez elle avec sa nouvelle famille. C'était une belle femme, grande et élancée. Lorsqu'elle était de bonne humeur, elle pouvait être chaleureuse, charmante et réellement amicale.

Pour tous ceux qui les connaissaient, Bill et Judy formaient un couple modèle. Leur mariage était heureux, leur position sociale assurée, ils allaient régulièrement à l'église et participaient aux activités de leur quartier et de leur ville. Aimés et respectés par tous, ils ne pouvaient être que des parents idéaux pour trois malheureux enfants à la recherche d'un foyer.

Après l'épisode de la boue sur le tapis, Peter devint très attentif aux souhaits et aux désirs de ses parents adoptifs. Il savait que ce qui s'était passé à cette occasion pouvait se reproduire. Il n'en voulait pas à sa « mère » d'avoir perdu patience et de l'avoir frappé. Après tout, l'incident confirmait simplement ce qu'il pensait de lui-même : qu'il était intrinsèquement mauvais et méritait d'être puni. Afin de faire oublier sa méchanceté, il se mit totalement au service des deux adultes, leur apportant le café au lit, préparant les repas, allant chercher les commissions, faisant tout ce qu'il pouvait pour qu'ils lui pardonnent et ne le punissent plus jamais. Il était convaincu que c'était lui qui avait contraint sa « mère » à le battre en la rendant malheureuse par sa mauvaise conduite. En conséquence, c'était à lui qu'il appartenait de la rendre heureuse à nouveau pour qu'elle ne soit plus obligée d'être sévère avec lui.

Mais plus il travaillait, moins son « père » et sa « mère » étaient contents. S'accusant lui-même, il redoublait d'efforts, avec pour seul résultat qu'ils attendaient et exigeaient toujours plus de lui. Jamais ils n'étaient satisfaits. Ce qu'il faisait était inévitablement insuffisant — ou alors trop mal fait pour leur goût.

A la différence de ce qui se passait à la ferme, il ne pouvait ni s'isoler ni s'éloigner. Sa liberté était limitée à la maison et au petit jardin qui l'entourait. Il n'avait aucun endroit où se cacher, aucune possibilité d'échapper à leur surveillance presque constante. Étant contraint de les côtoyer, il était poussé par son instinct de conservation et sa peur des mauvais traitements à trouver sans cesse de nouveaux moyens de leur plaire et de les apaiser. Mais il n'y parvenait pas. Toutes ses initiatives, aussi louables fussent-elles, étaient impitoyablement critiquées. Soit elles tombaient à côté, soit elles n'étaient pas prises au bon moment, parfois même elles étaient considérées comme des actes de rébellion. Quoi qu'il fît, il n'avait aucune chance de gagner : il avait perdu la bataille pour se faire aimer de ses parents adoptifs avant même de l'avoir commencée.

Un matin, sa mère se réveilla en se plaignant des douleurs causées par ses règles. Toute la matinée, elle fut d'une humeur exécrable, critiquant tout ce qu'il faisait, le couvrant d'injures, lui répétant qu'il ne serait jamais bon à rien. Il en conclut qu'elle était à nouveau malheureuse et que c'était de sa faute. Il ne parvenait pas à comprendre ce qu'il avait fait de mal, mais il ne doutait pas qu'il l'avait une nouvelle fois blessée. De cela il était certain. Elle ne lui aurait pas donné tous ces noms affreux, et ne l'aurait pas maudit comme elle l'avait fait, s'il n'avait pas été dans son tort.

Au début de l'après-midi, morose et rongé de remords, il errait comme une âme en peine dans le jardinet lorsque ses yeux se posèrent sur une touffe de pissenlits dont les fleurs ensoleillées tranchaient sur le vert uniforme du gazon. Leur beauté et leur fragilité lui rappelèrent ses longues promenades à la ferme, dans les bois et les champs où les fleurs sauvages poussaient à profusion, et le plaisir qu'il prenait à s'arrêter ici ou là pour les sentir et admirer l'agencement complexe de leurs formes et de leurs couleurs. Ces souvenirs lui mirent du baume au cœur. Dans sa joie, il eut soudain l'idée d'offrir un cadeau à sa mère. Délicatement, en prenant soin de ne pas briser les tiges, il composa un petit bouquet. Quelques fleurs cueillies avec amour suffiraient peut-être à lui rendre sa bonne humeur. Il était sûr qu'elle sourirait et serait heureuse lorsqu'il les lui offrirait.

Rentrant par la porte de devant, il se glissa sans bruit jusqu'à la salle à manger. Elle était assise à la table, en train d'écrire une lettre.

— Maman ? murmura-t-il doucement, la voix tremblante d'impatience.

Il détestait l'appeler ainsi, mais il savait que c'était ce qu'elle attendait et il avait tant envie de lui plaire. De toute manière, le mot ne signifiait plus rien pour lui depuis longtemps.

— Qu'est-ce qu'il y a, Peter ? demanda-t-elle sans relever la tête.

— Je t'ai apporté quelque chose, un cadeau ! Regarde !

Le visage épanoui, il lui tendit le bouquet d'un geste brusque. Elle le fixa sans mot dire pendant quelques secondes, puis ses traits se durcirent, ses yeux lancèrent des éclairs. Lui arrachant les fleurs des mains, elle les jeta violemment sur le sol.

— Sale petit voyou ! se mit-elle à hurler. Des mauvaises herbes ! Comment as-tu le culot ? Fous le camp d'ici avant que je t'étripe !

Totalement décontenancé par une telle explosion de fureur, Peter battit rapidement en retraite. Il était incapable de comprendre ce qu'il avait fait de mal. Il comprenait simplement qu'il avait à nouveau fait de la peine à sa mère. Pourquoi avait-elle appelé ses fleurs des « mauvaises herbes » ?

Se sentant plus déprimé que jamais, il essaya de se faire oublier jusqu'à la fin de l'après-midi. Il avait peur que le chagrin qu'il avait fait à sa mère lui vaille une nouvelle correction.

Le soir, il dut se forcer lorsqu'on l'appela pour manger et rejoignit avec appréhension le reste de la famille. La catastrophe de l'après-midi continuait de le bouleverser. Il n'avait pas le moindre appétit. De plus, ses parents adoptifs ne parlaient pas. Un lourd silence régnait sur la pièce, qui ne pouvait signifier qu'une chose : que son père et sa mère étaient mécontents. Inquiet, tendu, il prit sa place en se faisant le plus petit possible.

Après que son père eut expédié le Benedicite, les plats commencèrent à circuler autour de la table. Peter n'avait envie de rien, mais il se servit généreusement, parce qu'il savait que ses parents seraient fâchés s'il leur montrait qu'il n'avait pas faim.

Au bout d'un moment, sa mère s'aperçut qu'il se contentait de chipoter dans son assiette.

— Tu n'aimes pas ma cuisine ? demanda-t-elle d'une voix menaçante.

— Oh si, m'dame, beaucoup ! C'est très bon !

— Alors mange !

— Oui, m'dame.

Il essaya d'aller un peu plus vite, mais son estomac noué refusait de coopérer. Lorsque ses parents eurent terminé, il avait à peine avalé la moitié de son assiette. Pas un mot n'avait été échangé pendant tout le repas. Bobby et Jimmy se tenaient cois, osant à peine relever la tête pour regarder leur frère.

Peter s'arrêta un instant pour laisser descendre sa dernière cuillerée. Sans réfléchir, il se mit à dessiner une fleur dans son assiette.

Brusquement, deux doigts s'abattirent sur le sommet de son crâne, comme s'ils avaient cogné sur une porte. Sous le choc, il se mit à pleurer.

— Ta mère t'a dit de manger ! gronda la voix de son père.

— Oui, M'sieur ! gémit-il entre deux sanglots en portant précipitamment une nouvelle cuillerée à sa bouche.

— Tu es entêté, mais je peux l'être plus que toi, dit sa mère d'une voix sans réplique.

Prenant les plats l'un après l'autre, elle fit tomber tous les restes dans l'assiette de Peter, les battit avec une fourchette, puis vida son verre de lait sur le mélange.

— Maintenant mange ! Jusqu'au bout !

— Oui, m'dame !

Il saisit sa fourchette et commença à manger aussi vite qu'il pouvait, en prenant à peine le temps de mâcher la nourriture. Les deux adultes ne le quittaient pas des yeux.

— Regarde-moi ce petit cochon ! s'écria la femme en souriant à son mari. Et il va prétendre qu'il n'avait pas faim ! Qu'est-ce que tu en dis, Bill ?

— Je dis qu'il devait être drôlement affamé.

Le sourire de la femme s'élargit.

— Attends un peu ! dit-elle brusquement à Peter. Puisque tu veux manger comme un cochon, tu vas être servi !

Prenant son assiette, elle se leva et alla la poser par terre, près de la porte de communication entre la cuisine et la salle à manger. Puis elle lui fit signe d'approcher.

— Viens ici, toi ! Mets-toi à quatre pattes et finis-moi ça ! Allez !

Peter obéit en tremblant. A genoux sur le carrelage, les bras pliés devant lui, il se mit à laper la nourriture. Il avait l'impression que son estomac allait éclater. Chaque nouvelle bouchée était un supplice. Ses parents adoptifs s'étaient levés pour ne rien perdre du spectacle et riaient bruyamment de ses efforts.

Il sentit bientôt qu'il ne pouvait plus rien avaler. Il s'arrêta, secoué par une violente nausée.

— Petit salaud ! glapit la femme. Je t'interdis de dégueuler sur mon carrelage ! Tu m'entends ? Je te l'interdis !

Mais il était trop tard. Rejetée par son estomac, toute la nourriture qu'il avait ingurgitée malgré lui s'était répandue sur le sol de la cuisine. Le saisissant par les cheveux, sa mère se mit à lui frotter le visage contre les carreaux souillés.

— Mange ! hurlait-elle. Je t'ai dit de manger ! Petite vermine ! Comment oses-tu me désobéir ?

Le cauchemar se poursuivit ainsi pendant deux heures. Après avoir balayé le carrelage avec son visage et ses cheveux, Peter dut demeurer debout dans un coin de la cuisine pendant que les deux adultes lui hurlaient aux oreilles qu'il ne s'en sortirait pas tant qu'il n'aurait pas dit la vérité. Ils voulaient savoir pourquoi il avait désobéi à sa mère lorsqu'elle lui avait interdit de vomir. Chaque fois qu'il essayait d'expliquer qu'il n'avait pas pu faire autrement, ils le bourraient de coups de poings en l'accusant de mentir pour dissimuler sa faute. Finalement, à moitié groggy, il reconnut entre deux sanglots désespérés qu'il avait fait exprès de vomir pour se venger de sa mère, parce qu'elle avait refusé son bouquet de mauvaises herbes.

Pour avoir menti et désobéi, il reçut vingt coups de ceinture sur les cuisses. Il dut ensuite remettre la cuisine en état, puis fut autorisé à prendre un bain et à aller se coucher. Ses jambes et son ventre lui faisaient si mal qu'il avait de la peine à marcher. Son visage était en feu, une douleur sourde battait entre ses tempes. Il accueillit le sommeil comme une délivrance.

CHAPITRE XVII

Après plusieurs semaines pendant lesquelles ils n'étaient pas parvenus à attirer son attention, les parents adoptifs de Peter avaient maintenant trouvé un moyen efficace de contrôler son comportement, qui leur donnait l'impression de disposer d'un pouvoir illimité aussi bien sur lui-même que sur ses deux frères. Bobby et Jimmy étaient terrorisés. Ils n'avaient pas souffert dans leur chair, mais ce qui était arrivé à Peter les avait convaincus qu'ils n'avaient pas le choix : s'ils voulaient éviter les punitions et les coups, ils devaient donner entière satisfaction à leurs nouveaux parents. Leurs journées furent bientôt remplies par cette seule pensée, à tel point qu'une rivalité qu'ils n'avaient jamais connue auparavant finit par les opposer l'un à l'autre. Chacun essayait d'être le plus rapide, le plus attentionné. Lorsqu'un des deux adultes exprimait un désir, ils se précipitaient en courant dans la cuisine, se disputant le verre d'eau ou la tasse de café qu'ils devaient lui apporter.

Lorsque l'un d'eux commettait une erreur, le blâme retombait presque toujours sur Peter. Bill et Judy étaient persuadés que celui-ci manipulait les deux petits, les dressait contre eux, se servait de sa position d'aîné pour saper leur autorité. Le lien qui unissait les trois enfants était effectivement plus fort que tout ce qui aurait pu les rapprocher des adultes, et leurs nouveaux parents, refusant d'en voir l'origine dans leur passé commun, en attribuaient la faute à Peter. En conséquence, quand le manque d'empressement ou l'inattention d'un des gamins les mettait en colère, ils accusaient la plupart du temps Peter d'en être l'inspirateur et le punissaient à sa place.

Pour avoir survécu ensemble, sans pouvoir compter sur personne, dans des circonstances particulièrement difficiles, les trois garçons étaient devenus pratiquement inséparables. Pendant des années, Peter avait joué le rôle d'un père auprès de ses frères, les protégeant comme il le pouvait des atteintes du monde extérieur. Il en résultait une complicité, une connivence entre eux que rien ne pouvait égaler. Lorsqu'ils avaient besoin de quelque chose, Bobby et Jimmy le demandaient d'abord à Peter, parce qu'ils savaient qu'ils pouvaient toujours compter sur lui.

Leurs parents adoptifs avaient compris tout de suite qu'il y avait là quelque chose qui leur échappait, qui limitait leur pouvoir, aussi firent-ils tout leur possible, pendant toutes les années qu'il demeura chez eux, pour séparer Peter de ses frères. Ils voulaient rompre leur alliance, obliger chacun d'eux à considérer que sa survie était menacée par les autres. Ils exigeaient que les gamins grimpent sur les genoux de Peter, lui ébouriffent les cheveux, l'embrassent sur la bouche, lui caressent les parties génitales. Peter devait alors, sur leur ordre, les repousser violemment et les faire tomber à terre en exprimant du dégoût. Peter obéissait. Il savait qu'il leur faisait mal en agissant ainsi, mais il savait aussi qu'ils auraient eu plus mal encore s'ils n'avaient pas fait ce qu'on leur demandait — et que lui-même aurait été impitoyablement châtié s'il avait refusé de se prêter à cette humiliante comédie. Il haïssait simplement les adultes pour ce qu'ils l'obligeaient à faire à ses frères.

D'autres fois, ils ordonnaient aux gamins de le battre à coups de poings et de ceinture, en leur expliquant que toute la famille souffrait de son égoïsme et de sa mauvaise conduite. Pendant ces périodes, ils étaient couverts d'attentions et de cadeaux, alors que Peter devait faire leurs lits, préparer leurs repas, les servir comme un esclave. Des heures durant, ils s'entendaient répéter que leur aîné était « mauvais », « malade », « monstrueux », et qu'ils ne devaient jamais lui faire confiance. Ils étaient censés le surveiller à tout instant et rendre compte de ses moindres gestes. S'il commettait une « erreur » en leur présence et qu'ils ne la rapportaient pas, ils étaient sévèrement battus.

Chaque fois que ses parents s'adressaient à lui, même pour lui donner simplement un ordre, ils lui reprochaient sa méchanceté, sa stupidité ou sa laideur. Jamais ils ne l'embrassèrent ni ne le prirent dans leurs bras. Ils le traitaient en ennemi, ou plus exactement comme s'il avait été un parasite accroché à l'arbre familial, auquel ils refusaient toute chaleur dans l'espoir de le voir mourir, pourrir et se détacher des branches saines. Les mauvais traitements qu'ils lui infligeaient donnaient l'impression qu'ils n'avaient pas affaire à un enfant, aussi détestable fût-il à leurs yeux, mais au Diable lui-même, contre lequel seuls les moyens les plus radicaux pouvaient être efficaces. Battre Peter semblait être pour eux un moyen de se défendre. Ce qu'il faisait ne comptait pas. Il avait de toute manière toujours tort. Ils le corrigeaient, l'insultaient, le sermonnaient, se moquaient de lui pendant des heures et des heures. Le maltraiter était pour eux un véritable passe-temps, presque une obsession.

Très vite, leur seule ambition à son égard fut de parvenir à le « briser » comme un cow-boy dompte un cheval sauvage. Dans ce but, ils passaient de longues heures à discuter entre eux pour trouver de nouveaux moyens de le faire souffrir.

Vers la fin de la première année de son séjour, il reçut ainsi une leçon d'obéissance qu'il ne devait jamais oublier. C'était le soir. Il était couché, aussi immobile qu'une pierre dans la sécurité illusoire de sa chambre, les couvertures rabattues au-dessus de sa tête. Il savait d'expérience qu'une fois que ses parents s'étaient mis au lit il ne risquait plus rien jusqu'au lendemain matin.

Il n'était en sûreté que la nuit. Pendant la journée, il pouvait être pris à partie par ses parents à n'importe quel moment, en n'importe quel endroit, pour n'importe quelle raison. Il passait son temps à essayer de se rendre invisible, à se fondre avec les boiseries et le mobilier pour ne pas attirer leur attention. Il y réussissait rarement, aussi chérissait-il les heures nocturnes qui lui apportaient la solitude et la paix. Il luttait parfois de toutes ses forces pour ne pas s'endormir, afin de pouvoir jouir de ces trésors, ou comptait les secondes avec l'espoir que de cette manière la nuit lui paraîtrait plus longue. L'obscurité était son amie. Le matin, qu'il avait tant chéri autrefois, le livrait à ses bourreaux.

Ce soir-là n'était pas différent des autres, à un détail près : ses parents ne se décidaient pas à aller se coucher. Il aurait bien voulu se laisser aller, trouver refuge et réconfort dans ses rêves, mais la prudence le contraignait à rester attentif aux murmures étouffés qui provenaient du salon.

D'une certaine manière, ces murmures étaient rassurants — comme peut l'être le bruit produit par un serpent à sonnette quand on le compare au silence mortel qui lui succède. Tant que les voix se faisaient entendre, il n'avait rien à craindre. Mais dès qu'elles cessaient, deux choses pouvaient se produire : soit ses parents allaient se mettre au lit, soit ils venaient le chercher. Cela lui était déjà arrivé un certain nombre de fois.

Les voix se turent soudain. Comme un animal pris au piège, tous les sens en alerte, Peter essayait de percer le silence qui s'était abattu sur la maison, d'identifier un signe, un son qui lui auraient permis de deviner ce qui se passait au-delà des murs de sa chambre.

Mais il n'y avait rien, ni bruit, ni mouvement, seulement le silence. Peut-être avaient-ils décidé de le laisser tranquille. S'il vous plaît, Seigneur, faites qu'ils soient fatigués !

S'accrochant désespérément à ce fragile espoir, il attendait dans le noir, en osant à peine respirer. Quelques secondes passèrent, qui lui parurent une éternité. Puis l'horreur : des bruits de pas s'arrêtant devant sa chambre. Ils venaient le chercher.

Les yeux fermés à s'en faire mal, il se colla au matelas, souhaita que la terre s'entrouvre sous lui.

Mais il ne pouvait rien faire pour échapper à son sort. Sa peur était si grande que lorsque la porte s'ouvrit à la volée, il ne put se retenir et se mit à uriner dans le lit.

Avant qu'il ait pu réaliser ce qui lui arrivait, son père lui arracha son unique couverture, le saisit par l'oreille et le tira derrière lui jusqu'au salon. Pris de fureur à la vue de son pyjama mouillé, il lâcha son oreille sanguinolente et lui assena un coup de poing sur la tempe qui l'envoya rouler contre le mur.

Paralysé par la terreur, Peter demeura prostré à l'endroit

où il était tombé jusqu'à ce que la pointe de la chaussure de son père l'atteigne dans les reins, en même temps que sa voix haineuse lui donnait l'ordre de se lever.

Comme il obéissait en tremblant, il sentit que son pantalon de pyjama glissait de sa taille et tombait sur ses chevilles, le laissant nu au milieu de la pièce.

Amusés, ses parents adoptifs s'assirent sur le divan. Pendant un long moment, ils se contentèrent de le fixer en silence, avec des yeux froids, calculateurs, impitoyables. Il n'osait pas bouger, même pour couvrir sa nudité.

Puis il aperçut la panoplie habituelle de fouets, de baguettes et de tuyaux de caoutchouc posés sur le tapis à côté du divan. A nouveau il ne put se retenir et se mit à pleurer de désespoir, le corps secoué de sanglots.

Le choc d'une bague lui déchirant la joue l'envoya rouler une seconde fois sur le sol. Ses parents lui interdisaient de se plaindre. Ils lui avaient expliqué que ses larmes ne les trompaient pas, qu'elles n'étaient qu'une tentative puérile d'échapper à son juste châtiment en faisant appel à leur pitié. Ses « refus » de faire face et d'accepter ses « médicaments » comme un homme les mettaient inévitablement hors d'eux. Luttant de toutes ses forces pour refréner des émotions qui ne pouvaient que lui valoir de nouveaux coups, il se releva aussitôt qu'on lui en donna l'ordre et attendit, nu, soumis, qu'ils lui disent ce qu'il devait faire.

D'une voix dont il devait se souvenir toute sa vie, sa mère déclara alors que le temps était venu pour lui d'apprendre à obéir, et que c'était le devoir de ses parents de faire en sorte qu'il n'oublie jamais la leçon.

Debout sur la pointe des pieds, les mains croisées aussi haut que possible au-dessus de la tête, il reçut l'ordre de demeurer parfaitement immobile. Sa mère lui expliqua que son père allait lui donner un coup de ceinture sur le ventre et qu'il ne devrait avoir aucune réaction — ni cri, ni grimace, ni mouvement. S'il désobéissait, les coups continueraient de pleuvoir jusqu'à ce qu'il soit capable de se tenir correctement.

Une heure et demie plus tard, il s'effondrait, inconscient, sur le plancher taché de sang. Il avait reçu plus de trente coups de ceinture et de tuyau de caoutchouc sur le ventre et dans l'aine, qui ne formaient plus qu'une masse informe et sanguinolente. Ses épaules, son dos et ses jambes avaient aussi eu leur part. Pendant que son père le maintenait au sol, sa mère lui avait impitoyablement fouetté la plante des pieds, faisant éclater la peau en plusieurs endroits.

Lorsqu'il se réveilla, le lendemain matin, il pouvait à peine faire un geste. La douleur ne s'était pas atténuée pendant la nuit. Son ventre était si gonflé qu'il dut le prendre à deux mains pour pouvoir se lever. Ses pieds déchirés se mirent à saigner dès qu'il les posa par terre. Bien que ses parents l'aient obligé à prendre un bain d'eau froide salée avant d'aller se coucher, ses blessures avaient suinté pendant son sommeil, la sanie avait séché et son drap et son pyjama collaient à ses plaies. Plutôt que les arracher de force, ses parents, dans un mouvement d'indulgence, l'autorisèrent à prendre un bain chaud pour amollir et détacher les tissus.

Il ne put aller à l'école pendant une semaine, durant laquelle il passa le plus clair de son temps à essayer d'éviter sa mère. Bien que sont état eût nécessité un repos absolu, il ne fut pas déchargé d'une seule de ses tâches domestiques.

Finalement, son corps se rétablit. Mais son cœur et son esprit ne se remirent jamais de cette nuit d'épouvante.

CHAPITRE XVIII

Les trois garçons avaient été inscrits à l'école peu de temps après leur installation dans leur nouveau foyer. L'établissement de banlieue qu'ils fréquentaient était relativement proche de leur maison. Peter avait été admis au cours moyen — la même classe que celle qu'il suivait lorsqu'il vivait à la ferme.

Une fois par semaine, chaque classe avait un temps de bibliothèque, pendant lequel les élèves étaient familiarisés avec toutes sortes de livres, dans l'espoir de leur donner le goût de la lecture. On leur répétait sans cesse qu'un homme instruit devait savoir trois choses : lire, écrire et compter.

Peter savait lire, mais ne s'intéressait pas réellement aux livres. Dans son esprit, ils faisaient seulement partie des choses que l'on utilisait à l'école. Son opinion se modifia cependant une des premières fois que sa classe fut envoyée en bibliothèque.

Chaque élève devait lire un livre choisi par lui-même en fonction de ses goûts et de ses aptitudes. Pendant que les autres enfants partaient à la recherche d'un ouvrage susceptible de leur plaire, Peter s'assit sur un banc, dans un coin de la pièce, et demeura immobile, fixant sans les voir les rayons chargés de couvertures bariolées.

La bibliothécaire, une femme de petite taille, relativement âgée, finit par le remarquer et s'approcha discrètement de lui. Il avait l'air si désemparé, si gauche, si timide, si définitivement incapable de prendre la moindre initiative, qu'elle décida aussitôt de lui venir en aide.

— Peter ? appela-t-elle doucement.

Surpris, il eut un brusque mouvement de recul, puis se

tourna vivement vers elle, lui lançant un regard de chien battu.

— Oui, m'dame ? répondit-il précipitamment.

— Je suis désolée, Peter, je ne voulais pas t'effrayer, dit-elle d'une voix aussi rassurante que possible.

Elle attendit que ses pupilles aient retrouvé une taille normale, puis demanda gentiment :

— Tu n'as pas trouvé de livre qui te plaise ?

La peur le submergea à nouveau. Quelle faute avait-il commise ? Avait-il fait une bêtise ? Désobéi à quelqu'un ? Il ne savait pas quoi répondre. L'idée que la femme qui s'adressait à lui désirait seulement l'aider ne lui vint même pas à l'esprit.

— Peter, pour l'amour du Ciel ! s'exclama-t-elle en le voyant littéralement se décomposer devant elle. Tu n'as rien fait de mal, voyons ! Tu n'as aucune raison d'avoir peur ! Allez, viens, nous allons chercher un livre ensemble !

La femme prit la main de Peter, qui se laissa guider passivement parmi les rayons. A plusieurs reprises, elle s'arrêta pour vérifier un titre dans une pile. Finalement, elle prit un livre et le lui tendit.

— Qu'est-ce que tu penses de celui-là ?

Peter le prit d'un air méfiant. Le titre ne lui disait rien, mais son regard fut irrésistiblement attiré par le dessin de couverture, qui représentait deux enfants accroupis à côté d'un coffre rempli de pièces d'or. La lueur qui s'alluma dans ses yeux n'échappa pas à la bibliothécaire. Elle l'entraîna vers une table de lecture.

— Voilà ce que nous allons faire, Peter. Tu vas lire un chapitre maintenant. Si l'histoire te plaît, tu pourras sortir le livre et l'emmener chez toi. Si elle ne te plaît pas, je t'aiderai à en trouver un autre. D'accord ?

— Oui, m'dame.

Dès que la femme se fut éloignée, Peter commença à lire. Lentement d'abord, avec la même application qu'il aurait mise à faire un devoir, puis de plus en plus rapidement, avec un intérêt croissant, au fur et à mesure que l'histoire et les personnages se découvraient à lui. Totalement captivé, il finit par oublier le temps qui passait. Lorsque la bibliothécaire annonça que la lecture était terminée, il referma le livre à regret, le fit inscrire à son nom et l'emmena avec lui.

Il passa le reste de la journée en compagnie de ses deux héros, en profitant de chacun de ses moments de liberté pour repartir avec eux à la recherche du trésor caché. Le lendemain à midi, il avait terminé le livre. En le ramenant à la bibliothécaire pendant la pause du déjeuner, il trouva assez de courage pour demander à la femme si elle en avait d'autres qui lui plairaient autant. Par chance, l'ouvrage faisait partie d'une collection qui ne comptait pas moins de cinquante titres, tous consacrés aux aventures des deux mêmes enfants. A la fin de l'année scolaire, il les avait tous lus, ainsi que les épisodes de plusieurs autres séries.

La lecture devint ainsi son passe-temps favori. Il lui consacrait la plus grande partie de son temps libre. Lorsqu'un livre l'intéressait, il s'identifiait à ses personnages et leurs vies imaginaires emplissaient la sienne, l'aisant à supporter les privations et les mauvais traitements qui étaient son lot quotidien.

En dehors de la lecture, le seul autre moyen qu'il avait d'échapper à ses parents était de prolonger le temps qu'il passait à l'école. Il ne se sentait pas particulièrement attiré par le sport, mais il s'inscrivit à toutes les activités qui étaient offertes, uniquement pour avoir la possibilité de rentrer un peu plus tard. Il participait également à divers clubs et se portait toujours volontaire lorsque quelqu'un devait rester après les cours pour aider à remettre la classe en état. Tout ce qui était susceptible de retarder son retour à la maison était le bienvenu.

Il haïssait tout particulièrement les après-midi. Il commençait à surveiller l'horloge pendant la pause du déjeuner, conscient que chaque minute qui passait le rapprochait inexorablement de l'échéance, incapable de penser à autre chose qu'à cette fuite impitoyable du temps. A trois heures, lorsque la cloche annonçant la fin des cours retentissait, il avait l'impression que le monde s'écroulait autour de lui. Il aurait fait n'importe quoi, à ce moment-là, pour ne pas être obligé de retrouver sa mère.

Il ne savait jamais dans quelle disposition d'esprit elle serait lorsqu'il pousserait la porte d'entrée. Parfois, elle était occupée et ne lui prêtait aucune attention. Il poussait alors un soupir de soulagement, se changeait rapidement, puis se plongeait dans le livre qu'il avait ramené avec lui. Mais cela se produisait rarement.

La plupart du temps, elle le mettait au travail aussitôt après son arrivée. Mais il ne suffisait pas qu'il fasse ce qu'elle lui avait demandé. Il fallait encore que son travail soit parfait pour recevoir son approbation, et malgré tous ses efforts il n'y parvenait jamais. Elle trouvait toujours quelque chose à redire sur un détail ou sur un autre, ce qui signifiait dans le meilleur des cas qu'il devait tout recommencer, dans le pire qu'il devait affronter sa colère.

Un après-midi, elle lui ordonna de nettoyer la salle de bains. Elle le laissa briquer et frotter pendant deux heures, puis vint inspecter son travail. L'estomac noué par la peur, il ne la quitta pas des yeux pendant qu'elle examinait attentivement la baignoire, le lavabo, la glace, les murs, le sol, le siège des toilettes. Rabattant le couvercle, elle remarqua que la petite plaque de porcelaine qui le reliait au réservoir n'avait pas été nettoyée. En réalité il l'avait lavée comme le reste, mais le morceau de serpillière qu'elle lui avait donné était si usé que quelques fils étaient restés collés à la plaque. Aussitôt, elle se mit à crier en l'accusant d'avoir seulement fait semblant de travailler. Lorsqu'il essaya de lui dire qu'il n'en était rien, qu'il avait tout astiqué du mieux qu'il pouvait, elle le saisit par les cheveux et lui cogna la tête contre le réservoir pour lui faire voir de plus près la « merde » qu'il n'avait pas enlevée.

Avec sa mère lui hurlant dans les oreilles et sa tête heurtant de plus en plus violemment le réservoir, Peter ne tarda pas à reconnaître qu'il n'avait pas fait correctement son travail, qu'il avait menti, qu'une fois de plus il avait essayé d'être plus malin qu'elle. Rien de tout cela n'était vrai, mais il savait que c'était ce qu'elle désirait entendre. La vérité ne l'intéressait pas le moins du monde. Il avait appris depuis longtemps que sa seule chance d'éviter le pire était d'avouer sans détour toutes les fautes qui lui étaient arbitrairement imputées.

Après qu'il eut avoué ses torts, sa mère lui cogna à plusieurs reprises la tête contre le fond du bidet en lui maintenant le visage sous l'eau. Lorsqu'elle le lâcha, l'eau était rougie par le sang qui coulait de son nez et il essayait désespérément de retrouver son souffle, à moitié asphyxié par le liquide qui lui remplissait la bouche et le nez et avait commencé à envahir ses poumons.

Il dut alors se remettre au travail. Il demeura dans la salle de bains jusqu'à la fin de l'après-midi, lavant, rinçant, frottant, s'acharnant sur toutes les surfaces jusqu'à ce qu'elles soient aussi nettes que des miroirs. La pièce était depuis longtemps impeccable, mais il savait qu'il n'avait pas le droit de s'arrêter tant que sa mère ne lui en aurait pas donné l'autorisation. Il était à quatre pattes, en train de nettoyer le carrelage pour la sixième fois, lorsque sa mère entra dans la salle de bains, suivie de son mari qui venait de rentrer du travail. Elle lui ordonna de se lever et de raconter ce qu'il avait fait pendant l'absence de son père. D'une voix éteinte, il expliqua qu'il avait désobéi à sa mère, qu'il lui avait menti, ajoutant sur sa demande qu'il était incorrigible et méritait d'être sévèrement puni.

Les bleus qu'il avait déjà sur le visage et sur le cou n'arrêtèrent pas son père, qui devint fou de rage en l'entendant avouer qu'il avait une fois de plus manqué de respect à sa femme. Saisissant le sac de plastique transparent qu'elle s'apprêtait à ranger lorsqu'il était arrivé, il bondit sur Peter et le lui passa brusquement autour de la tête en le refermant à la hauteur de son cou.

Rapidement privé d'air, le garçon terrorisé céda à une effroyable panique. Sans plus savoir ce qu'il faisait, il se mit à déchirer les mains de son père avec ses ongles pour l'obliger à lâcher prise. A l'instant où le sac s'ouvrait brutalement, le poing de l'homme s'écrasa sur son visage, le faisant basculer dans la baignoire. Le soulagement qu'il éprouva en sentant ses poumons se remplir à nouveau fut tel qu'il se rendit à peine compte que son nez s'était remis à saigner. Mais son répit fut de courte durée.

Mis hors de lui par la résistance qu'il avait osé lui opposer, son père le redressa sans ménagements, lui réunit les bras derrière le dos et pressa son genou contre ses reins pendant que sa mère lui emprisonnait une nouvelle fois la tête dans le sac. Serrant l'ouverture autour de son cou avec assez de force pour l'étrangler, elle ne le lâcha que lorsque son visage commença à bleuir.

La dernière chose qu'il vit avant de perdre connaissance fut le regard de sa mère rivé au sien. Il y lut la plus implacable des haines.

CHAPITRE IX

Quelque temps plus tard, Peter reçut une autre « leçon d'obéissance ». C'était le soir. Les trois enfants étaient couchés depuis longtemps lorsque la porte de la chambre s'ouvrit. Cette fois-ci, son père ne vint pas le tirer de son lit, mais lui ordonna d'une voix sèche :

— Peter, viens ici !

Brusquement glacé, il mobilisa toutes ses forces pour ne pas céder à la panique qu'il sentait monter en lui. Titubant dans la pénombre, il sortit rapidement de la chambre, effrayé de ne pas obéir assez vite, et s'arrêta au milieu du salon. Son père avait repris sa place sur le divan, sa mère était installée dans un fauteuil à bascule, près du lampadaire qui leur servait de table à café. Ils avaient tous les deux une cigarette à la main.

— Oui, m'sieur ? demanda-t-il d'une voix à peine audible.

Ils ne répondirent pas. Pendant un long moment ils le regardèrent fixement, en portant de temps à autre leur cigarette à leurs lèvres. A l'exception du bruit qu'ils faisaient en inspirant et rejetant la fumée, le silence était total.

Peter était à l'agonie. S'il soutenait leurs regards, il serait accusé de vouloir les défier et sévèrement puni. S'il détournait les yeux, ils lui reprocheraient de les ignorer et le châtiraient tout aussi durement. Pleurer était hors de question. Parler serait inévitablement considéré comme une marque d'irrespect. Quelle attitude devait-il prendre ? Son visage était en sueur, son envie d'uriner presque insupportable, mais il n'osait pas faire un geste. Il se trouvait dans une de ces situations qu'il connaissait trop bien, où le moindre mouvement de sa part pouvait être interprété comme une menace et entraîner des représailles immédiates. Il n'y avait pas d'issue, pas d'échappatoire possible. Il serait torturé s'il faisait quelque chose, torturé s'il ne faisait rien. Torturé de toute manière. Et l'attente elle-même, l'immobilité forcée, l'irrépressible montée de la terreur faisaient déjà partie du supplice.

Lorsque la femme rompit le silence en murmurant un ordre bref, il était si effrayé, si tendu à l'idée de ce qu'il allait devoir subir qu'il ne comprit pas ce qu'elle lui disait.

— Hein ? laissa-t-il échapper.

Sa réaction provoqua une explosion de fureur.

— N'essaye pas de me faire croire que tu ne m'as pas entendue ! se mit-elle à hurler. Tu vas faire ce que je t'ai dit, et tout de suite !

— Oui, m'dame !

Il était désespéré. Pourquoi fallait-il qu'il soit aussi stupide ? Pourquoi n'avait-il pas écouté plus attentivement ? Il n'avait aucune idée de ce que la femme attendait de lui, et certainement pas le courage de le lui redemander.

— Plus vite, Peter ! J'attends !

— Oui, m'dame, oui, m'dame !

L'angoisse le rendait fou. Se balançant d'un pied sur l'autre, il chercha des yeux autour de lui un détail qui aurait pu le mettre sur la voie. Il savait que s'il ne faisait pas quelque chose rapidement, il serait battu pour avoir refusé d'obéir.

Apercevant les tasses vides posées sur la tablette du lampadaire, il se dit qu'elle voulait peut-être du café. C'était un pari à prendre, et il n'avait pas le choix. Mais comme il se précipitait pour prendre les tasses, le poing de son père le cueillit à la mâchoire, l'envoyant rouler sur le tapis.

— Est-ce que tu te foutrais de nous, par hasard ? gronda la voix de l'homme.

— Non, m'sieur ! Je vous jure que non ! gémit-il en se relevant.

— Tu mens ! coupa la femme. Tu sais très bien ce que je t'ai demandé de faire. N'est-ce pas que tu le sais ?

Il était à nouveau pris au piège. S'il disait la vérité, elle l'accuserait de mentir. S'il mentait, il reconnaîtrait implicitement qu'il avait refusé d'exécuter un ordre. Dans les deux cas, il serait en faute à ses yeux. Quoi qu'il réponde, le résultat serait le même : il aurait droit à une nouvelle « leçon d'obéissance ».

Après quelques secondes d'hésitation, son esprit cessa de chercher une solution qui n'existait pas. De toute manière il allait être battu. Il n'y avait rien qu'il puisse dire ou faire pour l'empêcher. Il ne pouvait que se résigner à l'inévitable et essayer de préparer dans la mesure du possible son corps et son esprit à l'épreuve qui l'attendait.

— Peter, si tu tiens à la vie tu ferais mieux de me répondre tout de suite. Tu le sais ?

— Oui, m'dame, articula-t-il d'une voix sans timbre, les yeux fixés sur la tablette, en faisant appel à toutes ses ressources pour tenter de se mettre hors d'atteinte en se retirant au plus profond de lui-même.

— Oui, m'dame, quoi ? insista la femme.

— Oui, m'dame, je le sais.

— Oui-m'dame-je-le-sais quoi ? reprit-elle d'une voix stridente. Regarde-moi quand je te parle !

Peter tourna son regard vide vers elle et fixa sans le voir un point situé entre ses deux yeux.

— Oui, m'dame.

— Pour la dernière fois, Peter. Oui, m'dame, quoi ?

— Oui, m'dame, je sais ce que je devais faire.

Elle se pencha brusquement vers l'avant.

— Ça t'aurait arraché la gueule de dire tout de suite que tu ne voulais pas m'obéir ? Petit fumier ! Pourquoi, mais pourquoi t'ai-je adopté ? Une vermine comme toi ! Tu ne mérites pas de vivre ! Pourquoi est-ce que tu ne crèves pas ?

Peter l'écoutait sans bouger. Retroussant les lèvres dans une grimace de dégoût, la femme se racla bruyamment la gorge et lui cracha au visage. Ce crachat coula sur sa joue et son menton. Il ne fit pas un geste pour l'essuyer.

Après l'avoir regardé quelques instants d'un air profondément écœuré, sa mère se tourna vers son père, qui le fixait lui aussi d'un regard chargé de haine.

— J'ai l'impression que ce bâtard a déjà oublié la leçon de l'autre nuit. Qu'est-ce que tu en penses ?

— J'ai bien peur que tu aies raison.

— Qu'est-ce qu'on pourrait faire pour lui apprendre à ne plus mentir ?

— Je ne sais vraiment pas. Il est plus bête qu'une mule. Je ne vois qu'un seul moyen de le guérir : lui couper la langue. Tu crois que ça serait suffisant ?

— On peut toujours essayer. Tu veux que j'aille chercher un couteau ?

— Pas la peine, j'ai le mien. — L'homme sortit un couteau de sa poche et fit jaillir la lame. — Viens ici, toi.

Peter crut qu'il allait s'évanouir. Il se rendit à peine compte qu'il s'était approché de son père.

— Sors ta langue de menteur et tiens-la avec tes doigts. Et je te conseille de ne pas bouger !

A demi mort de peur, Peter s'exécuta en tremblant. Lorsque la lame se posa sur sa langue, il releva les yeux et rencontra le regard glacial de son tourmenteur. Quand la lame s'enfonça dans sa chair, une douleur insupportable le fit bondir en arrière. La bouche pleine de sang, il entendit l'homme lui dire d'une voix mortellement calme :

— Tu refuses encore d'obéir, crapule ! Tu crois que tu peux faire ce que tu veux, hein ? D'accord. On va discuter de ça ensemble. Approche ! Plus vite !

Il obéit à nouveau, fixant la lame avec des yeux exorbités. Au moment où son père tendait le bras qui tenait le couteau, sa mère l'appela d'une voix sirupeuse, faussement amicale.

— Viens ici, mon bébé ! Tu croyais qu'on allait faire du mal à notre petit chéri ? Viens dans les bras de maman qui t'aime si fort ! Elle va t'embrasser et tout ton chagrin va s'envoler !

Peter se tourna aussitôt vers elle en tendant les bras, mais lorsqu'il s'approcha elle lui envoya un coup de poing dans la poitrine qui le projeta en arrière et le fit choir sur le tapis.

— Je suis désolée, mon tout petit. Viens embrasser ta maman, viens lui dire que tu l'aimes !

Peter se redressa avec peine, incapable de retenir ses larmes, et essaya d'obéir. Un nouveau coup de poing l'accueillit, suivi d'une nouvelle invitation à venir prouver son affection à sa mère. La fois suivante, son père entra à son tour dans le jeu, qui se poursuivit ainsi pendant plus d'une heure.

Chaque fois qu'il leur obéissait et s'approchait d'eux, ils se moquaient de lui et lui disaient qu'il fallait être complètement idiot pour revenir inlassablement à la charge comme il le faisait, dans le seul but de recevoir des coups. Une seule fois il demeura étendu où il était tombé, ignorant leurs admonestations, espérant qu'ils lui feraient grâce s'il leur montrait qu'il avait enfin compris qu'il se fatiguait pour rien. Mais ils le battirent sauvagement en l'accusant de ne pas les aimer, et le jeu recommença. Les rires et les moqueries le blessaient autant que les coups. Lorsqu'ils le laissèrent aller, sa poitrine et son ventre étaient couverts de bleus, toutes ses côtes lui faisaient mal et sa langue était si enflée qu'il ne pouvait pratiquement plus parler.

La leçon reprit le lendemain après-midi. Ses parents le firent venir dans le salon et sa mère lui expliqua que la situation insupportable qu'il avait créée la veille au soir ne pouvait pas se prolonger.

— Écoute-moi attentivement, dit-elle. Aussi sûr que je suis assise dans ce fauteuil, je sais que tu as parfaitement entendu l'ordre que je t'ai donné hier soir. Mais tu es entêté et comme d'habitude tu refuses d'obéir. Soit. Je peux être aussi obstinée que toi. Nous y passerons la soirée et la nuit s'il le faut, mais pour une fois tu vas cesser de tricher. Tu vas obéir à cet ordre ou je te jure que tu regretteras d'être venu au monde !

Peter ne répondit pas. Comme de nombreuses autres fois, comme la soirée précédente, il n'avait aucune issue. Il ne pouvait pas exécuter un ordre qu'il n'avait pas entendu. La peur lui nouait à nouveau l'estomac.

— Alors, Peter, qu'est-ce que je t'ai demandé ?

Il chercha désespérément une réponse qui ne l'exposerait pas à de nouveaux sévices. Il n'en trouva aucune.

— Je ne sais pas, murmura-t-il, estimant qu'il était peut-être moins dangereux de dire la vérité que de continuer à se taire.

— Tu ne sais pas ou tu ne te souviens pas ?

Il crut qu'elle lui offrait une porte de sortie et hocha vivement la tête.

— Je ne me souviens pas.

— Tu ne te souviens pas ! ricana la femme. Dans ce cas, je

vais t'aider à retrouver la mémoire. — Elle réfléchit un instant avant de reprendre. — A combien se montent tes économies ?

Lorsqu'il vivait à la ferme, Peter avait travaillé à la cantine de l'école du village, lavant la vaisselle pour un salaire de un dollar l'heure. Il n'avait jamais parlé de cet argent à Mme Jones et n'avait pas dépensé un seul penny. Il comptait se servir de ce pécule pour s'évader. La question de Judy le frappa comme un coup de massue. Si ses parents lui prenaient son argent, il ne lui resterait aucun espoir.

— Quatre cent quatre-vingt-quatre dollars et soixante-seize cents, répondit-il d'une voix dénuée de toute expression.

— Quatre cent quatre-vingt-quatre dollars et soixante-seize cents ! répéta la femme. Tu as mis combien de temps pour les gagner ?

— Deux ans.

— Tu y tiens beaucoup.

— Oui, m'dame.

— Très bien, sourit la femme. Peut-être le désir de sauver ton argent te poussera-t-il à dire enfin la vérité. Voilà ce que nous allons faire : à partir de maintenant, chaque seconde qui s'écoulera sans que tu aies retrouvé quel était cet ordre et que tu l'aies exécuté te coûtera cinq dollars. — Elle baissa les yeux sur sa montre. — Je commence !

Peter avait envie de hurler. Son argent, son seul bien, le prix de sa liberté, allait lui être enlevé pour une faute qu'il n'avait pas commise ! Il *fallait* qu'il trouve la réponse avant qu'il ne soit trop tard !

— Quinze dollars. Vingt dollars, égrenait la voix de sa mère.

— Je devais... cesser de mentir, lança-t-il au hasard.

— Faux, répondit son père.

— Trente dollars.

— Obéir ?

— Faux.

— Quarante dollars.

— Nettoyer la cuisine ?

— Faux.

— Laver la vaisselle ?

— Faux.

— Cent dollars.
— Servir le café ?
— Faux.
Peter trépignait sur place. Il lançait ce qui lui venait à l'esprit, sans prendre le temps de réfléchir.
— Je devais me tenir droit ?
— Encore faux, dit son père. Tu es têtu comme un âne, mais après tout c'est ton argent.
— Cent cinquante dollars.
— Être reconnaissant ?
— Faux !
— Aller me coucher ?
— Tu crois au Père Noël ?
— Deux cents dollars.
Il avait déjà perdu la moitié de son argent. Submergé par l'angoisse, il était désormais incapable d'une pensée cohérente.
— Deux cent cinquante dollars.
— Tu ferais mieux de cesser tes simagrées, l'avertit son père.
Ce fut la goutte d'eau qui fit déborder le vase. Se laissant tomber sur le tapis, Peter se roula en boule et se mit à pleurer de désespoir. Il n'essayait même pas de se retenir. Les menaces, la terreur, les privations, le risque qu'il courait en désobéissant ainsi à un ordre formel de ses parents, tout cela n'avait brusquement plus d'importance pour lui. On lui volait son argent. Tout ce travail, tout ce temps, tout cet espoir pour rien ! On lui arrachait ce qu'il avait de plus précieux, et il ne pouvait même pas se défendre !
— Trois cent cinquante dollars.
Les secondes s'enfuyaient inexorablement. Il avait de plus en plus de mal à respirer. Son corps était saisi de tremblements convulsifs.
— Quatre cents dollars. Quatre cent quatre-vingt-quatre dollars et soixante-seize cents. Le compte est bon. — La femme se tourna vers l'homme avec un large sourire. — Je crois que nous venons de gagner près de cinq cents dollars.
— Ça m'en a tout l'air. Quel caractère de chien il a, ce morveux !

— Tu peux le dire. Mais ça lui coûte cher.

Elle se tourna vers Peter, qui pleurait toujours sur le tapis.

— Tu peux remballer ton cinéma, maintenant. Tu ne nous impressionnes pas. Lève-toi et va chercher l'argent !

Il obéit machinalement. D'une certaine manière, sa crise de nerfs l'avait soulagé et ses larmes avaient cessé de couler. Il alla dans sa chambre et ramena la boîte de café dans laquelle il conservait ses pièces et ses billets. En la tendant à ses bourreaux, il fut pris d'une colère si violente qu'il dut détourner hâtivement les yeux pour qu'ils ne voient pas la haine qui les enflammait. Son désir de meurtre était tel que des images délirantes lui vinrent à l'esprit. Il se vit en train d'étrangler sa mère, serrant lentement les mains autour de son cou, guettant la souffrance et la terreur dans son regard honni, se réjouissant de ses vaines supplications, jusqu'à ce que son visage devienne noir et se fige dans une dernière grimace d'agonie. Abandonnant cette vision avec un soupir de regret, il se rendit brusquement compte que la pièce était silencieuse et que ses parents adoptifs le regardaient avec un air intrigué.

— Disparais de ma vue avant que je te vomisse dessus ! hurla sa mère lorsque ses yeux se posèrent à nouveau sur elle. Je ne peux plus supporter de te voir !

Il fila sans demander son reste et demeura enfermé dans sa chambre jusqu'à la fin de l'après-midi. Persuadé qu'une nouvelle séance de torture lui serait infligée avant la nuit, il essaya d'oublier la réalité en se plongeant dans un livre. Elle se rappela à lui à l'heure du dîner, lorsqu'une voix qu'il aurait voulu ne plus jamais entendre cria :

— Les garçons, lavez-vous les mains !

La peur lui donna des ailes, il se précipita dans la salle de bains. A l'instant où il finissait de se rincer, ses deux frères qui arrivaient en courant du jardin vinrent lui disputer le lavabo. Il leur céda la place et referma la porte derrière eux pour pouvoir uriner sans être dérangé.

Mais avant qu'il ait terminé, sa mère ouvrit la porte à la volée et leur ordonna de sortir sur-le-champ. Lorsqu'ils atteignirent la salle à manger, elle se tourna vers Peter et lui demanda d'un ton menaçant :

— Pourquoi as-tu demandé à tes frères de te rejoindre dans la salle de bains ? Pour tenir une petite conférence de famille ? Pour essayer comme d'habitude de les braquer contre nous ?

— Je leur ai pas demandé, m'dame ! J'étais juste en train de me laver et ils...

— Saleté de menteur ! le coupa-t-elle en hurlant. Je sais que tu les as appelés et que tu as fermé la porte pour que je ne t'entende pas !

Elle le gifla violemment.

— Je veux que tu me dises ce que tu faisais, Peter ! Tout de suite !

— Je faisais rien, je le jure !

— Très bien ! Si tu ne montais pas la tête à tes frères, c'est que tu étais en train de te masturber ! C'est ou l'un ou l'autre, décide-toi !

Une nouvelle fois, Peter fut contraint de s'accuser d'une chose qu'il n'avait pas faite. Après avoir encaissé plusieurs coups de tuyau de caoutchouc sur les fesses et l'arrière des cuisses, il finit par admettre qu'il s'était masturbé.

Sa confession sembla satisfaire son père, qui reposa le tuyau sans lui en demander plus. Mais elle accrut la fureur de sa mère.

— Espèce de détraqué ! Tu te masturbes devant tes frères, hein ? Parfait ! Tu vas monter sur cette chaise et te branler devant toute la famille, puisque tu aimes ça ! cria-t-elle en lui arrachant ses vêtements.

Totalement nu, il dut grimper sur une chaise placée au centre de la pièce et commencer à se masturber sous les ricanements de sa mère. Mais lorsqu'elle se rendit compte qu'il ne parvenait pas à avoir une érection, son amusement céda la place à un nouvel accès de colère.

Saisissant son pénis à pleine main, elle se mit à le tordre et à la secouer sans pitié. N'obtenant toujours pas de résultat, elle fit alors mine de le lui arracher, puis lui fit faire plusieurs fois le tour de la pièce en le tirant derrière elle.

Lorsqu'elle le relâcha, son père, qui les avait regardés en silence, prit immédiatement le relais.

— Va te foutre contre le mur ! aboya-t-il en bondissant de sa chaise.

Les bras et les jambes en croix, les mains appuyées au mur, Peter reçut l'ordre de se tenir sur la pointe des pieds et de demeurer dans cette position jusqu'à ce qu'il reçoive l'autorisation de bouger. Les premières minutes, l'absence de nouveaux coups lui apporta un réel soulagement. Mais bientôt, les muscles de ses bras et de ses cuisses commencèrent à le faire souffrir.

Chaque fois que ses talons touchaient le sol, il était battu et sommé de reprendre la position correcte. Ses parents s'étaient installés dans des fauteuils et le surveillaient en bavardant et en fumant. Sa souffrance était si insupportable qu'il finit par perdre totalement conscience de tout ce qui l'entourait. A trois reprises, ses jambes cédèrent sous lui et il s'effondra sur le tapis. A chaque fois, son père se levait, le frappait avec le tuyau de caoutchouc et le remettait debout.

Après plusieurs heures de ce supplice, il s'écroula, incapable de se relever et de tenir sur ses pieds. Ses bras et ses jambes ne lui obéissaient plus. Ses parents pouvaient le battre à mort si ça leur chantait, il ne lui restait plus assez de forces pour continuer à leur obéir.

Le traînant par un pied, son père alla le jeter sur son lit. Il ne lui fallut que quelques minutes pour sombrer dans un sommeil proche de la mort. Avant de perdre conscience, il eut cependant le temps de faire une courte prière, dans laquelle il ne demandait qu'une seule chose : qu'il ne se réveille plus jamais.

CHAPITRE XX

Mais il se réveilla comme les autres fois, passant sans transition d'un sommeil sans rêves à un cauchemar éveillé. Pendant les deux semaines qui suivirent cette soirée, il fut battu régulièrement, matin et soir, avec le tuyau de caoutchouc. Il ne faisait rien de mal, ou du moins ne lui reprochait-on rien de particulier lorsqu'on le frappait ainsi. On lui donnait ses dix coups pour le principe, comme un médicament. Parce qu'il était mauvais. Ses parents le lui répétaient à longueur de journée et il les croyait.

Il fut contraint de demeurer avec eux pendant près de sept ans, de l'hiver de 1960 et à l'été de 1967. Ces sept années furent pour lui un calvaire ininterrompu, pendant lequel les menaces, les violences, les humiliations ne cessèrent pas un seul jour. Dans cette situation, le temps ne s'écoulait pas pour lui comme pour les autres enfants. Il se couchait chaque soir en bénissant le Ciel que la journée soit enfin terminée, se levait chaque matin en redoutant la journée à venir. Chaque jour nouveau était à la fois une épreuve qu'il aurait voulu éviter et un pas de plus vers la fin de son martyre, vers le moment tant attendu où il serait assez grand et fort pour échapper à ses bourreaux.

Toute son adolescence fut occupée à survivre aux mauvais traitements qui lui étaient infligés par ses parents adoptifs. La terreur et la souffrance étaient son lot quotidien. Ses moindres actions étaient épiées, jugées, déformées pour justifier des punitions qui étaient presque toujours calculées à l'avance, indépendamment de tout motif réel. Ses parents lui répétaient à longueur de temps et de coups que ce harcèlement n'avait d'autre but que de faire de lui un « homme normal », capable de vivre parmi ses semblables. Parce qu'il était entêté, stupide et insoumis, des méthodes moins brutales, affirmaient-ils, auraient inévitablement échoué. C'était lui qui les obligeait à le traiter de cette manière. Eux-mêmes auraient préféré des solutions plus douces, mais il ne leur laissait pas le choix. Lorsqu'ils lui faisaient mal (toujours pour son bien), ils souffraient autant, sinon plus que lui. Leur problème était qu'ils ne savaient pas comment lui apprendre en quelques années ce qui aurait dû lui être enseigné depuis sa plus tendre enfance. Sa famille naturelle et les foyers de placement, disaient-ils, avaient perverti et corrompu son esprit. Heureusement pour lui, ils l'aimaient suffisamment pour essayer de le remettre dans le droit chemin avant qu'il soit trop tard.

Il essaya à maintes reprises de s'enfuir. S'échapper de la maison était devenu pour lui le seul moyen de retarder une punition. Chaque fois, il espérait qu'on ne le retrouverait pas, mais la police finissait inévitablement par le récupérer, errant au milieu de la nuit dans des rues désertes, et le gardait en détention jusqu'à ce que ses parents puissent venir le chercher. Ils venaient toujours. Et la punition qu'il avait fuie l'attendait au retour, doublée d'une seconde pour sanctionner sa fugue.

Lors d'une de ces occasions, il se trouva si désespéré d'avoir été repris qu'il n'hésita pas à se blesser pour éviter de rentrer chez lui. Les policiers de la brigade des Mineurs l'avaient conduit à la salle de douches pour qu'il s'habille. Profitant d'un moment où ils ne le regardaient pas, il se mit à se taper la tête contre le mur carrelé en espérant se faire assez mal pour devoir être conduit à l'hôpital. Mais ses gardiens intervinrent avant qu'il ait pu atteindre son but. L'entraînant de force, ils le conduisirent jusqu'à un petit bureau où ils le firent asseoir à une table. L'un d'eux resta en faction devant la porte, le surveillant attentivement, pendant que l'autre disparaissait et revenait quelques minutes plus tard en compagnie d'une femme.

Elle expliqua à Peter qu'elle était psychiatre et que son

travail à la brigade des Mineurs consistait à interroger les jeunes gens en difficulté pour les aider à résoudre leurs difficultés. Elle désirait qu'il lui expose son problème, afin qu'ils puissent discuter ensemble de son éventuelle solution.

Peter n'avait jamais révélé à personne le martyre qu'il vivait chez ses parents adoptifs. Il ne faisait pas assez confiance aux adultes pour cela. Mais il était arrivé au bout du désespoir. La femme pouvait peut-être faire quelque chose pour lui, s'arranger pour le placer dans un nouveau foyer, une autre famille adoptive, un centre de rééducation, n'importe quoi pourvu qu'il ne soit pas obligé de rentrer chez lui.

Il parla pendant une heure, lui racontant tout par le menu, sans omettre un seul détail. Elle l'écouta patiemment, en écrivant de temps à autre dans le dossier ouvert devant elle, en l'interrompant à deux ou trois reprises seulement pour lui demander une précision.

Lorsqu'il eut terminé, elle referma le dossier, lui fit un sourire rassurant, lui dit que ses parents ne lui voulaient certainement pas de mal, que tout finirait probablement par s'arranger s'il cessait de les considérer comme des ennemis, puis se leva et sortit de la pièce.

Un moment plus tard, les gardes revinrent le chercher. Le saisissant chacun par un bras, ils le ramenèrent à la salle d'attente et le remirent à ses parents, qui l'accueillirent avec l'air préoccupé qu'ils prenaient toujours dans ce genre de circonstance.

Leur attitude changea évidemment dès qu'ils se retrouvèrent dans la voiture qui les ramenait chez eux. Ils se moquèrent de la femme et des conseils qu'elle leur avait donnés. Elle leur avait expliqué que, selon elle, Peter avait besoin d'un T.P. — un traitement psychiatrique — pour le guérir de son complexe de persécution. En ricanant, ils lui dirent qu'ils avaient déjà commencé une autre sorte de T.P. — un traitement physique — et qu'ils avaient plus que jamais l'intention de le poursuivre. Dès qu'ils furent arrivés, ils le frappèrent sauvagement, pour le punir de s'être échappé et d'avoir tenté de leur attirer des ennuis.

A dater de ce jour, il ne fit plus jamais appel à la pitié ou à la compréhension d'un adulte. Ses parents avaient menacé de le tuer s'il essayait à nouveau de les dénoncer. Mais ce n'était pas pour cette raison qu'il gardait le silence. En refusant de le croire, la femme qui avait reçu ses confidences avait confirmé ses pires craintes sur lui-même. Personne n'avait envie de l'aider parce qu'il était mauvais et méritait le sort qui lui était fait. Tout était de sa faute. Si ce n'avait pas été le cas, pourquoi les personnes qui étaient censées l'aimer le plus, ses propres parents, l'auraient-elles battu ?

Ce sentiment de culpabilité était sans cesse renforcé par l'attitude du monde extérieur à son égard. Pourquoi les voisins, qui l'entendaient certainement hurler nuit après nuit, ne venaient-ils jamais à son secours ? Pourquoi les parents qui rendaient visite à Bill et à Judy et assistaient parfois à certaines scènes révélatrices répétaient-ils toujours la même chose à leurs hôtes : « Méfiez-vous de cet enfant, il finira par vous tuer dans votre sommeil » ? Pourquoi les policiers, les responsables du Bureau d'Aide à l'Enfance ne cherchaient-ils pas à savoir pour quelle raison il s'enfuyait si souvent de chez lui ? Et ses professeurs ? Pouvaient-ils ne pas avoir remarqué la terreur qui hantait son regard, les traces de coups sur ses bras et son visage, sa répugnance à quitter l'école quand la journée était finie ? Tous ces gens savaient qu'il était maltraité, et pourtant aucun d'eux ne s'indignait. N'était-ce pas une preuve supplémentaire de sa culpabilité, la confirmation éclatante de sa méchanceté, du fait qu'il n'y avait rien à attendre de lui ?

Même l'église, que ses parents fréquentaient assidûment, participant à la chorale de la paroisse, ne lui apportait aucune aide dans la solution de son problème. Elle était toutefois un asile, un des rares lieux où la haine de ses bourreaux ne pouvait pas l'atteindre. Chaque dimanche, il attendait la messe avec impatience et s'arrangeait ensuite pour rester dans l'église le plus longtemps possible, ne rentrant chez lui que lorsqu'il ne pouvait plus faire autrement.

Toutes ses tentatives pour faire la paix avec ses parents ou pour se rapprocher de ses frères étaient inévitablement vouées à l'échec et sévèrement punies. Comprenant qu'il n'avait aucune chance de briser son isolement, il finit par vivre replié sur lui-même, dans un univers limité à ses lectures et à l'école, en se désintéressant totalement de tout le reste.

Le moment qu'il craignait le plus était le repas du soir, parce qu'il s'y retrouvait sous le regard — et à portée de main — de ses parents. Le reste de la journée, lorsqu'il n'était pas à l'extérieur, il s'arrangeait généralement pour ne pas attirer leur attention. Les croiser par hasard ou entrer involontairement dans leur champ de vision signifiait presque à coup sûr une humiliation ou une punition. L'expérience aidant, c'était une erreur qu'il commettait de moins en moins souvent. Une des règles essentielles de sa survie était d'éviter tout contact avec ses tourmenteurs.

Mais il ne pouvait éviter le repas du soir, où son absence n'aurait pas été tolérée. La plupart du temps, la conversation portait sur lui. Les termes étaient plus ou moins vifs selon les jours, mais toujours péjoratifs. On lui rappelait sans cesse qu'il n'avait aucun droit, qu'il ne méritait ni la nourriture qu'il avalait, ni les vêtements qu'il portait, ni le lit dans lequel il dormait. Que s'il avait quand même tout cela, c'était uniquement parce que ses parents adoptifs étaient assez généreux pour lui pardonner sa mauvaise conduite et continuer à s'occuper de lui.

Il croyait tout ce qu'ils lui disaient, et plus encore. A l'intérieur de lui-même, il se sentait à la fois honteux et coupable — honteux d'être si mauvais, mais surtout coupable d'être en vie. Ce sentiment-là était parfois pire que la terreur.

Les moyens utilisés pour le maltraiter étaient nombreux et variés. On le fouettait avec des ceintures, des tuyaux de caoutchouc, des cravaches, on le frappait avec des planches de bois. Le feu, les bains brûlants, les cigarettes, les allumettes étaient également employés, ainsi que des bâtons, des pierres et parfois des briques. Les coups de poing, les gifles, les torsions, les pincements, les morsures, qui ne requéraient aucune préparation, aucun matériel, étaient surtout utilisés dans les situations d'urgence, lorsqu'il fallait improviser sur le vif. La deuxième année de son séjour, ses parents prirent l'habitude de le faire assister à leurs préparatifs. Assis autour de la table, après le repas du soir, ils cherchaient devant lui quels nouveaux instruments et quelles nouvelles méthodes de torture étaient susceptibles de le faire souffrir plus cruellement que les procédés qu'ils avaient déjà expérimentés.

A la fin d'un dîner, parce qu'elle croyait qu'il lui avait menti, sa mère se mit un jour à lui cogner sur le haut du crâne avec le manche d'un couteau. A chaque coup, il croyait que sa tête allait exploser, et la douleur était si violente qu'il ne voyait et n'entendait plus rien pendant plusieurs secondes. Une heure après qu'elle eut terminé de le frapper, la large masse noirâtre qui s'était formée sous la peau de son crâne commença à s'étendre sur son front, puis sur ses yeux et ses joues et descendit jusqu'à son menton. Son visage demeura grisâtre pendant plusieurs jours, jusqu'à ce que la poche de sang soit entièrement résorbée. Il souffrit également de violentes migraines pendant plusieurs semaines, mais s'abstint soigneusement d'en parler à qui que ce fût.

Ses souffrances psychiques et morales n'étaient pas moins éprouvantes. Constamment moqué, diminué, critiqué, menacé, il vivait dans un environnement où le danger était constant, où il ne pouvait jamais être sûr de rien. Chaque journée qui commençait était pour lui le début d'une aventure terrifiante qui ne se terminerait que le soir venu, pour reprendre parfois dans la nuit si tel était le bon plaisir de ses bourreaux. Comme un animal sauvage, il était confronté en permanence à un milieu hostile, extrêmement dangereux, où la moindre seconde d'inattention, le geste le plus innocent pouvaient le mettre en péril, où même le fait d'aller aux toilettes n'était pas dénué de risque. Une de ses hantises était d'avoir envie d'uriner alors qu'il était déjà au lit, parce qu'il devait obligatoirement passer devant la porte du salon pour gagner la salle de bains et que s'il était surpris hors de sa chambre après l'heure du coucher il était automatiquement puni. Il ne pouvait fonctionner qu'au niveau le plus élémentaire, celui de la simple survie. Chacune de ses pensées, chacun de ses mouvements étaient calculés en fonction de ce but unique, qui ne lui laissait aucune place pour rien d'autre.

Mais ce qui le faisait sans doute le plus souffrir était le spectacle des mauvais traitements infligés à ses frères. Ses parents le ligotaient sur une chaise, puis amenaient les deux petits devant lui et les rouaient de coups en leur répétant qu'ils étaient battus parce que leur aîné s'était mal conduit.

Bobby et Jimmy poussaient des cris pitoyables, l'appelaient au secours, mais alors que dans leurs premiers foyers de placement, et même à la ferme, il avait toujours été en mesure d'assurer leur protection, il était pour la première fois totalement incapable de leur venir en aide. Leurs hurlements et son impuissance le rendaient littéralement fou de douleur et de rage. Aujourd'hui encore, le souvenir de ces scènes horribles continue de le hanter, lui rappelant sans cesse l'enfer que fut son adolescence.

En 1967, l'année de son passage dans l'enseignement secondaire, il trouva un emploi partiel de garçon de salle dans un restaurant du bas de la ville. Il accepta ce travail avec joie, comme il aurait accepté n'importe quelle occupation qui pouvait l'éloigner de ses parents. L'établissement se trouvait à une dizaine de kilomètres de la maison, et comme il n'avait pas reçu l'autorisation de passer son permis de conduire, il devait s'y rendre et en revenir à pied. Les jours où il était de service, il partait avant l'aube et rentrait souvent après le coucher du soleil, mais cela ne le gênait pas le moins du monde. Il ne cherchait jamais à partir avant l'heure et se portait toujours volontaire lorsqu'il y avait des heures supplémentaires à effectuer. Il n'était pas dans les meilleurs termes avec son employeur, mais au moins il n'avait pas à craindre d'être battu lorsqu'il se trouvait sur son lieu de travail, et cette sécurité valait pour lui tous les sacrifices. A deux reprises, il s'évanouit dans l'office parce qu'il était malade mais ne l'avait dit à personne pour ne pas être obligé de rester chez lui.

Son chemin le faisait passer devant l'église. Souvent, lorsqu'il rentrait le soir, il entrait dans le bâtiment désert et s'asseyait sur un banc. Tout y était si tranquille, si paisible. Si beau. Toute la bonté, toute la richesse des hommes et du monde se trouvaient là. Il s'y sentait parfaitement à l'aise, seul comme il aimait l'être, mais jamais abandonné. Il avait l'impression qu'une présence invisible, bénéfique, l'accueillait et le prenait sous sa protection. Au bout d'un moment, la souffrance et la terreur qui lui étaient infligées à l'extérieur cessaient de le hanter et s'éloignaient dans le temps et dans l'espace, comme si une force supérieure les avait repoussées loin de lui, lui accordant la grâce d'un répit passager qui lui permettait de reconstituer ses forces usées par les épreuves.

L'église devint bientôt son refuge, son domaine, comme l'avait été l'arbre au bord de la rivière. Il y était chez lui, à l'abri de tous les périls, loin de toutes les horreurs. La présence d'autres fidèles ne le faisait pas fuir, mais il la ressentait comme une intrusion, et il préférait de loin être seul avec la présence inconnue, merveilleuse, qui avait le pouvoir de créer une telle paix et une telle beauté.

Au début de l'été, il eut une altercation avec son employeur et ses parents exigèrent qu'il abandonne son travail. Il n'osa pas leur désobéir et se retrouva une fois de plus sous leur entière domination.

Peu de temps après, ils décidèrent de prendre des vacances. Ils comptaient rester absents deux semaines, pendant lesquelles Peter devait s'occuper de ses frères et entretenir la maison.

C'était un vendredi soir. Depuis que ses parents étaient partis, Peter avait presque totalement négligé ses tâches ménagères. La maison était dans un état lamentable. Des assiettes sales traînaient sur les meubles, les habits étaient sortis des armoires, les cendriers débordaient de mégots, les lits n'étaient pas faits, la salle de bains n'avait pas été nettoyée depuis dix jours. Après des années passées à pourchasser impitoyablement le moindre grain de poussière, Peter n'avait pas su résister au plaisir ineffable de tout laisser aller à vau-l'eau. De toute manière, ses parents ne devaient rentrer que le dimanche, ce qui lui laissait la journée du samedi pour tout remettre en état.

Il somnolait sur le divan lorsque la porte d'entrée s'ouvrit avec fracas. Ses parents étaient de retour. Ils étaient revenus deux jours plus tôt, lui dirent-ils, pour s'assurer qu'il se conduisait correctement en leur absence.

Il savait qu'ils lui feraient payer sa négligence lorsqu'ils le décideraient — et que le prix serait très, très élevé. Et qu'ils auraient raison. Le spectacle désolant qu'ils découvraient confirmait ce qu'ils pensaient de lui, ce qu'il croyait lui-même, à savoir qu'il ne valait pas le mal qu'ils se donnaient pour essayer de le rendre meilleur. A la pensée de ce qui l'attendait, la sueur commença à couler le long de son dos.

Après avoir tout examiné, ils l'appelèrent dans le salon, le sermonnèrent, lui hurlèrent aux oreilles, mais s'abstinrent de le toucher, se contentant de l'informer qu'ils allaient au restaurant, qu'ils reviendraient au bout d'une heure et que si la maison n'était pas impeccable à leur retour il saurait enfin ce que voulait dire une vraie correction.

La tâche qu'ils lui avaient fixée était irréalisable, même avec la meilleure volonté du monde. Peter en prit conscience à la seconde précise où ils lui intimèrent l'ordre de se mettre au travail. Mais il savait aussi qu'il n'avait pas le choix, qu'il devait au moins faire le maximum afin de ne pas leur donner l'impression qu'il cherchait délibérément à les provoquer. Sans perdre un instant, il commença à ramasser la vaisselle sale, en courant comme un fou d'un meuble à l'autre, pour la ramener dans la cuisine.

L'heure s'écoula pratiquement sans qu'il s'en rende compte. Couvert de sueur, le souffle court, il était en train de passer l'aspirateur sur le tapis du salon lorsqu'il entendit s'ouvrir et se refermer la porte d'entrée. Il avait terminé la cuisine et les pièces du bas, mais n'avait pas eu le temps de s'occuper de l'étage.

Il se figea en les apercevant. Sans un mot, ils le dépassèrent, firent le tour du salon et de la salle à manger, puis s'engouffrèrent dans l'escalier. Après un moment de silence, la porte d'une des chambres claqua violemment, Judy dévala les marches en hurlant son nom, le saisit à la gorge et se mit à le secouer de toutes ses forces en lui crachant des phrases incohérentes au visage. Au bout de quelques minutes, comme elle ne paraissait pas vouloir se calmer, Bill s'approcha, détacha ses mains du cou de Peter et assena à celui-ci un coup de poing dans la tempe qui le projeta contre le mur.

Il lui fallut plus d'une heure pour comprendre ce qui avait provoqué l'explosion de fureur de sa mère. En entrant dans sa chambre, elle avait remarqué que le matelas débordait légèrement sur le côté du sommier. Pour son esprit soupçonneux, cela ne pouvait signifier qu'une seule chose : que Peter avait dormi avec une fille dans le lit de ses parents.

Rien ne pouvait être plus loin de la vérité, mais les protestations de Peter ne l'avaient évidemment pas convaincue. Perdant tout contrôle, elle s'était mise à le frapper comme une forcenée en essayant de lui arracher un aveu qu'il aurait été bien en peine de formuler. Lorsqu'il réalisa enfin clairement de quoi il s'agissait, il n'hésita pas une seconde. Une confession en bonne et due forme lui coûterait certainement moins cher que s'il la contredisait ou s'obstinait à garder le silence. Il reconnut donc tout ce qu'elle voulait et pendant un court moment il crut que sa capitulation suffirait pour une fois à apaiser ses parents.

Mais cet espoir fut de courte durée. Le saisissant par le cou, son père alla ouvrir la porte d'entrée et le projeta la tête la première dans la cour. Son crâne heurta à plusieurs reprises les marches du perron et il atterrit sur le trottoir, à la limite de l'obscurité, où il demeura affalé, incapable de bouger, pendant qu'une énorme bosse commençait à apparaître à l'arrière de sa tête.

Tournant les yeux vers la porte d'entrée pour voir si son père revenait le chercher, il aperçut l'homme et la femme debout sur le perron, leurs silhouettes se découpant nettement sur le rectangle de lumière provenant du salon. D'une voix chargée de haine et de mépris, ils lui adressèrent les dernières paroles qu'il devait entendre de leur bouche :

— Disparais de notre vue ! Tu n'es pas chez toi ici, tu ne l'as jamais été ! Tu es fait pour vivre dans les rues, avec la vermine de ton genre ! Et si tu tiens à ta vie, ne t'avise jamais d'essayer de remettre les pieds dans cette maison !

Sur ces mots, la porte se referma pour toujours, le laissant seul dans les ténèbres. Après tant d'années de terreur, le cauchemar était finalement terminé. Il était abandonné. Il était libre. Abandonné dans un monde dont il ne savait rien, auquel il n'appartenait pas, auquel rien ne l'avait préparé. Libre enfin d'essayer de retrouver les traces de sa mère et de sa sœur, de commencer sa quête désespérée de l'amour dont il avait besoin pour vivre, qu'il méritait tout autant qu'un autre et qui lui avait si longtemps été refusé. Cette recherche de l'amour de sa mère, de la reconnaissance de son droit à la vie, de son identité, il la poursuit aujourd'hui encore, dans la solitude, et sait qu'elle n'aura jamais de fin.

QUATRIÈME PARTIE

LA LIBERTÉ

Peter allait sur ses dix-huit ans lorsque ses liens avec sa famille adoptive furent brusquement coupés. Les onze années qui s'étaient écoulées depuis qu'il avait été arraché à sa famille naturelle avaient été particulièrement éprouvantes pour lui.

Déjà sérieusement perturbé à l'âge de six ans, il avait erré pendant cinq ans d'un foyer de placement à l'autre, traînant avec lui un chagrin que ses rencontres épisodiques avec sa mère ne cessaient de raviver, contraint de s'adapter à de continuels changements de lieux et de personnes, sans jamais connaître la paix et la sécurité. Lorsque sa situation avait changé, à onze ans, il était psychologiquement incapable de s'intégrer à une famille, de faire une quelconque différence entre le foyer permanent qui lui était offert et les foyers de passage qu'il avait connus auparavant. Pour son malheur, ses parents adoptifs n'étaient pas mieux préparés que lui à cette expérience et n'avaient eu aucune idée des difficultés au-devant desquelles ils allaient en adoptant trois enfants qui n'étaient pas prêts à les accepter.

Pendant les sept années qu'avait duré son martyre, Peter avait dû lutter chaque jour pour sa survie. Rien d'autre n'avait compté. Aucune des activités normales à son âge n'avait trouvé place dans son existence. Des aptitudes naturelles lui avaient permis d'enregistrer des succès scolaires, mais il était en retard dans tous les autres domaines, et particulièrement pour tout ce qui concernait ses rapports avec le monde extérieur.

Les comportements qu'il avait dû développer pour assurer sa survie dans le cadre familial étaient totalement inadéquats en dehors de celui-ci. Dressant une barrière entre lui-même et les gens qu'il rencontrait, ils ne faisaient qu'accroître sa solitude et renforcer son complexe d'infériorité.

Lorsqu'il se retrouva seul et libre sur le pavé, il était persuadé que tout ce qui lui était arrivé était de sa faute, qu'il était mauvais et que personne ne l'aimerait jamais. Les seules armes dont il disposait étaient sa colère et son désir forcené de survivre.

CHAPITRE XXI

Une paire de jeans, un T-shirt blanc, des tennis et trente-cinq cents. C'était tout ce dont Peter disposait pour commencer sa nouvelle vie.

Après que la porte des parents se fut refermée sur lui, il se releva et se mit à déambuler au hasard dans les rues désertes, plus seul qu'il l'avait jamais été auparavant. Il venait de tout perdre en un instant. Comme cela lui était si souvent arrivé dans son enfance, son existence avait brusquement basculé, l'arrachant à tout ce qui lui était important et familier pour le plonger dans un autre décor, une obscurité profonde, sans certitudes, sans avenir prévisible, qui n'était pas seulement celle de la nuit.

Il y avait quelque chose de différent cette fois-ci. La fin du cauchemar était aussi la fin d'un rêve. Il n'aurait désormais plus d'autre occasion d'être aimé et accepté par une famille. Bill et Judy avaient été sa dernière chance. Malgré le ressentiment qu'il avait à leur égard, malgré la terreur qu'ils lui avaient inspirée, il n'avait cessé d'espérer jusqu'au dernier jour, jusqu'à la dernière heure, qu'ils finiraient par l'aimer et l'accepter. Il souhaitait désespérément se fixer quelque part, avec quelqu'un, avoir un foyer et une famille véritables. Son combat pour survivre avait fait passer pendant sept ans son besoin d'être reconnu au second plan, mais il ne l'avait pas détruit. En errant sans but dans les rues cette nuit-là, il le ressentait plus profondément que jamais.

Par ailleurs, s'il éprouvait un immense soulagement à

savoir que son calvaire était enfin terminé, celui-ci n'était pas assez fort — ou trop nouveau — pour l'emporter sur le mépris et la haine qu'il avait pour lui depuis toujours. La disparition soudaine de la menace extérieure contre laquelle il avait dû mobiliser toutes ses forces le laissait totalement désemparé, rempli d'une violence qui n'avait plus d'exutoire en dehors de lui-même. Pendant les jours et les mois qui suivirent son départ, elle se retourna contre lui, avec des effets aussi dévastateurs que la terreur qui l'avait précédée. Après avoir affronté le danger d'une destruction physique, il courut le risque, tout aussi grand, d'une autodestruction morale liée à sa culpabilité et à la fin de sa peur. D'une certaine manière, les tortures psychiques qu'il avait endurées chez lui ne cessèrent pas lorsque ses parents le mirent à la porte, mais ce fut désormais lui-même qui se les infligea.

A la fois bourreau et victime de lui-même, heureux d'être libre et désespéré d'être abandonné, il se laissait porter par ses pas sans chercher à savoir où il allait. Il se trouvait dans un tel état d'incertitude qu'il lui était totalement indifférent de vivre ou de mourir. Se préoccuper de survivre aurait été de toute manière au-dessus de ses forces.

Cherchant l'oubli, il marcha ainsi toute la nuit, ignorant où il se trouvait, perdant conscience de ce qu'il faisait, jusqu'à ce que le contact caractéristique d'un banc de bois le ramène progressivement à la réalité. Ouvrant les yeux à contrecœur, sans réel désir de découvrir ce qui l'entourait, il vit qu'il était assis dans l'église où il avait pris l'habitude de s'arrêter tous les soirs lorsqu'il revenait du restaurant. Elle était plongée dans l'obscurité, à l'exception d'une faible lueur qui tombait d'un vitrail derrière l'autel, éclairant la croix de bois dressée en son centre. Fasciné, Peter regarda la croix prendre vie peu à peu, comme un symbole de l'éternel retour de la chaleur et de l'espoir. L'église était déserte, mais il ne se sentait pas seul. La croix était réelle. Éternelle. Aussi vieille que la vie. Elle était le commencement de toutes choses. Aujourd'hui encore, il ne saurait expliquer la nature de la chaleur étrange, presque extatique, qui prit alors possession de son corps et de son âme. En un instant son corps en fut baigné, son cœur endurci se remplit d'amour, son esprit entra en communion avec la force qui habitait la croix.

Venue de nulle part, profonde, amicale, une voix prononça à son oreille des mots qu'il ne devait jamais oublier.

Des ruines et des dévastations de la tragédie humaine qui fut aussi la mienne je t'offre ma foi et mon espérance.

Transfiguré, il ne reprit que lentement conscience de lui-même, de la pénombre qui l'entourait, du jour naissant, de la chaleur et de la présence qui se retiraient maintenant de lui. Mais les mots demeurèrent. Dans toutes les périodes difficiles qu'il traversa, ils furent toujours avec lui, comme des compagnons fidèles et mystérieux, porteurs d'un message qu'il devinait essentiel mais qu'il ne parvenait pas à comprendre. Des heures et des heures durant, il essaya d'en découvrir le sens caché. Aujourd'hui, après que quinze années se sont écoulées, il commence à en avoir une première idée.

La chaleur qu'il avait ressentie dans l'église avait fait naître en lui un violent désir de voir à nouveau le soleil se lever. Sachant qu'il n'était pas loin de la mer, il se mit en route d'un pas décidé. Un moment plus tard, il atteignit une jetée faite de rochers empilés les uns sur les autres qui s'avançait dans l'océan et servait à casser les plus grosses lames avant qu'elles déferlent sur la plage. C'était un endroit qu'il connaissait bien pour s'y être souvent réfugié, comme l'arbre près de la rivière, comme l'église. Il alla s'asseoir à l'extrémité, les pieds dans l'eau, les lumières de la ville dans son dos, les yeux fixés sur l'horizon. Quand les premières lueurs de l'aube l'éclairèrent, il réalisa brusquement ce que sa position avait d'exceptionnel : il était entre le jour et la nuit, au point de convergence de la terre, de la mer et du ciel. Malgré tout le mépris qu'il se portait, l'idée qu'il n'était qu'une erreur de la nature, une créature mauvaise que rien ne pouvait amender, il sentait qu'il était à sa place au centre de ce rendez-vous cosmique, comme il avait été à sa place avec Bo à côté de la rivière. C'était comme s'il avait été retiré du monde et installé au centre de l'univers pour assister à la naissance d'un nouveau jour. Plus rien d'autre ne comptait. Juste le fait qu'on lui avait donné le meilleur siège du théâtre où se jouait le spectacle le plus important du monde.

Quand le soleil apparut enfin, il fut submergé par un terrible sentiment de solitude. Il aurait voulu que Bo soit avec lui pour goûter ce moment, pour qu'il puisse le bercer à nouveau sur ses genoux. Mais il était seul, ses genoux ne soutenaient que ses mains, et elles étaient vides.

Il n'avait aucune idée de ce qu'il allait faire, de la manière dont il allait organiser sa vie. Où trouverait-il de la nourriture, des vêtements, un lit, de l'eau pour se laver ? Chez ses parents adoptifs, il avait du moins l'essentiel, il était protégé du froid, il vivait avec ses frères. Maintenant il n'avait plus rien de tout cela. Plus rien du tout.

Terrifié, il se mit à pleurer, doucement d'abord, puis avec des sanglots et des gémissements de plus en plus violents, qui montaient de sa poitrine et se perdaient dans le ciel en se mêlant aux cris des mouettes.

La plage se remplissait peu à peu, mais il demeura toute la matinée seul à l'extrémité de la jetée. Il aurait voulu être absorbé par le monde qui l'entourait, la terre, le ciel, la mer, devenir une parcelle de son éternité, continuer d'exister comme une pierre, sans plus jamais éprouver le moindre sentiment.

Le lever du soleil était rassurant. Il s'était toujours produit. Il s'était même produit ce matin-là, en dépit de tout ce qui était arrivé. Il se produirait toujours. Le mouvement des vagues sur la plage était lui aussi de bon augure. Elles allaient et venaient sans cesse, l'une après l'autre, heure après heure, jour après jour. Rien ne pouvait les arrêter, rien ne les arrêterait jamais.

Quoi qu'il lui arrive dans la journée, aussi terrible que soit son sort, le soleil et les vagues seraient encore là pour l'accueillir le lendemain matin. Et les jours suivants. Comme Bo. Il en serait toujours ainsi. Personne ne pourrait jamais les lui enlever.

A midi, les premières douleurs de la faim le tirèrent de sa rêverie. Goûtant la chaleur du soleil dans son dos, la douceur du sable entre ses orteils, il parcourut à pied le demi-kilomètre qui le séparait du snack installé en face des quais.

Essayant de penser à sa santé, il tourna le dos au présentoir de sucreries. Les bonbons n'avaient aucune valeur nutritive. Finalement, à l'issue d'un long débat intérieur, il porta son choix sur un paquet de popcorns. Il se sentit tout heureux d'avoir su prendre une décision aussi sage.

Les popcorns rapidement avalés, il s'assit dans le sable et observa les baigneurs qui se pressaient maintenant par centaines sur la plage en essayant d'imaginer quelles pouvaient être leurs vies. Personne ne le remarqua ni ne s'approcha de lui.

A nouveau tiraillé par la faim et ayant dépensé tout son argent, il décida de se mettre en quête d'un travail. Il parcourut tout le front de mer en s'arrêtant dans chaque boutique pour demander aux commerçants s'ils avaient besoin d'un commis. Mais la plupart n'avaient besoin de personne, et ceux qui auraient pu l'employer le jugèrent trop jeune.

Ne pensant pas encore à s'inquiéter, il revint à la jetée et reprit son poste d'observation pour admirer le coucher du soleil. Ce n'était pas la première fois qu'il restait une journée sans manger. Mais il n'avait pas dormi la nuit précédente et la fatigue commençait à peser lourdement sur ses épaules. S'installant le plus confortablement possible dans un creux entre deux rochers, pour se protéger de la fraîcheur de la brise venue du large, il ferma les yeux et essaya de se détendre. Le sommeil le prit aussitôt.

Mais il ne dormit pas longtemps. Le froid le réveilla vers minuit. Il descendit sur la plage pour ramasser du bois mort, trouva une boîte d'allumettes à moitié vide et des sacs en papier à côté des restes d'un feu de camp. Quelques minutes lui suffirent pour enflammer le bois derrière son rocher et réchauffer ses pieds et ses mains glacés. Mais la nécessité d'entretenir le feu le contraignit à dormir par à-coups, en se réveillant à intervalles réguliers pour remettre du bois. Ces quelques heures de sommeil lui firent du bien, mais ne lui permirent pas de récupérer suffisamment, et lorsque le soleil se leva il avait la tête lourde et des courbatures dans tous les membres.

Il passa sa seconde journée à chercher du travail. Mais les réponses étaient toujours les mêmes : ou on n'avait besoin de personne, ou on ne pouvait pas le prendre parce qu'il n'avait pas dix-huit ans. Sa seconde nuit sur la plage fut nettement pire que la première. La température était plus fraîche et il n'avait pratiquement rien avalé depuis quarante-huit heures.

Il vécut de cette manière pendant deux interminables

semaines. Il aurait accepté n'importe quel travail, à n'importe quelles conditions, mais personne ne voulait lui en donner. Il se nourrissait des restes de popcorns ou de hot dogs qu'il trouvait sur la plage et des détritus qu'il allait chercher dans les poubelles. Les papiers ayant servi à envelopper les eskimos étaient pour lui un butin précieux, parce qu'il pouvait lécher le chocolat séché qui adhérait encore à l'intérieur. Curieusement, alors qu'il avait pleinement conscience du tragique de sa situation, il ne lui vint jamais à l'idée de voler à l'étalage du snack ou de tricher sur son âge.

Pendant ces journés de misère, quelque dix mille personnes le virent tituber sur la plage, dormir dans les rochers, allumer son feu de camp ou fouiller les poubelles. Mais pas une seule ne vint à son secours, ni ne sembla même le remarquer. C'était comme s'il n'avait pas existé, ou comme s'il avait appartenu à une autre dimension. Il n'aurait pas été plus ignoré s'il avait été invisible.

Il avait peur de s'approcher des gens. Il craignait qu'ils se mettent en colère et le maltraitent, ou le livrent à la police, en pensant qu'il faisait quelque chose de mal.

Vers le dixième jour, affaibli et malade, il cessa de chercher du travail. Non seulement cela ne servait à rien, mais il avait besoin de toutes les forces qui lui restaient pour chercher sa nourriture. Il savait qu'il n'avait pratiquement plus aucune chance de s'en sortir sans une aide extérieure, mais n'avait pas la moindre idée de ce qu'il devait faire pour la trouver.

Le matin du quatorzième jour, il regarda comme d'habitude le soleil se lever à l'horizon. Même dans l'état où il était, ce spectacle quotidien le remplissait toujours de joie, lui faisant oublier pendant quelques instants la situation quasiment désespérée dans laquelle il se trouvait. La chose se produisit alors qu'il contemplait la splendeur de l'aurore. Venue de partout et de nulle part, une voix, la voix d'un prêtre, la voix d'une mère, frappa ses oreilles, légère comme le frôlement d'une main sur son épaule, agréable et discrète comme un parfum familier. Une voix qui chantait :

Jésus m'aime, je le sais.
Car la Bible me l'a dit...

C'était la comptine apprise de sa mère qu'il avait si souvent fredonnée avec Bo. Il ne l'avait plus entendue depuis des années. Pourquoi lui revenait-elle ainsi, portée par le vent ? Parce qu'il était en train de devenir fou ? Ce n'était pas impossible — et si c'était vrai, il l'avait bien mérité.

Toute la matinée, il essaya de la chasser de son esprit. Cette chanson ne le concernait pas. Il était mauvais. Tout le monde le savait. Ses parents le lui avaient répété des milliers de fois. Si son père et sa mère l'avaient abandonné, si ses parents adoptifs l'avaient chassé, comment Jésus pouvait-il l'aimer ? Jésus aimait les enfants qui ne mentaient pas, qui ne rendaient pas leurs parents malheureux, qui ne les obligeaient pas à les punir. Il n'était pas un de ces enfants. Il n'était qu'un vaurien, un voyou, une vermine... tout le monde le haïssait... même Jésus...

Mais pas Bo. Bo avait toujours été son ami. Bo l'avait aimé d'amour comme il avait aimé Bo.

Le souvenir du chien le submergea, tout ce qu'ils avaient fait ensemble lui revint en mémoire. Bo était le seul être vivant qui ne l'avait jamais trompé ni trahi. Il ressentit brusquement un terrible besoin de le serrer sur sa poitrine, de sentir son poil contre sa joue, de plonger son regard dans ses yeux attentifs et bienveillants, de lui chanter une dernière fois à l'oreille la chanson de leur solitude. « Jésus m'aime, je le sais... » L'air l'avait repris à nouveau, mais il n'essayait plus de le chasser. Une pensée tournait dans sa tête : Bo l'avait aimé, et Bo le connaissait mieux que quiconque. Pourquoi Jésus, qui savait tout, ne l'aurait-il pas aimé aussi ? N'avait-il pas décidé un peu vite que c'était impossible ? Comment pouvait-il être certain de ce que pensait Jésus ?

Après un moment de réflexion, il décida que le plus simple était de lui poser la question. Il allait réciter une prière, puis il demanderait à Jésus ce qu'il en était et saurait enfin de manière certaine s'il était aimé ou non. Vidant son esprit, il se concentra sur ce qu'il allait dire. Ce n'était pas facile. Il n'avait encore jamais fait de prière de ce genre. Les yeux fermés, il commença :

— Cher Bon Dieu...

C'était un mauvais début. Il en essaya un autre :

— Salut, Jésus...

Celui-là ne sonnait pas bien non plus. Il était très important qu'il commence correctement, pour que Jésus accepte de l'écouter jusqu'au bout. S'il se trompait dès le début, Jésus pourrait se mettre en colère comme ses parents et croire qu'il était en train de mentir. Cette seule idée le terrifiait.

Pendant plus d'une heure, il chercha la première phrase de sa prière. Il savait exactement ce qu'il voulait dire, mais il craignait que les formulations qui lui venaient à l'esprit soient jugées trop offensantes. De plus en plus nerveux, il essaya toutes les introductions possibles sans qu'aucune le satisfasse. Finalement, épuisé, il éclata en sanglots et murmura : « Je vous en prie, aimez-moi comme Bo ! », pendant que des larmes de frustration coulaient sur son visage.

Quelques heures plus tard, alors qu'il se dirigeait en titubant vers une rangée de poubelles, un groupe de jeunes motards s'arrêta à côté de lui.

— Qu'est-ce que tu fous ici ? demanda une voix éraillée.

Se retournant, Peter vit un jeune homme barbu, avec des cheveux longs et des lunettes noires dont l'allure lui parut familière. Après quelques instants, il reconnut un de ses anciens camarades de classe, un dénommé Buck, avec lequel il avait entretenu des rapports plus ou moins amicaux. Tenu à l'écart comme lui par l'ensemble des élèves, Buck avait été renvoyé de l'école à plusieurs reprises pour avoir déclenché des bagarres et avait disparu un jour dans la nature, sans que personne sache où il était passé.

— Rien de spécial, Buck. Pourquoi ? répondit Peter en tournant délibérément le dos aux poubelles.

— Comme tu dis ! Ils ont fini par te balancer, c'est ça ?

Peter lui avait parlé une fois de ses parents, lorsqu'il avait voulu connaître l'origine des bleus et des traces de coups qu'il avait sur les bras.

— C'est à peu près ça.

— Pas trop tôt que tu sois sorti de cette chierie ! explosa Buck en faisant ronfler le moteur de son engin.

— Et toi ? demanda Peter. Qu'est-ce que tu fais ? Tu as changé d'école ?

— Pour écouter leurs conneries ? Très peu pour moi, mec. Ces types-là me filent le bourdon ! — Avec un sourire entendu, il désigna les motards rangés derrière lui. — Je me suis trouvé des copains dans le coin.

Ils étaient six. Deux des garçons avaient des filles derrière eux. Peter les examina en silence. Ils le regardaient tranquillement, sans intérêt ni animosité. Buck s'amusa un instant encore avec la manette des gaz, puis laissa tourner son moteur au ralenti et reporta son attention sur Peter.

— Tu as un coin pour crècher ?

— Non.

— Alors magne ton cul ! Monte !

Sans endroit où aller, sans personne pour l'aider, Peter n'hésita pas une seconde. En s'asseyant derrière Buck, il remarqua l'emblème peint sur le dos de son blouson. Le dessin représentait un diable écarlate, avec de longues cornes et une fourche dans la main droite, faisant un geste obscène avec sa main gauche. Sous le dessin, on pouvait lire : « Les Anges de Satan ».

En s'éloignant de la plage, il eut la sensation qu'une vie nouvelle s'ouvrait devant lui. L'existence avec les motards n'était pas précisément celle qu'il avait rêvé d'avoir, mais Buck et ses compagnons étaient les seuls êtres humains qui étaient prêts à l'accueillir, à lui offrir un foyer, un entourage amical, un monde où il pouvait se sentir désiré et reconnu. Après toutes ces années où il s'était senti constamment rejeté, c'était ce dont il avait le plus besoin.

CINQUIÈME PARTIE

ÉPILOGUE

Peter aujourd'hui.

Beaucoup d'entre vous ont sans doute eu du mal à lire jusqu'au bout le récit du calvaire de Peter. Les personnes sensibles et intelligentes n'éprouvent aucun plaisir à la description de la souffrance humaine, surtout lorsqu'il s'agit de celle d'un enfant. Je vous suis reconnaissant d'avoir résisté à la tentation de refermer cet ouvrage avant de l'avoir terminé. Aussi pénible que cela soit, il est essentiel que le drame des enfants martyrs puisse être porté à la connaissance du public autrement qu'à travers des études statistiques, médicales ou sociologiques. Pour que les adultes se sentent réellement concernés par ce fléau de la société, il faut qu'ils soient amenés, dans la mesure du possible, à se mettre à la place d'un enfant maltraité, à saisir toute l'horreur, toute l'injustice de sa condition — et de ce point de vue, seule la lecture d'une expérience vécue, racontée par une victime, peut leur faire prendre pleinement conscience de la gravité de ce problème.

Les malheurs de Peter ne se sont pas achevés avec son arrivée chez les motards. La fin de ses tortures physiques n'a pas entraîné la fin de ses tortures morales. Les blessures de son enfance ne se sont pas refermées. Pour bien comprendre comment les souffrances extrêmes imposées à un enfant peuvent le marquer pour la vie, il serait intéressant de relater dans le détail les années qui suivirent son abandon par ses parents adoptifs. Cette description pourrait à elle seule justifier un second livre.

Je me contenterai ici de raconter brièvement ce que fut la vie de Peter de 1967 jusqu'à nos jours.

Je suis resté environ deux ans et demi avec les « Anges de Satan ». Je ne suis pas particulièrement fier de cette expérience, mais elle constitue une partie de mon histoire au même titre que les autres, et je ne veux ni la minimiser ni la passer sous silence. Je dois même reconnaître qu'à cette époque, ma morale et ma conception du monde n'étaient pas fondamentalement différentes de celles de mes compagnons. J'étais un inadapté, un exclu, qui ne pouvait se complaire que dans une culture déviante, créée par et pour d'autres exclus.

Parce que j'étais asocial, je vivais avec des asociaux. Parce que j'étais mauvais, pour ne pas dire monstrueux, je partageais la vie et les activités d'un groupe où toutes les valeurs morales traditionnelles étaient niées. Je ne faisais pas confiance aux adultes, je haïssais les représentants de l'autorité, ce qui faisait de moi un rebelle aussi borné, aussi stupidement opposé à toutes les contraintes sociales que les autres membres de la bande. Nous ne respections que la violence, qui nous paraissait être le seul mode d'existence digne de nous. Elle nous apportait rarement ce que nous en attendions — le pouvoir sur nous-mêmes et sur les autres — mais nous ne la remettions jamais en question. Nous étions des hors-la-loi, vivant aux frontières de la société, avec des rapports personnels et collectifs si frustes que la limite entre l'homme et l'animal devenait souvent indiscernable. Notre ligne de conduite se résumait en une phrase : éviter la souffrance et rechercher le plaisir. Pour atteindre ces deux objectifs, tous les moyens nous étaient bons, y compris les plus brutaux. Nous ne nous posions pas de questions. Nous n'avions ni regrets ni remords. Nous vivions au jour le jour, passant d'une expérience à l'autre, en cherchant uniquement à satisfaire nos envies au fur et à mesure que l'occasion s'en présentait.

Nous habitions à onze — huit hommes et trois femmes — dans un appartement délabré qui ne comptait que deux chambres, dont la saleté et le désordre reflétaient parfaitement le niveau de conscience de ses locataires. Le sommeil, la nourriture, les drogues, les relations sexuelles, tout était partagé sans distinction, en fonction du bon plaisir de chacun. Il n'y avait aucune limitation à cette règle. La satisfaction de nos instincts animaux était notre seule préoccupation.

Chaque membre de la communauté devait payer sa part des dépenses collectives. Personne ne cherchait à savoir de quelle manière il se procurait l'argent. Pour avoir les moyens de verser ma contribution, je pris un emploi partiel de garçon de salle dans un restaurant.

Pour une raison qui m'échappe aujourd'hui encore, je refusai d'abandonner mes études après avoir été chassé par mes parents et réussis à terminer mon année scolaire. Je dois dire que ce ne fut pas sans mal. Les diversions, les distractions étaient nombreuses, et plus d'une fois je fus tenté de renoncer. Mais je m'obstinai, envers et contre tout, et obtins mon diplôme en même temps que le reste de ma classe. Je ne sais pas pourquoi je tenais à ce qu'il en soit ainsi. Peut-être sentais-je confusément que la poursuite de mes études était le seul lien qui m'empêchait de rompre totalement avec mon passé, peut-être avais-je besoin de ce garde-fou pour ne pas sombrer définitivement dans la folie. J'avais toujours le désir profond de vivre comme les autres enfants, et l'école était le seul endroit où je pouvais entretenir l'illusion d'une vie normale, le seul aussi où j'avais l'impression de pouvoir contrôler mon destin — du moins tant que les autorités scolaires continueraient d'ignorer, comme c'était le cas, que je n'habitais plus chez mes parents.

Je terminai donc mes études secondaires, mais n'eus pas le courage de continuer. Pendant deux ans, je vécus d'expédients, changeant de travail plus souvent que de chemise, fuyant toutes les responsabilités, prenant mon plaisir où je le trouvais, devenant un expert dans l'art délicat d'éviter la prison. Arrêté à plusieurs reprises, je fus relâché à chaque fois pour manque de preuves et pus poursuivre librement mon voyage au bout de la déchéance.

La première année, j'essayai plusieurs dizaines de fois de m'engager pour être envoyé au Vietnam. Je voulais entrer dans les « Marines », mais n'importe quelle affectation aurait fait mon affaire. J'étais intéressé par la solde et le statut social des soldats, mais j'avais surtout envie de tuer des gens, de les faire périr lentement, cruellement, en les torturant comme j'avais moi-même été torturé. Fort heureusement pour moi, toutes mes demandes furent rejetées. Mon destin était de survivre dans la rue ou de mourir. Je choisis de survivre.

Mon aventure avec les « Anges de Satan » s'acheva brutalement une nuit, sur une plage déserte. Nous errions au hasard depuis le début de la soirée, cherchant la bagarre. Une autre bande était installée sur la plage. Nous nous arrêtâmes. Chaque groupe arborait ses emblèmes, ce qui signifiait que le choc était inévitable. Les autres motards vinrent au-devant de nous en nous menaçant avec des couteaux et des chaînes. Nous les rencontrâmes à mi-chemin. Le combat fut sans pitié. Lorsqu'il s'acheva, un des nôtres gisait sur le sable, le visage à moitié emporté par un coup de tuyau de plomb. C'était mon « meilleur ami », dans la mesure où ce mot avait encore un sens pour moi. Sa mort me choqua si profondément que je m'isolai et demeurai assis pendant plusieurs heures au sommet d'une dune, à proximité du champ de bataille, en pensant que le cadavre qui était resté allongé sur la plage aurait pu aussi bien être le mien. Pour la première fois, je pris clairement conscience que la vie que nous menions ne pouvait s'achever que dans un hôpital psychiatrique, une prison ou un cimetière. Je ne pouvais accepter cela. J'étais persuadé qu'il y avait un autre chemin, et je fis cette nuit-là le serment de le trouver. Je ne savais ni quand, ni où ni comment je parviendrais à m'en sortir, mais il fallait que je réagisse avant qu'il soit trop tard. J'avais déjà connu l'enfer une fois par la volonté des autres. Il était impensable que ma propre volonté — ou mon absence de volonté — puisse me le faire connaître à nouveau.

A l'âge de vingt ans, je fis la connaissance de ma future femme. Je n'ai toujours pas compris aujourd'hui ce qui a pu l'attirer en moi. Mon mode de vie, mes pensées, mes réactions, ma perception du monde, tout ce qui constituait alors ma personnalité n'avait de sens que tant que je vivais sous la loi de la jungle, aux frontières de la société. Aux yeux d'une personne civilisée, connaissant et appliquant d'autres règles, je ne pouvais être qu'un monstre.

A cause du souvenir pénible des substituts maternels interchangeables qui avaient peuplé mon enfance, je ne parvenais pas à croire qu'elle m'aimait réellement, comme une femme peut aimer un homme. Malgré mes doutes et mes craintes, nous nous mariâmes peu de temps après notre rencontre.

Elle me donna une raison de vivre, une raison d'espérer et de me battre. Je m'inscrivis à l'université, renonçai au bout de six semaines, réussis à me faire réadmettre à l'essai au début du second semestre et continuai l'année suivante. Je m'étais progressivement adapté à ma nouvelle existence. J'avais une femme, des amis, un milieu social, un travail à mi-temps qui m'avait été offert par l'université pour me permettre de poursuivre mes études. Après quatre ans de cette vie, je décrochai un diplôme d'Histoire de l'Art. C'était une réussite exceptionnelle, au-delà de tout ce que j'avais espéré, aussi décidai-je de pousser ma chance en posant ma candidature pour une université d'État. A ma grande surprise, je fus accepté. Jamais je n'aurais imaginé que j'aurais un jour la possibilité de préparer une licence. J'étais fou de joie.

Nous déménageâmes, je trouvai d'autres emplois partiels pour nourrir ma famille — qui comptait désormais quatre personnes, ma femme m'ayant donné un fils et une fille. En 1974, je passai ma licence d'anglais.

Convaincu par le prêtre de l'église que je fréquentais irrégulièrement que n'importe quel homme, même le pire des pécheurs, pouvait entrer au service de Dieu, je me tournai alors vers la religion et entrai en 1975 dans un séminaire pour préparer une maîtrise de théologie, que j'obtins trois ans plus tard.

Ces trois années n'ayant pas suffi à dissiper les doutes que j'avais sur la légitimité de ma démarche, je renonçai à l'ordination et décidai de m'inscrire dans une université du Sud pour passer un doctorat. Un an après la fin du séminaire, ma femme me quitta. Elle ne pouvait pas faire autrement. La vie que je lui avais offerte était trop éloignée de celle qu'elle avait rêvée. Elle méritait beaucoup mieux. Je comprends qu'elle en ait eu assez et ne la blâme pas.

Je vis seul aujourd'hui, suffisamment près de mes enfants pour pouvoir les voir plusieurs fois par semaine. Ce sont les deux êtres qui comptent le plus pour moi. J'ai fait le vœu de leur épargner la séparation brutale qui fut à l'origine de tous les drames de mon enfance. Ils n'ont pas perdu leur père, ils ne le perdront jamais. Ils pourront toujours compter sur moi, de la même manière que j'ai toujours pu compter sur Bo.

J'ai terminé mon doctorat en 1982. Actuellement, je travaille pour ICARE, un programme d'aide à l'enfance malheureuse dont le but est d'éduquer les parents et d'apporter une aide thérapeutique aux enfants qui ont été victimes de mauvais traitements. D'une certaine manière, je peux dire que je suis un homme heureux, mais même si j'ai appris à maîtriser mes tendances à l'autodestruction, elles sont toujours présentes en moi et ma vigilance doit être constante. J'ai déjà un long chemin derrière moi, et encore un long chemin à parcourir.

Je sais que je ne cesserai jamais d'être un enfant négligé et maltraité. Mais je sais aussi que, malgré ce handicap, je peux être un adulte équilibré, relativement comblé par l'existence, capable de prendre en main sa destinée. Cette certitude est mon plus grand espoir.

L'ENFANCE MARTYRE : UNE APPROCHE DU PROBLÈME

Depuis toujours, l'enfance de l'être humain a été une des périodes les plus dangereuses de sa vie, et il en est encore ainsi pour des dizaines et des dizaines de millions d'enfants dans le monde, y compris dans les pays les plus évolués. L'infanticide, l'inceste, l'abandon, la torture, qui sont les formes extrêmes des mauvais traitements infligés aux enfants, sont des crimes perpétrés quotidiennement dans toutes les sociétés et doivent être considérés à ce titre comme un des traits négatifs permanents de l'histoire de l'humanité.

Pendant longtemps, dans notre civilisation occidentale, la responsabilité d'élever les enfants a été l'apanage des familles. Les parents, directs ou éloignés, s'occupaient des enfants comme bon leur semblait, et personne n'avait le droit d'intervenir dans leurs affaires. Les violences exercées à l'encontre des enfants dans le cadre familial étaient considérées comme légitimes et la société ne s'occupait que des crimes qui étaient commis à l'extérieur, lorsque le rôle des parents n'était pas en cause.

Cet état de choses commence à changer lentement aujourd'hui. L'opinion publique prend peu à peu conscience de la gravité du problème que posent les enfants maltraités. De plus en plus de gens estiment que les enfants ont droit aux mêmes protections légales que les adultes, indépendamment de la nature du danger qui les menace. Malheureusement, dans la plupart des pays où existe une législation destinée à protéger les enfants, les lois qui ont été votées ne remettent pas réellement en question l'arbitraire de l'autorité parentale et se contentent de sanctionner les crimes *après* qu'ils ont été commis — en d'autres termes lorsque le mal a été fait et que les enfants sont *déjà* des victimes.

Il est vrai que la question soulève des points de droit et de morale qui nécessitent des approches parfois délicates. Les concepts de *mauvais traitement* et de *négligence* peuvent avoir une signification différente selon les individus, les situations, les cultures qui sont en cause. Si nous prenons l'exemple d'un couple qui maltraite son enfant, un médecin dira qu'il s'agit d'un cas médical et que l'enfant doit être soigné, un policier que les parents sont des criminels qu'il faut punir, un homme de loi qu'il y a violation des droits légaux et constitutionnels de l'enfant, un homme d'Église que le caractère sacré de la vie humaine n'est pas respecté, un sociologue reconnaîtra le symptôme d'un mauvais fonctionnement de la famille, cependant qu'un psychiatre envisagera une psychothérapie pour les parents, un moraliste parlera d'actes contre nature, un philosophe verra dans ce drame l'illustration du fait que « l'homme est un loup pour l'homme ». Chacun de ces points décrira un des aspects du problème, mais aucun ne l'appréhendera dans son ensemble.

Les définitions légales actuelles des violences faites aux enfants sont critiquées par de nombreux spécialistes, qui les trouvent à la fois trop vagues et trop précises. De fait, il est extrêmement difficile de rédiger un texte de loi qui soit en même temps assez rigide pour empêcher des interventions non justifiées et assez souple pour couvrir toutes les situations où une intervention est absolument nécessaire.

Un parallèle peut être fait entre la définition des mauvais traitements infligés aux enfants et celle d'autres comportements humains répréhensibles, comme par exemple l'agression. Dans les deux cas, deux critères déterminants peuvent être pris en compte, mais aucun ne se révèle totalement satisfaisant. Le premier est l'intentionnalité de l'acte, qui ne peut constituer une preuve flagrante que dans une minorité de cas bien particuliers, le second la constatation des blessures faites à la victime, dont le principal défaut est de faire disparaître la distinction nécessaire entre les blessures involontaires et les coups portés avec l'intention de faire mal.

Aux États-Unis, les lois en vigueur depuis quelques années reconnaissent quatre types de crimes commis par les parents sur leurs enfants :

— la violence physique (coups et blessures non accidentels) ;
— la négligence (refus de satisfaire les besoins physiques élémentaires de l'enfant) ;
— les violences sexuelles ;
— la cruauté mentale.

Mais de nombreux psychologues et sociologues estiment que d'autres délits devraient être définis et sanctionnés, comme par exemple la violence verbale, la privation affective (manque d'amour), les négligences morales (influences corruptrices), médicales, éducationnelles, communautaires (lorsqu'une communauté laisse ses enfants à l'abandon), et la violence passive (lorsque des parents font ou laissent maltraiter leurs enfants par d'autres personnes).

Un des points les plus controversés du débat sur la protection des enfants concerne les punitions corporelles. Un grand nombre de blessures graves infligées à des enfants sont la conséquence d'une « escalade de la violence » le plus souvent entamée avec une punition relativement bénigne qui n'a pas atteint son but et déclenché la fureur des parents. Mais d'un autre côté, certaines cultures, certains groupes sociaux sont ouvertement en faveur des punitions corporelles (on peut donc supposer qu'elles y sont pratiquées) et le nombre des enfants martyrs n'est pas plus élevé dans ces populations que dans celles qui condamnent les punitions physiques.

Si la définition des sévices infligés aux enfants pose des problèmes qui peuvent parfois paraître insurmontables — qui n'ont en tout cas pas encore été surmontés — tout le monde s'accorde à reconnaître que leurs conséquences sont toujours tragiques, non seulement pour les victimes elles-mêmes, mais aussi pour leurs familles et la société dans son ensemble.

La délinquance juvénile a presque toujours son origine dans les foyers où règne la violence. Un grand nombre des adolescents qui pillent, volent, violent ou tuent dans les rues ont été élevés dans des familles où la violence physique était le seul moyen employé par les parents pour imposer leur autorité et résoudre les conflits. Livrés à eux-mêmes, les enfants se sont ensuite contentés de reproduire ce modèle dans leurs relations avec le monde extérieur.

Les familles où les enfants sont maltraités vivent généralement dans une situation précaire, dangereuse, où personne ne peut espérer se développer harmonieusement. La plupart du temps, elles éclatent rapidement : mort d'un enfant, emprisonnement d'un ou des deux parents, divorce, prise en charge des enfants survivants par l'État, séparations, retrouvailles épisodiques lors du processus de réhabilitation des parents, etc. Quelle que soit leur situation, tous les membres d'une famille où un enfant subit des sévices sont appelés un jour ou l'autre à en payer le prix.

Devenus adultes, les enfants martyrs sont très souvent incapables de survivre par leurs propres moyens. Les prisons, les hôpitaux psychiatriques, les caisses de chômage, les services d'aide sociale, jouant le rôle de parents institutionnels, doivent les prendre en charge pour assurer leurs besoins et les protéger d'eux-mêmes ou protéger leur entourage.

Qu'il s'agisse de délinquance juvénile, de l'éclatement des familles, de l'argent dépensé pour aider les inadaptés issus des foyers où régnait la violence, on peut dire que dans tous les cas la société souffre et paye lorsque des mauvais traitements ont été infligés à des enfants.

Mais le dommage fait à la société tout entière, aussi important soit-il, n'est rien en comparaison de la souffrance qui est imposée à de jeunes êtres sans défense torturés par leurs parents. A un âge où la vie devrait sourire à tout être humain, ils sont victimes d'une folie dont ils ne comprennent pas la cause, qui peut les tuer, les défigurer, les rendre infirmes ou handicapés jusqu'à la fin de leurs jours. Ceux qui ont la chance de s'en sortir sans avoir été physiquement mutilés deviennent souvent des marginaux, habités par une violence intérieure qui les pousse à se détruire et à tout détruire autour d'eux. La plupart d'entre eux finissent leur vie très jeunes — dans les prisons, les hôpitaux psychiatriques ou les cimetières.

Les rares survivants qui parviennent à maîtriser leurs tendances suicidaires n'échappent jamais totalement à leurs souvenirs, des souvenirs si horribles qu'ils ne peuvent ni les accepter ni les ignorer, et qui se dressent entre eux-mêmes et le monde réel à chaque instant de leur existence.

La plupart d'entre eux demeurent leur vie durant esclaves de leur passé, imposant à leurs enfants une vision déformée du monde et de l'humanité. Certains, qui ont conservé leurs peurs, croient qu'ils sont entourés d'ennemis et qu'ils ne peuvent faire confiance à personne, que le seul moyen pour eux de ne pas souffrir est de n'avoir aucune relation avec leur voisinage. D'autres, qui n'ont pas surmonté leur sentiment de culpabilité, considèrent qu'ils sont mauvais, qu'ils ont mérité tout ce qu'ils ont subi, que personne ne peut les aimer, qu'ils n'ont pas le droit de vivre et d'être heureux. D'autres encore, les plus désespérés, estiment que toute l'espèce humaine est pourrie et que l'homme est pire qu'un loup pour l'homme.

Ces individus meurtris au plus profond de leur être ne peuvent mener longtemps une vie normale. Le désespoir, la solitude, le chômage, les échecs, les divorces, la toxicomanie, la délinquance et le crime, lorsqu'ils ne finissent pas par se suicider, les conduisent presque inévitablement en prison ou dans des hôpitaux psychiatriques.

Ceux qu échappent à cette malédiction ne sont qu'une infime proportion. Après avoir été jeté à la rue, je suis moi-même devenu un déviant et j'ai mené pendant plusieurs années une existence anormale, qui a failli achever l'œuvre de destruction qui avait été commencée par mes parents.

Mais seulement failli. J'ai survécu assez longtemps et trouvé assez de ressources en moi pour comprendre que j'avais autant le droit de vivre que mes semblables, qu'en aucun cas je n'avais mérité le calvaire qui m'avait été imposé, qu'en devenant adulte je pouvais refuser d'être l'esclave de mon passé. J'en suis encore la victime, et je le serai probablement toujours, mais il a cessé de me dicter ma conduite. J'ai brisé le cercle infernal de la violence et je peux maintenant regarder l'avenir en face, en vivant pleinement, en offrant à mes enfants tout l'amour qui m'a été autrefois refusé.

La plupart de mes compagnons d'infortune n'ont pas et n'auront jamais cette chance, parce qu'ils ne parviennent pas à sortir de la prison où ils ont été enfermés. Enfants martyrisés, ils deviennent des adultes qui se martyrisent, et s'ils passent d'un enfer à un autre, leur souffrance profonde, elle, ne change pas. Beaucoup d'entre eux ne conçoivent leur vie que comme une attente passive de la mort. Les plus malheureux n'ont même pas le courage d'attendre.

CONCLUSION

Les parents sont des dieux pour leurs enfants. Disposant d'une autorité absolue, ils ont le pouvoir de créer ou de détruire, de bénir ou de maudire, d'affaiblir ou de renforcer, de punir ou de récompenser, de favoriser la vie ou d'apporter la mort. Lorsque l'Église parle de l'amour de Dieu pour ses créatures, les jeunes enfants ne peuvent l'entendre que d'une seule manière, en pensant à l'amour que leur portent leurs parents. S'ils sont haïs, battus, rejetés, l'amour divin leur apparaîtra comme une tromperie inventée par les adultes et ils ne verront dans la religion de leurs parents que la plus monstrueuse des hypocrisies.

Ayant survécu à six années de mauvais traitements, je me suis souvent demandé pourquoi aucun homme d'Église n'était jamais venu à mon secours. Les bleus, les marques de brûlures, les lacérations qui couvraient mes bras et mes jambes ne pouvaient être dissimulés. Et même si cela avait été le cas, la terreur qui habitait mon regard, mon mutisme, mon isolement, tout mon comportement devaient nécessairement attirer l'attention.

Le prêtre rendait souvent visite à mes parents adoptifs, de même que d'autres membres de la communauté religieuse à laquelle ils appartenaient et certains membres de leur famille. Pouvaient-ils ne pas voir ce qui m'arrivait ? Pourquoi les voisins qui m'entendaient hurler n'intervenaient-ils pas ? Et les enseignants qui me voyaient pleurer en classe, et les policiers qui me ramenaient après chaque fugue ?

Pendant six ans, j'ai été quotidiennement maltraité par

mes parents, souvent torturé. Pendant six ans, tous les adultes qui m'ont approché de près ou de loin ont fait semblant de ne pas s'en rendre compte. J'aurais donné n'importe quoi à cette époque pour que les prières que j'adressais à Dieu en lui demandant de l'aide soient exaucées. Mais Dieu demeurait silencieux, ses ministres demeuraient silencieux, et la conspiration du silence qui s'était établie autour de moi a failli me coûter la vie.

Il ne faut pas que les crimes contre les enfants puissent se perpétrer dans l'ombre. La première chose à faire pour venir en aide à l'enfance malheureuse est de briser le mur du silence. Parler, dénoncer, expliquer, convaincre, éduquer, mobiliser toutes les énergies, faire appel à toutes les bonnes volontés pour que cesse le massacre des jeunes vies. C'est un problème qui nous concerne tous. Nos enfants ont besoin de nous. Mais nous avons encore plus besoin d'eux — heureux et vivants.

Cet ouvrage a été réalisé sur
Système Cameron
par la SOCIÉTÉ NOUVELLE FIRMIN-DIDOT
Mesnil-sur-l'Estrée
pour le compte des Presses de la Cité
le 10 janvier 1985

Imprimé en France
Dépôt légal : janvier 1985
N° d'édition : 5008 – N° d'impression : 1918

Unbehauste

23 Autoren über Fremdsein

Eine Anthologie
Herausgegeben von Alexander Broicher

nicolai

nicolai *Der Hauptstadtverlag*

Design und Umschlaggestaltung: Ulla C. Binder
Satz: Gaja Busch
Herstellung: Martin Prskawetz
Lektorat: Ramona Raabe

Printed in the EU

ISBN 978-3-89479-712-6

Inhalt

Vorwort 9

Pérdida de tiempo!
Moritz Rinke 13

Die Hörigen des Rattenfängers
Jürgen Hobrecht. 17

Die letzten Tage der Grünen
Autonomen Republik Berlin (West)
David Wagner 23

Fitnessflüchtlinge
Selim Özdoğan 31

Transit
Florian Wacker 37

Das Grundschulheim
Benedict Wells. 49

Am Rand
Matthias Sachau .56

Nächte wie Schwarz und Weiß
Alexander Broicher .62

YEMMA
Christoph Silber 68

Das Antiquariat der
verloren gegangenen Süßigkeiten
Ramona Raabe 77

Die Nachtfahrt
Tina Ger 87

Fremd gehen.
Eine Seitensprungnovelle
Norbert Kron 101

Die Vergangenheit ist ein
amerikanischer Schrottplatz
Manfred Theisen 112

LAGeSo
Jule Müller 119

Petrópolis
Robin Baller 132

Frau im Spiegel
Linda Rachel Sabiers 142

HIAWATHA
Marcus Braun 150

Die Schatten der Vergangenheit
Judith Poznan 155

LEICHTGEWICHT
Anik Feit 166

Tausendhundertzweiundachtzig Jahre Exil
oder Hätt ich das gewusst, wär ich liegen geblieben
Kat Kaufmann 173

Mieses Karma. Das verschollene Kapitel
David Safier 182

FREMD.
Michel Birbæk 198

Die Geburt des Menschen
Friedrich Ani 199

Der Syrer
Friedrich Ani 201

Vorwort

Die Debatten sind kaum mehr überschaubar. Europa, von manchen mehr als Festung denn als offener Hafen gewünscht, sieht sich mit einer neuen Flüchtlingswelle konfrontiert. Diese erfordert nicht allein die Aufnahme und Versorgung von Menschen in Not, sondern auch eine Diskussion über die Werte Europas. Und ob diese Werte – im übertragenen Sinne – Grenzen haben, oder ob auch sie an unseren geografischen Grenzen enden. Nennen wir sie nicht Menschenrechte? Und nicht: »Rechte für Menschen aus wohlhabenden Industrienationen«?
Sind Freiheit und Sicherheit eine Geldfrage? Oder gar Wohlstandsallüren?

Genau genommen könnten wir für jeden »fremden« Einfluss im Sinne einer Bereicherung des eigenen Wissens- und Erfahrungsspielraums dankbar sein, erfahren wir durch die Globalisierung doch eine zunehmende Homogenisierung der Welt. Doch die Ängste vor dem Fremden sind in diesem Land eine bekannte Größe, die manche Demagogen geschickt zu instrumentalisieren wissen. Dieses Buch will im eigentlichen Sinne nicht rein politisch sein, sondern will über die Debatten hinausgehen und diese durch andere Perspektiven ergänzen. Es ist ein

Lesebuch, das in fremde Welten entführt, die manchmal auch nur im eigenen Kopf stattfinden.

Denn was bedeutet es eigentlich, kein Zuhause zu haben? Und was alles kann ein Zuhause bedeuten?

Für diese Anthologie haben 23 Autoren Geschichten geschrieben, die der aktuellen Diskussion Betrachtungen aus einer bewegten Welt hinzufügen wollen.
Es sind persönliche Geschichten über das Unbehaustsein – Gefühle der Fremde, Unzugehörigkeit, Ängste und Sehnsüchte. Geschichten der Flucht, der Reise, der Suche. Sie führen uns unter anderem über Wasser, in die Arktis, in ein Grundschulheim, auf ein Landesamt, einen Schrottplatz, durch Nächte, in einen Supermarkt, ein Antiquariat oder ein Hotelzimmer. Und in die Zukunft.

Der Erlös dieses Buches abzüglich der herstellungsbedingten Kosten kommt der Flüchtlingshilfe zugute. Hiermit möchte ich mich bei den Autoren des Buches, die ihre Texte alle honorarfrei zur Verfügung gestellt haben, ganz herzlich bedanken, nicht nur für ihr Engagement, sondern auch dafür, diese inspirierenden Geschichten mit uns zu teilen.

Bei Friedrich Ani, David Wagner, Kat Kaufmann, Benedict Wells, David Safier, Selim Özdoğan, Marcus Braun, Anik Feit, Christoph Silber, Florian Wacker, Matthias

Sachau, Jule Müller, Robin Baller, Jürgen Hobrecht, Judith Poznan, Manfred Theisen, Tina Ger, Michel Birbæk, Linda Rachel Sabiers, Norbert Kron, Ramona Raabe und Moritz Rinke.
Des Weiteren danke ich Daniel Fiedler, Lily Kruse und meiner Mutter für die Unterstützung sowie dem gesamten Team des Nicolai Verlags, das dieses Buch freundlicherweise in kürzester Zeit realisiert hat, um schnell Hilfe leisten zu können. Ganz besonders danke ich Ulla C. Binder sowie Ramona Raabe, ohne deren unermüdlichen Einsatz das Buch nicht hätte verwirklicht werden können.

Trotz Gefühlen der Unbehaustheit oder auch Angst vor Fremde, sollten wir uns vor Augen halten, dass Räume soziologisch betrachtet das Resultat menschlicher Handlungen sind. Ein Land kann also immer nur so gut sein wie die Gesamtheit der Handlungen seiner Bewohner.
Es geht nicht darum, Geschichte gegen sich selbst zu schreiben. Es geht um nichts weniger als die Wiedergewinnung der Zukunft.

Alexander Broicher

Berlin im November 2015

Moritz Rinke

Pérdida de tiempo!

In den letzten Wochen reise ich zwischen der Türkei und Spanien und lese viel über Sachsen in der Zeitung. Ein Spanier auf Lanzarote hat mich gefragt: »Que pasa Pegida aleman? Pegida? Pegida!?«
Er wiederholte das Wort mehrere Male und sagte, er habe zuerst gedacht, es handele sich in Deutschland um eine »Pérdida«, eine »Pérdida de la memoria«, einen Gedächtnisschwund. Oder um eine »Pérdida de conocimiento«, eine Bewusstlosigkeit.
Ich antwortete, dass ich seine spanischen Bezeichnungen für die deutsche Pegida im Grunde genommen sehr passend finde, weil man ja eigentlich schon bewusstlos sein muss, um Sachsen oder Deutschland für islamisiert zu halten.
»Sachsen hat 0,2 Prozent Muslime, hält sich aber für orientalisch«, fügte ich hinzu. »Vielleicht stimmt da wirklich irgendwas nicht mit dem Kopf? (Pérdida de la memoria).
Der Spanier lachte. »0,2 Prozent!«, wiederholte er und zeigte auf die kanarische Promenade. »Da sind überall Deutsche, in unserem Ort leben 50 Prozent Deutsche!«
»Ist das schlimm?«, fragte ich. »So eine Germanisierung?«

»No, no«, antworte er und klopfte mir auf die Schulter, »du bist ja auch einer, ihr seid alle Flüchtlinge des Wetters!«
Mir fiel eine Szene ein, genau auf dieser Promenade, es ist schon etwas her. Eine Frau aus Deutschland, die in einem Restaurant am Nebentisch beim Kellner selbstverständlich auf Deutsch ihr Gericht bestellte, hatte vom Unglück ertrunkener Flüchtlinge auf Lanzarote gehört und sagte zu ihren Tischpartnern: »Selbst schuld. Wenn man nicht schwimmen kann, steigt man nicht in ein schlechtes Boot.«
Am Cocoteros-Strand, in der Nähe des Ortes Teguise, hatten einen Tag zuvor Rettungskräfte 21 Leichen aus dem Meer gezogen. Das Boot der Flüchtlinge war 20 Meter vor dem Ziel gekentert.
Das Gesicht der Frau im Restaurant auf der Promenade, die das Schicksal der Flüchtlinge so kommentiert hatte und ohne jede Kenntnis, warum diese Menschen in ein schlechtes Boot gestiegen waren, obwohl sie nicht schwimmen konnten – dieses Gesicht der Frau stelle ich mir nun immer vor, wenn ich über Pegida in Deutschland lese.
Ich sehe dieses Pegidagesicht immer noch vor mir, wie es auf den eigenen Teller starrt und ohne einen blassen Schimmer seine Ansichten kundtut. Vielleicht war es sogar Tage zuvor mit dem TUI-Flieger genau über diese Flüchtlinge in ihrem schlechten Boot hinweggeflogen.
Warum flüchten Menschen?, hätte ich das Pegidagesicht heute fragen wollen. Warum verlässt jemand seine Fa-

milie und läuft Tausende Kilometer durch die Wüste? Warum erträgt jemand die Sahara, die Schlepper, die Bürgerkriege in den Ländern, die er hinter sich lassen muss, um am Ende auf ein brüchiges Boot zu steigen?
FLÜCHTLINGSKUNDE - man müsste die Menschen in Dresden oder Leipzig an die Hand nehmen oder ihnen zwangsweise einen »Flüchtlingsunterricht« auferlegen, eine »Flüchtlingskunde«: Syrien, Afghanistan, Irak, Myanmar, Somalia, Sudan, Kongo, Eritrea ... Und viele aus Politik und aus Medien müssten auch zur Flüchtlingskunde. Vielleicht würde es helfen, zu verstehen, warum wir nun genug über die deutsche Pegida berichtet haben.
Und vielleicht würde es auch helfen, den Blick so langsam über den Tellerrand und über unsere deutsche Promenade zu heben? Es gibt nämlich auch, wie mir der Spanier erklärte, eine »Pérdida de tiempo«, eine Zeitverschwendung.

(aus: Moritz Rinke, »Erinnerungen an die Gegenwart«, Kiepenheuer & Witsch 2014)

***Moritz Rinke**, geboren 1967 in Worpswede, studierte »Drama, Theater, Medien« in Gießen. Seine Reportagen, Geschichten und Essays wurden mehrfach ausgezeichnet. Sein Stück »Republik Vineta« wurde 2001 zum besten deutschsprachigen Theaterstück gewählt und 2008 für* *das Kino verfilmt. 2010 erschien sein Debütroman »Der Mann, der durch das Jahrhundert fiel«, der zum Bestseller wurde. Sein Theaterstück »Wir lieben und wissen nichts« ist eines der erfolgreichsten Dramen der letzten Jahre und wird an über 50 Bühnen gespielt. Moritz Rinke lebt und arbeitet in Berlin.*

Jürgen Hobrecht

Die Hörigen des Rattenfängers

Sonntäglicher Anruf der Mutter. – Wie stets: Alltags-und Allerweltsgeschichten aus einer 600-Quadratmeter-Villa in einer Kleinstadt im Weserbergland. Geordnete Verhältnisse. Der Rasen wie mit der Nagelschere geschnitten. Das Haus so geräumig, dass man sich nicht sehen muss. Unausgesprochenes wird ungesagt bleiben. Bis zum Ende. Sie, die Mutter im 84. Lebensjahr, er, der Vater, im 90. Zwei aus der Generation der Kriegskinder auf der Zielgeraden zur letzten Ruhestätte.
Aber nun ist es unversehens aufregend geworden. Angst ist aufgekommen in den Mittelschichthäusern an den Hängen des Weserufers. »Jetzt kommen die Flüchtlinge auch hierher«, sagt die Mutter aufgeregt. Es klingt wie die Angst der gebürtigen Hamburgerin vor der großen Flut.
»Die Kaserne ist schon voll!«, ruft sie. Bis auf 300 Meter hat sich die Flüchtlingswelle meinem Elternhaus genähert. Die Wehrmachtskaserne aus dem letzten Krieg war bis vor wenigen Jahren von der britischen Rheinarmee belegt. Nach dem Abzug stand der wilhelminische Wuchtbau leer. In den letzten Wochen sind dort 700 Flüchtlinge einquartiert worden. Zumeist sind es Frauen, die mit ihren Kindern allein auf der Flucht waren, oder, schlimmer

noch, allein und unbegleitet geflüchtete Kinder und Jugendliche. Die meisten sind der syrischen Bürgerkriegshölle mit knapper Not entkommen.
»Frauen mit Kopftüchern!«, ruft meine Mutter aus. »Mehr sieht man nicht.« – »Kopftuch«, das Wort klingt aus ihrem Mund wie etwas Schmutziges, Verwerfliches.
Anfang der sechziger Jahre. Wochenmarkt auf dem Platz vor der Kirche. Die meisten Marktfrauen, vom Lande kommend, haben ein Kopftuch getragen, ebenso meine geliebte Großmutter bei der Gartenarbeit. Heute symbolisiert das Kopftuch das Fremde, das Ungewollte.
»Sie werden uns noch zwangsweise Flüchtlinge einquartieren«, und sie sagt es buchstäblich mit einem Atemzug, »genau, wie wir damals bei einer Familie einquartiert worden sind, nach dem Bombenangriff.«
»Siehste«, sage ich hoffend. »Dann weißte doch, wie das ist, wenn man alles verloren hat.«
Sie reagiert, als sei sie abgeschnitten von ihrer Erinnerung, erfüllt von namenloser Angst, die Fremden würden ihr nahe kommen. – Und jede Nähe ist wohl zu nahe, wenn man Angst hat.
»Was können wir für Syrien?«, kommt es trotzig. »Es war schwer genug nach dem Krieg – und jetzt kommen die und gefährden alles.« »Was heißt alles?«, frage ich gereizt.
»Na, alles! Arbeitsplätze, die Wohnungen, alles, was wir aufgebaut haben, geht über den Deister.« »Du hast doch nur Angst, dass man Euch etwas wegnimmt«, sage ich einen Ton zu schnippisch. Das Gespräch ist beendet.

Insgeheim hoffe ich, dass man in dieses riesige Haus Flüchtlinge einquartiert. Das brächte zweifelsohne Leben in die Bude.
Ich denke an meinen Mitschüler Kurt. Wir gingen Anfang der sechziger Jahre gemeinsam in die Volksschule. Kurt war ein kleiner schmächtiger Junge, zurückgeblieben und zu kurz gekommen. Schüchtern, oder vielleicht eingeschüchtert, äußerte er sich nur, wenn er gefragt wurde, sprach mit dünner Stimme. Kurt wohnte mit seiner Familie an der »Pumpstation«. Ein Viertel am Rande der Stadt, größtenteils Wellblechhütten, in denen noch bis Mitte der sechziger Jahre Flüchtlingsfamilien wohnten. Kurts Eltern kamen aus dem Osten. Jeder in der bürgerlichen Kleinstadt kannte die »Pumpstation«, wusste, wer dort wohnte. Jeder mied die Gegend und seine Bewohner, so gut er konnte. Meine Eltern haben mich gewarnt, vor Kurt und seinen beiden Brüdern. »Spiel nicht mit den Schmuddelkindern, sing nicht ihre Lieder«, sang Franz-Josef Degenhardt – und er meinte Flüchtlingskinder wie meinen Schulkameraden Kurt, der bald in die Hilfsschule wechselte. So hieß das damals. Abgestempelt für ein Leben im Abseits – 20 Jahre nach der Flucht der Eltern.
Meine Mutter hat den »Feuersturm« vom Sommer 1943 in Hamburg überlebt. Ende Juli bis Anfang August 1943 saß sie mit ihrer Mutter und ihrem scharlachkranken Bruder Nacht für Nacht im Hochbunker. Wenn sie erzählt, von den herannahenden Bomberströmen, den Einschlägen, die die meterdicken Bunkerwände erzittern

und das Licht flackern ließen, hat sie meist zwei Gläser Wein getrunken. Es muss grauenhaft gewesen sein, das Schreien der Menschen. Ob sie auch geschrien hat? Ich traue mich nicht zu fragen. Sie ist mir nahe, wenn sie von den Bombennächten erzählt. Ihre Stimme völlig anders als die der hart und abweisend urteilenden Gesellschaftsdame, die über das heutige Leid der dem Krieg Entronnenen hinweggeht.

Eines Morgens, im Spätsommer 1943, treten die drei, meine Großmutter und ihre beiden Kinder, ins Freie. In Hamburg-Wilhelmsburg steht kein Stein mehr auf dem anderen. Ausgebombt, obdachlos. Meine Mutter ist damals zehn Jahre alt. Tage später wird das Mädchen als privilegierte Tochter eines Kripo-Beamten in einen Zug gesetzt. Es heißt, es ginge auf einen Ausflug aufs Land. Als der Zug den Bahnhof verlassen hat, erfahren die ganz unvorbereiteten Kinder, dass die Fahrt nach Österreich geht. Getrennt von der Familie sollen die Kinder im bombensicheren Alpenland leben. Auf den Verlust der Wohnung folgt die gewaltsame Trennung von Heimat und Familie. Sie dauert bis zum Ende des Krieges.

Die Erinnerungen der Mutter, sie kommen zurück, beim Erzählen mit dem Glas Wein. Eine wahrhaftige Erzählung, die mit einer Selbsttäuschung endet. Das alles vorbei sei, zum Glück, und lange her. Heute gehe es ihr gut. Beim Vater, dem einzigen seines Schuljahrgangs, der den Krieg überlebt hat, sind es die heftigen Schmerzattacken ungeklärter Ursache, bei der Mutter die Alpträume und Blutdruckkrisen, die sie für Tage handlungsunfähig ma-

chen. Das sei alles psychisch, sagt der Arzt, bleibt unverbindlich und deckt damit die greifbaren Ursachen zu. Wie dick ist die Mauer zwischen dem eigenen Leid und dem ganz ähnlichen Schicksal anderer Menschen? Warum ist jedes Mitgefühl unmöglich, die Fremdheit unüberwindbar?
Mein Vater äußerte Anfang der neunziger Jahre verhohlen Verständnis für die Brandanschläge von Mölln und Solingen. Deutschland sei durch Überfremdung bedroht. Dagegen müsse man sich wehren. Ich habe damals den Mittagstisch wütend und angewidert verlassen. Seither kein Gespräch mehr.
Im Bücherschrank des Elternhauses vor Kurzem noch Neuanschaffungen von Biografien des Nazi-Führungspersonals entdeckt: Goebbels, Himmler und Komplizen. Was will er mit fast 90 Jahren nachholen, seine gestohlene Jugend? Was will er verstehen, wenn er diese Bücher liest?
Mein chronisch schmerzkranker Vater hat seine Heimatstadt zeit seines langen Lebens nur verlassen, um in den Urlaub zu fahren, seine Kinder zu besuchen oder – überzeugt, wie er sagt – in den Krieg zu ziehen. Er kennt die Welt nicht. Auf seine letzten Tage sucht sie ihn heim, fast bis an die Grundstücksgrenze.
Ende der neunziger Jahre hatte ich einen Handwerker beauftragt, die Wände meines Wohnzimmers mit Schallschutz zu isolieren, um zu Hause Tonaufnahmen machen zu können. Der bereits im Ruhestand befindliche Mann, etwa im Alter meines Vaters, arbeitet em-

sig und akkurat. Als die Wände gedämmt sind, will ich die Akustik testen. Ich bitte den Mann in die Mitte des Raumes zu gehen und einen x-beliebigen Satz zu rufen, egal was, nur möglichst laut und druckvoll. Der Mann ist erst irritiert und etwas hilflos. Schließlich streckt er den Brustkorb, holt tief Luft, neigt den Kopf zur Decke und ruft mit voller Stimme in den toten Raum: »Wir haben den Krieg verloren!«

__Jürgen Hobrecht__, geboren 1957 in Hameln. Studium der Sozialpädagogik in Münster/Westfalen. Anfang der 1980er Jahre wurde Hobrecht durch seinen autobiografischen Roman »Du kannst mir nicht in die Augen sehen« einer breiten Öffentlichkeit bekannt. Seit 1982 zahlreiche Features und Reportagen für alle ARD-Hörfunksender. Ab 1992 Produzent und Realisator von Dokumentarfilmen und Reportagen für ARD, 3sat, Arte u.a. Seit 2009 Geschäftsführer der Phoenix Medienakademie e.V. in Berlin.

David Wagner

Die letzten Tage der Grünen Autonomen Republik Berlin (West)

Es sind wahrscheinlich die letzten Tage der Grünen Autonomen Republik Berlin (West). Die Söldner der DDR werden, wir rechnen damit, bald einmarschieren. »Humanitäre Mission« werden sie es nennen – und nicht einmal ganz Unrecht haben, es gibt ja kaum noch etwas zu essen in dieser Stadt, die keine funktionierende Stadt mehr ist.

Hinter der Ruine der Staatsbibliothek, wo einmal, lange her, vor dem Zweiten Weltkrieg, der Potsdamer Platz lag, erstreckt sich ein Birken- und Robinienhain bis zum Neuen Brandenburger Tor. Von der anderen Seite der Mauer, von drüben, glitzern hell erleuchtete Glastürme herüber. In ihrem Schein kann ich lesen, nachts gibt es nur hier noch Licht.

Dass die Mauer, in deren Nähe ich sitze, früher einmal, lange vor den Analogunruhen, dazu da war, um niemanden aus dem Osten herauszulassen, das mutet heute an wie ein Witz. Kinder, denen ich davon erzähle, wollen es nicht glauben. Sie lachen, wenn sie hören, dass die Mauer um unser Berlin früher einmal dazu da war.

Wie fing das an? Wie hat die DDR den Westen überholt? Die radikalen Reformen haben sie damals wohl am Westen vorbeikatapultiert. Im Rückblick sieht es so einfach aus, ja, die DDR hat den Westen durch Digitalisierung überholt – und sich schon im Jahr 2000 in Deutsche Digitale Republik umbenannt. Die Abkürzung blieb praktischerweise die gleiche.

Zur Sicherung ihrer Grenze hatte die DDR schon in den frühen achtziger Jahren des letzten Jahrhunderts ein elektronisches Überwachungsnetz mit Kommunikationsmöglichkeiten und mobile Drohnen entwickelt. Staatsbetriebe begannen diese Überwachungstechnologie zu exportieren, Israel bekam die beste, fast unsichtbare Mauer der Welt, die USA kauften einen neuen, sehr langen Grenzzaun der neuesten Generation für ihre Grenze mit Mexiko. Überall, wo Armutsmigration aufgehalten werden musste, waren Qualitäts-Grenzsicherungen Made in GDR gefragt. Mauerschützen wurden gleich mitgeliefert, die Schwarzwasser-Söldner der DDR waren und sind als Spezialkräfte in der ganzen Welt unterwegs. Morgen oder übermorgen kommen sie wahrscheinlich zu uns. Die Digitale Republik will endlich aufräumen vor ihrer Haustür. Das Neue Brandenburger Tor soll endlich irgendwo hinführen.

Die prosperierenden Rüstungs- und Überwachungstechnologie-Exporte ermöglichten den Import von Konsumgütern, darüber hinaus wurden eigene, sehr erfolgreiche zivile Anwendungen der Überwachungstechnik entwickelt, mobile Telefone beispielsweise. Die Regierung schenkte jedem Staatsbürger ein Handtelefon, DDR-Bürger konnten nun jederzeit und überall miteinander telefonieren. Was sie nicht wussten oder nicht wahrhaben wollten: Dass sie so sehr leicht zu überwachen waren. Jeder trug eine Wanze, ein Abhörgerät mit sich herum, freiwillig. Kaum jemand musste mehr beschattet werden. Die Partei der Reformer in der Staatssicherheit hatte geahnt, dass es viel effektiver sein kann, die Bevölkerung sich selbst überwachen zu lassen.

Die Anti-Elektronik-Fraktion in Berlin (West) warnte vor diesen tragbaren Telefonen, ebenso die immer stärker werdende Vereinigung der Antimetaller. In der Grünen Autonomen Republik Berlin (West), die sich von der westdeutschen Altenpflegerdiktatur (der von Helmut Kohls Witwe regierten ehemaligen Bundesrepublik) losgesagt hatte, wurden Tragetelefone verboten. Die Regierung der Berliner Schwäbischen Alternative verbot dann nach und nach alle Elektronik und führte uns zurück zur Weidewirtschaft, nirgendwo durfte neu gebaut werden, Dächer wurden abgedeckt, um mehr Nistplätze für Vögel zu schaffen, es kam zu Zwangsumsiedlungen in Wagenburgen.

Heute fährt keine U-Bahn mehr, die Antimetaller haben die U-Bahntunnel geflutet und alle Autos stillgelegt (es gäbe allerdings auch weder Strom noch Benzin, um sie zu bewegen), während drüben im Osten selbststeuernde Automobile und Magnetschwebebahnen fahren. Nach Leipzig-Mitte ist die Schwebebahn angeblich nur siebenundzwanzig Minuten unterwegs. Wir hingegen gehen zu Fuß und heizen mit Abfällen. Holzfahrräder und Einbäume sind erlaubt, vegane Kleidung ist Pflicht.

West-Berliner, die noch eine andere Staatsbürgerschaft hatten, sind schon lange fortgezogen. Rückkehrprämien lockten türkischstämmige Berliner ins Boomland Erdogistan, es gibt keine Döner und keine vietnamesischen Restaurants mehr in Berlin, es gibt nur, was hier wächst: Gemüse. Immer wieder nur Gemüse. Überall Gemüse. Es wächst auf den Hängenden Gärten (die einmal Stadtautobahnen waren) und in Hochbeeten auf allen Plätzen und den Tempelhofer Feldern, überall wird biologisch und nachhaltig gegärtnert. Kaninchen finden viel zu fressen, werden aber nur heimlich gejagt, die Vegetaristen haben das totale Fleisch- und Tiertötungsverbot durchgesetzt. Nur die Grunewaldpartisanen scheren sich darum nicht, sie grillen auch Hunde. Es gibt ja genug, es gibt ungefähr hunderttausend wilde Hunde in der Stadt, Wald- und Straßenköter, die von den Haus- und Schoßhunden abstammen, die während der Analogunruhen von fliehenden Besitzern zurückgelassen wurden. Als die Analogunruhen vorbei waren, hatten die Bildschirmstürmer alle Fernseher und Computermonitore der Stadt zerschlagen. Die DDR sicherte sich in dieser Zeit die wertvollsten Bestände der Staatsbibliothek und die Schätze des Kunsthandwerkmuseums, kurz darauf brannte das Kulturforum ab, in dessen Ruinen ich hause. Der Wald ist dabei, sich das Gelände zurückzuerobern, Brombeeren und Pilze wachsen überall, Bienen summen herum. Seit es verboten ist, Bäume zu fällen, weil auch für Bäume Bürgerrechte gelten, wuchert alles zu.

In der DDR nahm die Selbstüberwachung der Bürger mit den aufkommenden Computer-Steckbriefalben dann ganz neue Züge an. Bald hatte jeder eine Seite im Netz und machte alles öffentlich, niemand wollte mehr Geheimnisse haben – dem Staat war das, so geht die Erzählung, sehr recht. Terminals standen überall, bald gab es transportable Geräte, und dann wollte jeder, auch Menschen im Westen, einen Robotron Boskop besitzen, Robotron Boskop, das Taschengerät für alle, das immer alles weiß. Und immer dabei sein kann. Robotron ist wohl Weltmarktführer – aber was weiß ich, ich lese ja nur altes Papier. Fetzen, die beim Brand der Staatsbibliothek übrig blieben.

»Überholen ohne einzuholen« – unsere Großeltern hatten über diesen Satz gelacht, und nun ist es ihnen doch gelungen. Der digitale Sozialismus hat gewonnen. Nicht nur Robotron, auch der Staatsbetrieb, der ursprünglich Raufasertapete für den Westen herstellte, wurde zum

Weltkonzern, weil ein sächsischer Ingenieur dic Google erfand. Die Google war anfangs bloß eine Suchmaschine, die vieles im Netz finden und verbergen konnte. Heute weiß die Google einfach alles, weil jeder Nutzer ihr etwas verrät. Sie kann sich alles merken. Ursprünglich sollte die Google Kristallkugel beziehungsweise Kugel heißen – ihr Erfinder, der sächsische Ingenieur Erich Schmidt, sprach jedoch so undeutlich, daß alle immer Google statt Kugel verstanden.

Ich sitze jetzt auf einem umgestürzten Baumstamm nicht weit von der Mauer, die im Grunde unsichtbar ist, nur ein Leuchtband und ein mit Pestiziden kahl gehaltener Bodenstreifen markieren die Grenze. Ich könnte einfach hinübergehen, mir würde gar nichts passieren – wenn ich nur einen DDR-Chip implantiert hätte. Mittlerweile trägt jeder Bürger der Deutschen Digitalen Republik einen winzigen implantierten Near-Field-Communication-Chip mit individueller Kennung, der überall registriert wird, immer, überall, Neugeborene bekommen ihn in den ersten Lebensminuten eingesetzt. Trüge ich einen in mir, die unsichtbare Mauer würde mich erkennen und durchlassen. Ein NFC-Chip öffnet viele Türen, startet Selbstfahrerautos und Videospiele, ermöglicht Bezahlung und Grenzübertritte und identifiziert eindeutig. In der Deutschen Digitalen Republik ist jeder immer erkennbar.

Nicht wenige von denen, die noch hier in der Grünen Hungerrepublik ausharren, sind schon Bürger der Digitalen Republik. Ja, es war ein Geniestreich der DDR, dass sie Staatsbürgertum und Territorium entkoppelte. Fast jeder, egal wo er auf der Welt wohnt, kann Bürger der Deutschen Digitalen Republik werden. Er muss nur einer Chip-Implantierung zustimmen. So sind die besten Softwareingenieure Indiens, Indonesiens, Chinas Bürger der DDR geworden. Neubürger dürfen sich hocharbeiten, Bonuspunkte und Gratifikation können erworben werden. Vielleicht war das auch eine gute Idee der DDR: Ihren Bürgern das Leben als großes Videospiel zu verkaufen.

Hätte es nicht auch anders kommen können? Hätten die Digitalisten der Staatssicherheit damals im Frühjahr 1988 nicht geputscht – würde Erich Honecker noch immer regieren? Ohne die digitalen Reformen hätte die alte DDR ihren 40. Geburtstag wahrscheinlich nicht mehr gefeiert. Der Westen hätte den Kalten Krieg gewonnen. Wer weiß. Es gäbe vielleicht Strom, und ich müsste nicht nachts bis zur Mauer kriechen, um ein wenig Licht zu finden.

Die Sache mit dem Strom ist schwierig. Es gibt illegale Leitungen, es gibt versteckte Windkraftanlagen und Solarmodule – oft aber ziehen Anti-Strom-Fanatiker durch die Stadt und zerstören diese Anlagen, weil sie Stromstrahlen fürchten. Um den natürlichen Biorhythmus nicht zu stören und die Pflanzen und Tiere nicht zu irritieren, gilt sowieso ein allgemeines Nachtlichtverbot. Deshalb sitze ich hier an der Mauer, hier kann ich lesen, hier kommt Licht von drüben.

Rüber möchte ich trotzdem nicht. Ich bin gerne eine tote Seele. So nennen sie uns, tote Seelen, weil wir nicht registriert sind, weil es uns digital nicht gibt. Sie haben ja keine Ahnung.

***David Wagner**, geboren 1971, veröffentlichte im Jahr 2000 den Roman »Meine nachtblaue Hose«, in den folgenden Jahren erschienen u.a. »Spricht das Kind«, »Vier Äpfel« und »Welche Farbe hat Berlin«. Sein Roman »Leben« wurde mit dem Preis der Leipziger Buchmesse 2013 und dem Best Foreign Novel of the Year Award 2014 der Volksrepublik China ausgezeichnet. David Wagner lebt in Berlin.*

Selim Özdoğan

Fitnessflüchtlinge

Sie sind doch alt genug, Sie müssen sich doch erinnern, diese Flüchtlingswelle damals, 2015. Das war so, als wäre ein Leck im Boot, aber keiner wollte es abdichten. Im Gegenteil, es wurden noch mehr Löcher gebohrt. Die Hinweise, dass das Schiff dann sinken werde, wurden als Panikmache abgetan. Den Warnenden wurde entgegengehalten, dass Wasser erwiesenermaßen notwendig zum Leben sei. Sie wurden als Wasserhasser diffamiert. Anstatt das Schiff abzuschotten, wurden mit jedem weiteren Loch Parolen ausgegeben. Wir schaffen das, sagte die Kapitänin. Willkommenskultur, sagte das Volk.

Damit das Wasser sich nicht so allein fühlte, wurde immer mehr Wasser eingelassen, einige jubelten und spendeten Becher. Das war, bevor alle nasse Füße bekamen.

Wir wären fast untergegangen, was da kam, sprengte unsere Kapazität. Es war zuviel für Deutschland, das weiß heute jedes Kind, wir sind getaumelt unter der Last, aber wir sind nicht zusammengebrochen. Und jetzt sollen wir das alles wiederholen?

Die anderen waren fremd und kriminell, und die neuen Asylanten sind unserer Kultur näher und deswegen keine Gefahr? Glauben Sie, was Sie da erzählen? Haben Sie mal nur einen kurzen Moment nachgedacht?

Die Flüchtlingswelle damals war abzusehen, die ist nicht so überraschend gekommen, wie getan wurde. Die UNO hat die Nahrungsmittelhilfe gekürzt, weil es keine Gelder mehr gab. Deutschland hat 2015 nur halb so viel in das Welternährungsprogramm eingezahlt wie 2014. Diese Fakten sind jedem zugänglich. Und nun wird erneut so getan, als hätten wir es mit einer Überraschung zu tun. Das hat sich doch abgezeichnet, Zucker, Maisstärke, gentechnisch manipuliertes Saatgut, Monsanto, Nestlé, Hershey, KraftFoods. Man hätte eins und eins zusammenzählen können. Natürlich sind die Konzerne nicht daran interessiert, dass die Menschen Sport treiben. Menschen, die Sport treiben, essen mehr, das ist wahr, aber sie essen die falschen Sachen. Sie wollen sich zu oft gesund ernähren, sie sind eine Wachstumsbremse für die Lebensmittelindustrie. Es war nur eine Frage der Zeit, bis die Lobbyisten ein Gesetz durchdrücken würden, das jeglichen Sport verbietet. Im Land der unbegrenzten Möglichkeiten. Nun suchen diese Sportler hier Asyl.
Sie werden verfolgt, Sie haben Recht, das ist kein Geheimnis, ihnen drohen hohe Strafen. Das zeigt uns schon allein der Fall Maria Rodriguez aus New York, die Kassiererin, die behauptet, nur zum Bus gerannt zu sein, die aber als Joggerin zu 18 Monaten Haft verurteilt wurde. Auch das ist keine Überraschung, die Gefängnisse stehen leer seit der bundesweiten Legalisierung von Marihuana und werden nun mit Sportlern gefüllt, denen es nicht erlaubt ist, in ihrer Zelle auch nur Liegestütze zu machen.
Sie werden verfolgt, das ist richtig, aber wir können doch

nicht alle hier aufnehmen. Die Medien sind voller Ablenkungsstrategien. Es wird über den möglichen Gewinn geredet. Über die paar Athleten, die man einbürgern kann und die dann vielleicht eine Medaille gewinnen oder mit ihrem Team eine Weltmeisterschaft. Das sind singuläre Erscheinungen. Diese Flüchtlingswelle wird schlimmer sein als die vorherige. Unter dieser Welle werden wir zusammenbrechen. Gewaschen werden, wie die Surfer sagen. Gewaschen werden und mit der Wucht des Wassers gegen eine Felswand geschleudert werden. Unsere Werte, unser Sozialgefüge, unser Wirtschaftssystem, unser Verkehr, alles wird zusammenbrechen, alles.
Bei den Flüchtlingen damals war die Aufregung über die Handys groß. Jetzt kommen Menschen mit Smartwatch, auf denen jede Menge Apps sind, die ihren Puls, ihren Blutdruck, ihren Kalorienverbrauch, ihre Bewegung, ihren Blutzucker, ihren Trainingsfortschritt messen. Wie werden die Deutschen Menschen begrüßen, die hier Asyl beantragen und eine Uhr am Handgelenk tragen, die mehr kostet, als eine Angestellte im Monat verdient.
Die Sportler sind eine verfolgte soziale Gruppe. Und somit nach der Genfer Flüchtlingskonvention berechtigt, hier Asyl zu beantragen? Ich bitte Sie. Was soll denn an Sportarten wie Surfen oder Tennis bitte sozial sein? Und sie könnten sich jederzeit aus dieser Gruppe herausbewegen, indem sie einfach mal still stehen oder sich auf das Sofa legen.
Die kulturellen Unterschiede sind nicht so groß, da wird eine Integration nicht so schwer fallen? Wer hat Ihnen

denn so etwas aufgetischt? Und Sie haben es auch noch geschluckt. Die kulturellen Unterschiede sind immens. Sie hören doch, die ganzen Syrer, die Afrikaner, die Roma und was nicht noch alles, die damals hierher gekommen sind. Mehr als zehn Jahre hier und sie können gerade mal zwanzig Worte Deutsch. Glauben Sie, das wird mit Amerikanern besser? Weil die ja so gut in Fremdsprachen sind. Die werden nichts lernen, die werden uns hier überall ihr Englisch aufzwingen, die deutsche Sprache wird verunstaltet werden. Wir werden nicht mehr Wellness-Oase sagen dürfen, sondern nur noch Spa. Es wird nicht mehr Beamer heißen, sondern Projector, sie werden uns verbieten, das Wort Handy zu benutzen, so weit wird es noch kommen.
Die kulturellen Unterschiede sind unüberwindbar. Kennen Sie einen einzigen großen amerikanischen Fußballspieler? Sind die ein einziges Mal Weltmeister geworden? Wir, wir waren fünfmal Weltmeister, das ist ein Teil unserer Identität, den sie uns nehmen werden. Fußball wird keinen Wert mehr haben, wenn uns diese Welle erstmal überrollt hat. Dann wird hier American Football gespielt. Und Baseball. Und Basketball. Niemand wird mehr wissen, wer Turnvater Jahn war.
Es geht hier nicht nur um Sport, das ist nur das, was die Lügenpresse Ihnen weismachen will, aber unsere gesamte deutsche Kultur ist in Gefahr, sie werden sich einsam und fremd fühlen im eigenen Land, das kann ich Ihnen versprechen.
Die werden joggen, die werden hier überall joggen. Das sind Asphaltjogger, die breite Straßen gewöhnt sind, die

werden hier den Verkehr durcheinanderbringen, es wird für die Autofahrer kaum noch ein Durchkommen geben. Weder sind diese Menschen zu irgendetwas qualifiziert, noch wollen sie hier in das Wirtschaftsleben eingegliedert werden. Weil sie sich viel bewegen, wagt es kaum jemand, es laut zu sagen, aber nennen wir das Kind beim Namen: Sie sind faul. Sie wollen nur ihren Körper gesund halten, um damit anzugeben, aber nicht damit er Leistung auf der Arbeit erbringt. Sie wollen Ruhephasen zum Muskelaufbau. Dass ganz Deutschland dabei abbaut, interessiert sie nicht. Unser Sozialstaat, unsere Renten, unsere Zukunft, alles wird wegbrechen wegen diesen dem Körperkult verschriebenen Dumpfbacken, die auf dem geistigen Niveau von Vierjährigen sind.

Deutschland schafft sich ab, die Prognose war richtig; was Araber, Türken und Afrikaner begonnen haben, wird jetzt von den Amerikanern vollendet werden. Die werden mit den Sozialleistungen, die sie hier beziehen, in die Fitnessstudios stürmen und es wird keinen Platz mehr für uns Deutsche geben, auf dem Laufband, auf dem Stairstepper, an der Hantelbank. Wir werden uns ganz hinten anstellen müssen, während hirnlose Muskelpakete kaugummikauend ihre Körper auf unsere Geräte wuchten.

Von Gleichberechtigung zwischen Mann und Frau und den Rechten Homosexueller haben die ja auch noch nie etwas gehört, die Errungenschaften der modernen pluralistischen Gesellschaft werden hier infrage gestellt. Oder haben Sie etwa schon mal etwas von einem schwulen Footballspieler gehört? Oder gar von einer Frauenbase-

ballliga? Die haben ganz andere Werte als wir, die sind uns nicht kulturell ähnlich, das ist eine Mär, die hier in den Medien verbreitet wird. Die Gesellschaft wird eine massive Maskulinisierung erfahren, die Frauen, die in Amerika Sport machen, eifern ja ausschließlich männlichen Werten nach.
Sie werden Deutschland umkrempeln, das intellektuelle Leben ist massiv bedroht und mit ihm unsere gesamte Leitkultur. Wie weiland im Peloponnesischen Krieg wird Sparta als Sieger hervorgehen und mit dem Untergang Deutschlands wird das Ende des goldenen Zeitalters der Aufklärung eingeläutet werden. Sie sind jung genug, wenn Sie nicht jetzt etwas dagegen tun, werden Sie das Trauerspiel noch miterleben.

***Selim Özdoğan**, geboren 1971 in Köln als Kind türkischer Wirtschaftsflüchtlinge, veröffentlichte 1995 sein erstes Buch »Es ist so einsam im Sattel, seit das Pferd tot ist«. Zwischen diesem und dem Roman »Wieso Heimat, ich wohne zur Miete«, der im Frühjahr 2016 erscheint, liegen zahlreiche Veröffentlichungen.*

Florian Wacker

Transit

Uwe blieb vor dem Hotel stehen und sah an der grauen Fassade hinauf. Das Ding glich mit seinen großen Fenstern und den Gardinen eher einem dieser alten Verwaltungsgebäude, die jetzt überall leer herumstanden und die Innenstädte verstopften. Nur in zwei Zimmern brannte Licht. Er drückte die Zigarette in die Aschenbechersäule und ging hinein. Ein Getränkeautomat brummte in der Ecke, über der Rezeption flackerte eine Leuchte. Er hörte leise Schritte, aber niemand war zu sehen. Er stellte seine Tasche ab und wartete einige Augenblicke. Noch immer konnte er das Vibrieren des Lkws in den Armen spüren, noch immer war er draußen auf der Bahn und hielt das Lenkrad, während vor ihm schon seit einer guten Stunde das Heck eines polnischen Spediteurs schwankte.

»Ein Einzelzimmer«, sagte er, als die Frau im Durchgang erschien und vor dem Tresen stehen blieb.

Sie nickte. Vom Sonnenuntergang war hier drinnen nichts mehr zu merken, die Frau wirkte müde.

»Wollen Sie Frühstück?«, sie hob den Kopf, sah ihn an. Uwe nickte. »Dann kommen nochmal sieben fünfundneunzig dazu.«

Sie gab Uwe den Schlüssel und den Frühstückscoupon, wünschte ihm eine gute Nacht. Uwe lächelte. Sie hatte ja keine Ahnung. Er nahm den Schlüssel und seine Tasche und ging. Die Tür bekam er nicht sofort auf, drehte den Schlüssel, versuchte es wieder. Dann bemerkte er, dass die verwischte zweite Zahl auf dem Schlüsselschild keine Drei, sondern eine Acht war.

Ellen fühlte sich krank, seit sie es wusste. Trotzdem hatte sie nicht abgesagt. Sie hatte wie jeden Tag geduscht, sich zwei Salamibrote eingepackt und war dann los Richtung Autobahn. Sie hatte von Rolf zwei aktuelle Buchungen übernommen und ins System eingetragen und sich dann am Hintereingang die erste Zigarette angezündet. Es war ein milder Abend. Die Autobahn brummte wie eine Maschine. Nach dem vierten Zug wurde ihr schlecht und sie warf die Kippe weg. Sie verschränkte die Arme vor der Brust und versuchte sich Maiks Gesicht vorzustellen. Aber sie bekam es nicht hin, sie sah nur seinen glänzenden Schädel, wie sie ihn immer auf dem Platz sah, wenn sie zu seinen Spielen kam. Ellen ging wieder hinein, blätterte durch den Kalender und starrte dann einige Zeit auf den kleinen Fernsehschirm, starrte durch die Bilder hindurch ins Innere des Apparats, dort wo die Drähte zusammenliefen und sich das Licht bündelte.
Sie konnte den Gast draußen hören, hörte, wie die Tür ins Schloss fiel, dann waren Schritte auf dem dunklen Teppich. Aber sie bewegte sich nicht. Sie musste daran denken, dass sie heute vielleicht das letzte Mal hier arbeitete, und die Tränen schossen ihr in die Augen. Sie biss sich auf die Lippe, riss sich zusammen. Der Mann hatte

nicht reserviert, aber sie waren sowieso nie ausgebucht. Sie nahm seine Daten auf, buchte ein Frühstück dazu und legte ihm den Schlüssel hin.
»Schlafen Sie gut«, sagte sie. Sie hatte so etwas noch nie zu einem Gast gesagt und erschrak jetzt, aber der Mann drehte sich wortlos um und ging davon. Ellen stand noch eine Weile hinter dem Tresen und rührte sich nicht.

Adil wartete. Er sah hinüber zum Eingang, beobachtete die erleuchteten Fenster. Hinter den geschlossenen Gardinen konnte er vage Umrisse erkennen, Bewegungen. Wieder krampfte sein Magen, und er schnappte nach Luft. Er wusste nicht, wann er das letzte Mal etwas gegessen hatte, irgendwann am Mittag musste es gewesen sein. Da hatte er noch nichts geahnt, da war er noch voller Zuversicht gewesen. Die ersten beiden Tage auf der Baustelle, endlich die Aussicht auf Geld, auf ein Leben in einer eigenen Wohnung, ein eigenes Auto, Kino, Fußball und Pizzaessen. Er sammelte Speichel im Mund und schluckte ihn herunter. Manchmal half es. Aber nach der blinden Flucht durch die Wiesen, entlang der Reihenhaussiedlungen, spielte sein Körper langsam nicht mehr mit. Die Beine zitterten, er knetete seine Finger.
Adil nahm den Kopf hoch. Kein Mensch war zu sehen. Er musste es versuchen. Geduckt lief er auf den Weg, dem Eingang zu. Leichter als gedacht drückte er die Tür auf und schob sich hinein. Auch hier war alles verlassen. Er hörte einen Getränkeautomaten brummen, sein Magen gluckste. Er schlich weiter, zur Rezeption, richtete sich

kurz auf und sah sich um. Dann hörte er hinter sich die Tür klacken, er zuckte zusammen, lief geduckt zur Treppe und hinauf in den ersten Stock. An die Wand gelehnt holte er Luft. Er konnte jetzt Stimmen hören, die Stimme einer Frau und die Stimme eines Mannes. Er lauschte dem dunklen Rhythmus ihrer Worte, diesem fremden, harten Klang. Er sah den Gang hinauf. Er musste endlich was in den Magen kriegen, irgendwie.

Uwe warf seine Tasche auf den Stuhl und hockte sich aufs Bett. Das Zimmer war nicht übel, zumindest nicht so schlimm, wie der Blick von außen vermuten ließ. Gegenüber dem Bett hing der Fernseher an der Wand. Er hatte gelernt, die Einsamkeit zu ertragen, aber an einem solchen Tag hielt er es kaum aus, da drückte es ihm die Kehle zusammen. Er stand auf und holte das Geschenk aus der Tasche. Dann nahm er sein Telefon und rief an. Als er die Stimme hörte, wusste er nicht, was er sagen sollte. Es kam ihm vor, als hätte ihm jemand ins Gesicht geschlagen. Er ging ans Fenster, starrte hinaus, wo zwischen den Bäumen noch die Tankstelle zu sehen war. Papa, Papa, hörte er Simon am anderen Ende piepsen. Uwe holte Luft, lehnte den Kopf an die Scheibe.
»Ich hab dir was gekauft«, sagte er und schüttelte die Packung, »hörst du das? Wenn ich wieder da bin, bauen wir es zusammen.«
Ich will es aber jetzt bauen, quengelte Simon.
»Wir bauen es, wenn ich komme«, sagte Uwe. »Sind Oma und Opa auch da? Gibt es Schokokuchen mit Smarties?«

Nachdem Uwe aufgelegt hatte, wusste er nicht, wohin mit sich. Er legte die Packung zurück in die Tasche und ging im Zimmer auf und ab, ins Bad und wieder zurück. Er hatte keinen Hunger. Er setzte sich wieder und fuhr sich übers Gesicht. Hier drin war nicht mal mehr die Autobahn zu hören, nicht das leiseste Geräusch. Jemand rüttelte von außen an seiner Tür. Er hörte ein leises Scharren, dann Schritte, er stand auf und öffnete. Der Flur lag im dämmrigen Halbdunkel vor ihm. Aus einem der Zimmer waren Fernsehgeräusche zu hören, niemand war zu sehen.

Adil bewegte sich vorsichtig, in geduckter Haltung. Er bewegte sich leise von Tür zu Tür, lauschte. Noch immer hörte er die Rufe des Vorarbeiters: Police, get out, get out! Er war den anderen gefolgt, hatte sich im Rennen die Weste abgestreift und den Helm zur Seite geschleudert. Entlang des Bauzauns, dann durch eine Lücke raus auf die Straße und rüber auf die Wiese. Hinter sich hörte er laute Stimmen, jemand schrie, fluchte. Ohne sich umzusehen, hatte er das Waldstück erreicht und sich dort, an einen Baum gelehnt, erbrochen. Niemand war ihm gefolgt, die Baustelle war nicht mehr zu sehen. Er konnte nicht mehr zurück, er musste eine andere Möglichkeit suchen. Noch immer spürte er die Panik im Körper, ein sanftes Kribbeln in den Fingern. Die Rezeption war unbesetzt. Adil richtete sich auf, sah sich noch einmal um, dann ging er hinüber. Er beugte sich über den Tresen und sah die Brotdose neben der Tastatur liegen. Er streckte den Arm aus.

Dann sah er die Frau aus den Augenwinkeln. Sie stand in der Tür zum Büro und starrte ihn an. Adil packte die Dose und zog die Hand zurück. Die Frau öffnete den Mund, als wolle sie losschreien, aber sie schrie nicht.
»Ich habe Hunger«, sagte Adil, »es tut mir leid.«
Er richtete sich auf und rannte, stieß die Türe auf und verschwand zwischen den Büschen.

Ellen legte beide Hände auf ihren Bauch und sah an sich herunter. Sie konnte es sich einfach nicht vorstellen. Auch wenn der Arzt gelächelt hatte, auch wenn sie das Bild gesehen hatte, den winzigen weißen Punkt in der dunklen Höhle. Sie dachte jetzt wieder an Maik. Sie versuchte sich an seine Augen zu erinnern. Schon ein paarmal hatte sie den Hörer abgenommen, dann aber schnell wieder aufgelegt. Sie wusste, dass er noch beim Training war mit den alten Kumpels. Die Mannschaft hielt zusammen, obwohl die meisten ihre Jobs an den Hochöfen und in den Stahlwerken verloren hatten und niemand genau wusste, wie es weitergehen sollte. Maik hatte immer davon geträumt, Fußballprofi zu werden, jetzt schickte ihn eine Zeitarbeitsfirma zu Abrissarbeiten in die stillgelegten Werke. Am meisten Angst hatte sie davor, dass er gar nichts sagen würde, vielleicht mit den Schultern zuckte oder etwas brummte wie: Das ist jetzt dein Problem. Sie sah über die Felder. Im Sommer wurde es nie ganz dunkel, über ihr taumelten Fledermäuse durch die Luft.
Sie ging wieder hinein, trank einen Schluck Wasser und wollte sich setzen, als sie an der Rezeption ein Geräusch

hörte. Sie stand auf. Als sie den Jungen sah, der über den Tresen gebeugt nach ihrer Dose fingerte, hätte sie fast losgelacht. Der sah nicht wie ein Gast aus, nicht mal wie einer aus der Gegend. Er sagte etwas zu ihr in einer Sprache, die sie nicht kannte. Vielleicht war es türkisch oder arabisch. Sie rührte sich nicht. Dann rannte der Junge weg, mit ihren beiden Salamibroten.

»He du«, rief sie, obwohl es sinnlos war. Sie hatte nicht vor, ihm hinterherzurennen. Rainer war vor ein paar Jahren mal von zwei Halbwüchsigen überfallen worden.

»Alles klar hier unten?« Ellen zuckte zusammen. Der Gast von vorher stand an der Treppe und lehnte sich ans Geländer.

»Der hat was geklaut«, sagte sie, »so ein Junge.«

Dann nahm sie den Hörer ab und wählte die 110.

Uwe hörte die Frau etwas rufen. Er konnte nicht verstehen, was es war, aber ihre Stimme klang schrill, so, als bräuchte sie Hilfe. Er ging schneller, stolperte die Treppen hinunter, hielt sich am Geländer im Gleichgewicht. Eigentlich hatte er nochmal rausgewollt, Luft schnappen, ein paar Schritte gehen. Jetzt starrte ihn die Frau an wie einen Dieb, ihre Haut schimmerte bleich unter der Leuchte. Sie hatte geschrien, und Uwe wollte ihr helfen, er wollte ihr beistehen. Wenn ich schon nicht bei Simon bin, dachte er und ging auf die Rezeption zu, wenn ich schon mal hier bin.

»Ein Junge?«, sagte Uwe und sah sich um, aber außer ihnen war niemand zu sehen. Warum sollte ein Junge hier ins Hotel kommen und klauen?

Er sah die Frau an, sah ihr schmales Gesicht, aber da war noch etwas anderes, in ihren Augen, da war ein seltsames, lebendiges Leuchten, als habe jemand in ihrem Schädel ein Licht angeknipst.
»Geht es Ihnen gut?« Uwe lehnte sich an den Tresen. Der Smirnow hatte ihn mit voller Wucht erwischt, der Zitronengeschmack täuschte. »Soll ich nachsehen, nach dem Jungen?«
»Er war da, direkt vor mir«, sie ging zwei Schritte zurück, deutete auf den Tisch. »Da lag die Dose, da stand ich. Ich glaub, der war Araber oder Türke oder so.«
Uwe nickte. Er ging zur Tür, zog sie auf und sah in die Nacht hinaus. Die Autobahn summte in der Ferne. Im Licht der Laterne zitterten Mücken.
»Da ist niemand«, er schloss die Tür wieder und schob sich eine Hand in die Hosentasche. »Da ist kein Junge.«

»Glauben Sie, ich spinne?«, Ellen kam um den Tresen herum, blieb vor dem Mann stehen. »Der Junge war da. Hier stand er. Und er hat was mitgehen lassen.«
Sie strich sich eine Strähne aus dem Gesicht. Es gab keinen Grund, sich zu rechtfertigen. Es war ein Junge gewesen, vielleicht vierzehn, vielleicht fünfzehn Jahre alt, und er hatte etwas zu ihr gesagt. Die Blicke des Mannes kreisten um sie. Sie kannte diese stieren Blicke, die sie nicht für voll nahmen, die sie heruntermachten zu einer unbedeutenden Angestellten in einem billigen Autobahnmotel. Sie sah sich im Glas der Tür gespiegelt, eine schmale Person in Jeans und weißem Shirt. Ihre Brüste

kamen ihr größer vor, obwohl das noch gar nicht sein konnte.
»Ich wollte nur helfen«, sagte der Mann und ging an ihr vorbei zum Getränkeautomaten.
Vielleicht ist es gut, bald nicht mehr hier arbeiten zu müssen, dachte sie, keine Nachtschichten mehr alleine zu machen. Jetzt, wo sie es wusste, wo es das Bild gab und das Lächeln des Arztes. Sie band ihre Haare zu einem Zopf zusammen und wartete auf die Beamten.
Sie versuchte, den Jungen zu beschreiben, einer der beiden machte Notizen, der andere sah sich um, sprach mit dem Mann, der in der Sitzgruppe eine Cola trank.
»Gab heute Nachmittag mehrere Razzien auf Baustellen«, sagte der Beamte und steckte seinen Notizblock wieder ein. »Da sind einige abgehauen, wahrscheinlich Iraker. Vielleicht wars einer von denen.« Dann gingen sie wieder.
Ellen war müde und ein klein wenig wütend. Der Mann bot ihr eine Zigarette an und sie gingen vor die Tür.
»Ich bin Uwe«, sagte er. »Mein Junge hat heute Geburtstag. An so einem Tag gönn ich mir ein Zimmer. Mein Schlepper steht da hinten.«
Ellen nickte und lächelte schmal. Die Stimme des Mannes war wie ein vertrauter Klang, etwas, an das sie sich gern erinnerte.

Er würde nicht zurückgehen, niemals. Und wenn sie ihn zurückschickten, würde er es wieder versuchen, wieder und immer wieder. Ahmad hatte gesagt, dass sie gar nicht in den Irak zurückgebracht werden könnten, sondern nur wieder nach Griechenland, wo man sie aufgegriffen und registriert hatte. Adil glaubte ihm nicht und drehte sich auf der Matratze der Wand zu. Er hörte die anderen atmen. Es war unglaublich warm, die Luft stickig. Er träumte schon seit Wochen nichts mehr, seit er Basra verlassen hatte. Auf den Lkws verschwammen im Gedränge die Gesichter seiner Familie, seines Vaters, seiner Mutter und seiner Brüder. Wie auf einer Leinwand war die immer gleiche Landschaft vorbeigezogen, als drehten sie sich nur im Kreis.

Adil schlang die beiden Brote herunter, warf die Dose ins Gebüsch. Er würde nicht zurückgehen, nicht jetzt, da er schon so weit gekommen war. Er sah über den Parkplatz zu den Lkws, die wie ausgestreckte Hunde im körnigen Licht lagen und schliefen. Er kniff die Augen zusammen. Sein Magen beruhigte sich, das Zittern in seinen Beinen ließ allmählich nach. Er beobachtete den Streifenwagen auf dem Parkplatz, wartete in seinem Versteck, bis die beiden Beamten eingestiegen waren und der Wagen zurück auf die Autobahn fuhr. Dann lief er los, hinüber zu den Aufliegern. Er löste zwei Spanngurte, hob die Plane an und kroch in den Frachtraum zwischen die Paletten. Es war stickig und roch nach Plastik. Er kauerte sich zwischen zwei Kisten, zog die Beine an den Körper, lehnte den Kopf gegen das Holz und starrte ins Dunkel. Er sah es jetzt vor sich: Das schillernde Wasser der beiden Flüsse, die Trapezsegel der Dhaus und die wuchtigen Körper der Containerschiffe. Er wusste nicht, ob ihn ein besseres Leben erwartete, aber er musste es glauben. Jetzt musste er daran glauben.

Ellen erzählte Rolf kurz von dem Vorfall mit dem Jungen. Sie tranken noch einen Kaffee zusammen, Ellen checkte zwei Reisende aus. Einer von ihnen war Uwe. Er sah schlecht aus, als habe er die halbe Nacht nicht geschlafen. Er hatte die Tasche geschultert und sich die nassen Haare nach hinten gekämmt.
»Wo gehts denn noch hin?«, fragte Ellen, als sie den Schlüssel entgegennahm.
»Bremen«, sagte Uwe.
»Und wann sind Sie zu Hause, bei Ihrem Jungen?«
»In zwei Tagen, wenns gut läuft«, er lächelte.
»Dann gute Fahrt, und danke.«
Er tippte sich mit zwei Fingern an die Stirn und ging, blieb in der Türe noch mal stehen.
»Alles Gute«, sagte er.
Ellen trank ihren Kaffee. Maik hatte ihr eine SMS geschickt: Lust auf Frühstück? Sie hatte einen Bärenhunger und schickte einen Smiley zurück. Dann würde sie es ihm sagen. Dann würde sie ihm den weißen Punkt in der dunklen Höhle zeigen. Sie winkte Rolf zu, lief schnell über den Parkplatz zu ihrem Corsa und fuhr in hohem Tempo zurück auf die Autobahn.

Uwe warf die Tasche ins Führerhaus, zog die Handschuhe aus dem Gerätekasten und begann seinen Kontrollgang um den Auflieger. Er hatte kurz und traumlos geschlafen.

Aber das Hotel würde er sich merken und hier bei seiner nächsten Tour wieder Halt machen. Vielleicht würde er sie wiedersehen. Er grinste und sah auf seine nackten Zehen in den Schlappen. Wenn es gut lief, war er in zwei Tagen zu Hause. Er hatte das Ende des Aufliegers erreicht und sah hinüber zum Hotel. Ein verlassener Ort, an dem es aber trotzdem noch so etwas wie Trost gab, ein klein wenig Erlösung. Er ging weiter, sah, dass zwei Spanngurte lose waren und überlegte kurz, im Frachtraum nachzusehen, nach was auch immer. Dann schlang er die Gurte aber nur wieder durch die Ösen und zog sie fest. Er hatte keine Zeit zu verlieren. Er musste weiter.

(aus: Florian Wacker, »Albuquerque«, mairisch Verlag 2014)

***Florian Wacker**, geboren 1980 in Stuttgart, lebt in Frankfurt am Main. Studium der Heilpädagogik und am Deutschen Literaturinstitut Leipzig. Verschiedene Auszeichnungen, zuletzt: Limburg Preis 2015, Arbeitsstipendium der Kunststiftung Baden-Württemberg 2014. Im Sommer 2015 erschien sein Debütroman »Dahlenberger« im Verlagshaus Jacoby & Stuart.*

Benedict Wells

Das Grundschulheim

Niemand von uns war freiwillig hier. Niemand von uns verstand, dass er nicht freiwillig hier war. Wir waren alle sechs Jahre alt, als wir ins Heim kamen, und zu jung, um solche Fragen zu stellen.

Wir hätten auf den ersten Blick unterschiedlicher nicht sein können. Manche waren hier, weil es zu Hause finanzielle und gesundheitliche Probleme gab und die alleinerziehenden Mütter oder Väter überfordert waren. Einer kam aus der »ehemaligen DDR«, was immer das bedeutete, ein anderer war dunkelhäutig und mit seiner Familie vor irgendeinem Krieg in einem anderen Land geflohen. Da wir als Kinder nichts davon begriffen, weder den Krieg noch die »ehemalige DDR« noch die Probleme zu Hause, spielte das alles keine Rolle für uns. Wir schliefen zu sechst in einem Zimmer, für Fremdheit gab es ohnehin keinen Platz.

Mein Bett war in der Ecke, gleich neben dem Gemeinschaftsschrank. Poster aus Staffette und Bravo Sport an der Wand, Zeichenblock und Comics auf dem Nachttisch. Jeden Morgen um halb sieben wurden wir geweckt. Gemeinsames Zähneputzen im Duschraum. Erstes Gelächter und laute Stimmen, durchdrungen von Vorfreude auf den Schultag. Es war ein staatliches Internat, liebe-

voll aber ärmlich, beim Frühstück gab es nur jeden zweiten Tag Salami und Käse, an den anderen Tagen Butter und Marmelade. Wie früher bei den Lustigen Taschenbüchern, bei denen auf zwei farbige Seiten immer zwei schwarz-weiße folgten. Es machte uns nichts aus. Ein Kind sieht nicht den bröckelnden Putz an den Wänden, sondern den Automat daneben, an dem man für siebzig Pfennig Kakaotüten ziehen kann.
Wir sechs Jungen in unserem Jahrgang wurden schnell eine verschworene Gemeinschaft. Jeder hatte seine Rolle. Der eine unterhielt nachts mit Geschichten oder hatte sich in Schlägereien bewährt. Der andere bekam Pakete von zu Hause mit Süßigkeiten, die er großzügig verteilte, und konnte bei Hausaufgaben helfen. Der dritte dachte sich Spiele und Streiche aus und war ein guter Tröster. Es interessierte keinen, woher man kam oder wer man war, nur was man tat und was man konnte. Nach dem Mittagessen spielten wir im Wald Szenen aus Filmen und Büchern nach oder schossen auf dem Sportplatz Tore für unsere Lieblingsmannschaften, ehe wir zur Lernzeit ins Heim zurückmussten. Nach den streng überwachten Hausaufgaben gab es Abendessen, gegen acht ging es dann ins Bett.
Wenn die Nacht sich über das Internatsgelände senkte, wurde uns die Landschaft manchmal unheimlich. Dann blickten wir vom Fenster auf den Wald, der in der Dunkelheit verborgen lag, und fühlten uns beklommen und einsam. Das Heimweh verschwand wieder, wenn ein aufmunternder Brief der Mutter eintraf, dass es ihr langsam

besser gehe, oder ein liebevolles Päckchen des Vaters, mit einem neuen Schlafanzug, Spielsachen und einer Karte, die man mehrmals las.
Mit sieben bekamen wir eine neue Erzieherin, die wir sehr mochten. Nach einer Weile fragte sie schüchtern, ob jemand vor dem Schlafengehen ein »Gutenacht-Bussi« wolle. Alle rissen die Arme hoch. Die Erzieherin ging reihum durchs Zimmer, von einem Bett zum nächsten. Verstohlen wartete jeder von uns darauf, dass sie endlich zu ihm kam, und wenn sie einen dann auf die Stirn küsste, schaute man mit einem verlegenen Grinsen weg. Es wurde fortan unser ureigenes Ritual, unser »Gute Nacht, ihr Prinzen von Maine, ihr Könige von Neuengland«.
Wenn die Erzieherin das Licht gelöscht hatte, wandelte sich das Internat, und auch wir verwandelten uns. Manche Jungen, die den ganzen Tag laut und selbstsicher aufgetreten waren, wirkten plötzlich verletzlich. Andere, stillere hörte man erst jetzt reden und nahm sie ganz anders wahr. Die Nacht gehörte uns. Es war die Zeit, in der wir Kassetten zum Einschlafen hörten und miteinander redeten. In der wir uns Geschichten ausdachten und Witze erzählten und manchmal so laut dabei lachten, dass es uns fast zerriss. In der die anderen schließlich einschliefen und ich meistens noch wach lag, ein Buch nahm und mich damit auf der Toilette einschloss, bis ich endlich müde genug war. In der manchmal einer von uns weinte, ein anderer ihn tröstete und die restlichen Kinder so taten, als schliefen sie.

Hin und wieder bekamen wir neue Mitschüler, die ein besonders schweres Schicksal zu tragen hatten, über das jedoch fast immer geschwiegen wurde. Heute kann ich wie ein mittelmäßiger Detektiv die Hinweise deuten; die blauen Flecken des einen, die nie schreibenden Eltern des anderen, die unfassbare Armut des dritten. Damals konnte ich es nicht. Wenn wir von Zuhause erzählten, waren es immer fantastische Lügen. Jeder von uns hatte einen Vater, der Millionär war, wohnte in einer Villa mit Pool, reiste in den Ferien durch die Welt, war also offenbar rein zufällig hier gelandet. Den einen Jungen von uns, der mit dem Mitarbeiter des Jugendamts zweimal im Jahr Spielsachen kaufen durfte, weil er schlicht gar nichts hatte, beneideten wir um diese zwei Tage, statt darüber nachzudenken, was das bedeutete und dass wir offenbar besser dran waren.

Wir liebten den Herbst und den Winter, wenn wir am St. Martins Tag mit selbst gebastelten Laternen einen Umzug machten und danach ein Eis bekamen. Wenn wir mit den schartigen Schlitten Wettrennen fuhren, den Hügel hinab. Wenn wir jeden Mittwoch heiße Milch mit Honig machten und in Decken gehüllt zuhörten, wie uns die Erzieherin aus Preußlers »Krabat« und Lindgrens »Mio, mein Mio« vorlas. Wir liebten den Frühling und den Sommer, wenn wir am Lagerfeuer saßen und uns Gruselgeschichten ausdachten, die nie wirklich gruselig waren. Wenn wir im nahegelegenen See badeten und später mitsangen, wenn unsere Erzieherin »What Shall We Do With The Drunken Sailor« auf der Gitarre spielte.

Wir kamen in die dritte Klasse und begannen uns für die Mädchen zu interessieren, die in einem Gebäude nebenan wohnten. Auch sie hatten ihre Geschichten, die wir jedoch noch nicht kannten, was sie umso spannender machte. Es gab erste Küsse, die schnell großes Gesprächsthema waren, und Liebesbriefe, auf denen man »Nein«, »Ja« und »Vielleicht« ankreuzen konnte. Ich kreuzte fast immer »Vielleicht« an. Das Heim ging in eine Hauptschule über, weshalb die ältesten Schüler auf dem Gelände die Neuntklässler waren, die hier ihren »Quali« machten. Sie wirkten auf uns so erwachsen und reif, und wenn sie von ihren zukünftigen, meist handwerklichen Berufen sprachen, bewunderten wir Jüngeren sie sehr.

Wir waren oft grausam zueinander. Wir kannten die Schwächen des anderen, die geheimen verwundbaren Stellen, und manchmal überkam es uns und wir schlugen zu. Das Grundschulheim war ein Ort ohne Eltern und deshalb auch ohne gewisse Regeln. Es war wichtig, sich zu wehren. Nie in meinem Leben habe ich mich öfter geprügelt, mich besinnungsloser auf jemanden gestürzt und ihn zu Boden gerissen. Wir brachten einander zum Weinen, reizten einander bis zur äußersten Wut und vertrugen uns schon Stunden später wieder. Wir konnten so weit gehen, weil wir wussten, dass wir einander trotzdem nie ganz verlieren konnten. Wie Geschwister. Und wir ließen nie jemanden zurück. Wir waren anders als die Kinder, die bei ihren Eltern wohnten und mit denen wir tagsüber zur Schule gingen. Manchmal freundeten wir uns mit ihnen an, aber nie zu sehr. Weil wir sie nicht verstanden, und sie uns nicht. Weil die anderen Kinder seit Jahren nach der Schule zu ihren Familien zurückgingen und wir auf unser Gemeinschaftszimmer.

Am schönsten waren die Wochenenden. Die, an denen man endlich nach Hause durfte und dort verwöhnt wurde. Und an deren Ende man dann doch jedes Mal wieder ins Internat zurückfuhr und bedrückt aus dem Fenster sah, wie die Landschaft in der Dunkelheit verschwand. Und die, an denen man mit den anderen Kindern im Heim blieb, an denen es abends einen Disney-Film gab, und zum Mittagessen oft Pommes mit Chicken McNuggets. Zwar nur Internats-Chicken-McNuggets, aber immerhin. Zu besonderen Anlässen machten wir Ausflüge zum Weihnachtsmarkt, auf ein Volksfest oder ins Kino, und dann waren auch die Mädchen dabei, was uns jedes Mal in Aufruhr versetzte. In Wahrheit war uns das Heim längst ein Zuhause geworden. Wir haben es im Stillen geliebt, und ich glaube, damals hatten wir alle das Gefühl, es würde ewig so weitergehen.

Als wir die vierte Klasse beendeten, trennten sich unsere Wege. Es kam ganz plötzlich, wir hatten vorher nie wirklich darüber nachgedacht. Manche kamen aufs Gymnasium, wieder in ein Internat, manche wechselten auf die Real- oder die Hauptschule, wir alle landeten an verschiedenen Orten, weit voneinander entfernt. Wir hatten uns vier Jahre lang beinahe jeden Tag gesehen, jede Nacht. Wir hatten uns besser gekannt als alle anderen, hatten uns geschworen, für immer Freunde zu bleiben, doch wir sahen einander nie wieder.

Wir waren wohl einfach zu jung, um unsere Freundschaften halten zu können. Und doch denke ich noch oft an die anderen. Ich denke an ihre Geschichten und Eigenheiten, an ihre Gesichter und ihren Platz im Schlafsaal. An unsere nächtlichen Unterhaltungen, wenn das Heim nur uns zu gehören schien. Und dass wir in solchen Momenten recht gehabt hatten, wenn wir das Gefühl hatten, glücklich zu sein.

***Benedict Wells** wurde 1984 in München geboren. Nach dem Abitur 2003 zog er nach Berlin. Dort entschied er sich gegen ein Studium und widmete sich dem Schreiben. Seinen Lebensunterhalt bestritt er mit diversen Nebenjobs. Sein viel beachtetes Debüt »Becks letzter Sommer« erschien 2008, es wurde mit dem Bayerischen Kunstförderpreis ausgezeichnet und fürs Kino verfilmt. Sein dritter Roman »Fast genial« stand monatelang auf der Bestsellerliste. Nach Jahren in Barcelona lebt Wells inzwischen wieder in Berlin.*

Matthias Sachau

Am Rand

Als er die Augen öffnete, blickte er auf einen See. Er wusste nicht, ob er geschlafen hatte. Oder was sonst mit ihm passiert war. Geschlafen schien ihm bei näherer Betrachtung unwahrscheinlich, denn er saß aufrecht im Gras.

Der See war riesig. Das andere Ende war von hier nicht zu sehen, nur ganz in der Ferne ein aufragender Gebirgszug. In seinem Rücken standen Häuser. Eine kleine Stadt oder auch nur ein Dorf, er konnte es von seinem Platz aus nicht näher bestimmen. Ein paar Meter neben ihm führte eine abschüssige Straße in den See hinein. Daneben dümpelten zwei kleine, an Pfählen festgebundene Holzkähne auf dem Wasser. Wenn er sich umsah, erblickte er hin und wieder Menschen, die sich zwischen den Häusern und dem See herumtrieben, meist einfach gekleidete Frauen mit Kopftüchern, die Dinge herumtrugen. Manchmal riefen sie sich Dinge in einer Sprache zu, die er nicht verstand. Und einmal erschien kurz ein Auto. Gelb, ziemlich alt, undefinierbare Marke.

Er machte die Augen zu und öffnete sie wieder. Nichts hatte sich verändert. Wo zur Hölle war er? Und wie hatte es ihn hierher verschlagen? Eben hatte er noch … er wusste es nicht mehr.

Mit beiden Händen befühlte er seine Hosentaschen. Keine Brieftasche, kein Handy, keine Papiere. Wo auch immer er war, es würde anstrengend werden, hier wieder wegzukommen. Vielleicht würde es sich lange hinziehen. Es kam auf das Land an. Er hatte den kurzen Impuls aufzustehen und das unangenehme Anstrengende sofort in Angriff zu nehmen. Dann hörte er wieder jemanden in der fremden Sprache sprechen und mit einem Schlag war seine Kraft fort. Lieber noch etwas ausruhen.
Ein Bauchgefühl sagte ihm, dass er in Russland war. Die Frauen, der See, die Landschaft, die Beschaffenheit der Häuser, das alte Auto, all das könnte man einem gut als Russland verkaufen. Aber was wusste er schon. So weit konnte man gar nicht in der Welt herumgekommen sein, dass man dieses Nest hier kannte. Er war niedergeschlagen. Möglichst lange nicht aufstehen, nichts tun, ein anderes Ziel gab es gerade nicht für ihn. Das Wetter war in Ordnung, er war weder hungrig noch durstig, also warum?
Hin und wieder spürte er, dass Leute ihn beäugten. Mehr geschah nicht. Dass ein Fremder am Seeufer saß, schien kein besonderes Ereignis zu sein. Vielleicht tauchten hier öfter Fremde am Seeufer auf? Und vielleicht verschwanden sie bald wieder genauso unvermittelt? So dachte er, während Bilder von seiner Familie, seiner Stadt und seinem Haus vor seinem inneren Auge vorbeizogen. Er klammerte sich daran, dass der Gedanke, den er gerade gehabt hatte, zutraf. Die Leute machten kein Aufhebens um sein Erscheinen, sagte er sich vor. Das musste doch

zwangsläufig bedeuten, dass er bald wieder verschwinden würde. Dahin, wo er hergekommen war, wohin sonst?
Zeit verging. Stunden? Er wusste es nicht. Bestimmt Stunden. Frauen kamen mit Körben und begannen Wäsche im See zu waschen. So etwas kannte er nur aus den Märchenfilmen seiner Kindheit. Nur dass sie bunte Plastikflaschen mit Waschmittel dabeihatten. War er nicht nur aus seinem Ort herausgeschleudert worden, sondern auch aus seiner Zeit? Das ging doch gar nicht, versuchte er sich zu beruhigen. Und außerdem das Auto. So alt war es nun auch wieder nicht gewesen. Er musste nur ein paar Schritte in die Stadt hineingehen, dort würde er neuere, ihm vertraute Autos finden. Menschen, die Englisch konnten. Und einen Zeitungsstand. Und die Zeitungen würden das richtige Datum zeigen. Wenn er es lesen konnte. Der Gedanke an eine fremde Schrift ließ ihn erneut müde werden.
Die Frauen beendeten ihre Wäsche und sahen beim Gehen halb scheu, halb neugierig zu ihm hinüber. Wenig später näherte sich ein großer Kahn und landete mit fürchterlichem Kratzen und Krachen auf der schrägen Ebene, die ins Wasser führte. Männer luden Kisten ab und schleppten sie zu einem anderen alten, undefinierbaren Auto, diesmal einem grünen. Er fragte sich, warum sie hier keinen Steg gebaut hatten. Ohne Steg war das Abladen umständlich und mühsam.
Der Kahn und die Männer verschwanden wieder. So viel Zeit war vergangen, seit er die Augen geöffnet hatte. Doch noch immer spürte er weder Durst noch Hunger.

Nur die Sehnsucht nach Zuhause. Er musste es angehen. Aufstehen, Leute ansprechen, sich durchfragen, vielleicht Geld für eine Fahrt in die nächste größere Stadt erbetteln. Nur noch einmal tief durchschnaufen und dann.

Und während er tief durchschnaufte, näherte sich eine Frau. Sie war anders als die, die er bisher hier gesehen hatte. Kein Kopftuch, sanfte braune Locken umflossen ihr unfassbar schönes Gesicht und als sie vor ihm stand und ihn mit ihren tiefdunklen Augen ansah, wurde ihm schwindelig. Sie fragte ihn etwas. In der fremden Sprache. Viele U-Laute und dazwischen für ihn völlig ungewohntes Klicken und Gurgeln. Mit Sicherheit kein Russisch, so viel war nun klar.

Er war kein Frauenheld, aber er war stolz darauf, dass er sich ohne Scheu und Nervosität mit schönen Frauen unterhalten konnte. Manche Freunde beneideten ihn darum. Aber er verstand sie nicht, konnte nicht antworten und es machte ihn wahnsinnig. English? Español? Français? Sinnlos. Sie sprach weiter. Noch zwei, drei Sätze. Er antwortete nicht, sah sie nur an. Dann ging sie wieder. Nach ein paar Metern schaute sie noch einmal zurück. Nicht zu erklären, ihr Blick. Nicht ohne verstanden zu haben, was sie zuvor gesagt hatte.

Hier erwartete ihn nichts mehr. Er sollte nun wirklich aufstehen. Die Sache in die Hand nehmen. Die Welt war klein. Es gab keinen zivilisierten Ort auf der Welt, von dem ein Deutscher nicht irgendwann wieder zurück in seine Heimat gelangen konnte. Doch es gelang ihm nicht aufzustehen. Er hatte Angst, gestand er sich zum ersten

Mal ein. Angst, dass er in einem Land war, das es gar nicht gab. Einer Zeit, in die er nicht gehörte. Auf einem anderen Planeten in einem anderen Sonnensystem. Er würde es nur herausfinden, wenn er in die Stadt am See hineinging. Auf die Gassen und Straßen, aus denen er gerade wieder Autogeräusche herausdringen hörte. Aber die Angst war zu groß. Er würde hier bleiben. Immer noch kein Hunger, immer noch keine Schmerzen vom Sitzen, nur Sehnsucht. Sehnsucht nach einem Ort, den sie hier nicht kannten. Zu dem kein Weg von hier führte. Er glaubte es nun sicher zu spüren.

Wieder verging Zeit. Wieder kam ein Kahn vom See her. Wieder geräuschvolle Landung, wieder sprangen Männer ab, wieder Kisten. Er stand auf. Ohne nachzudenken. Ging zu den Männern. Stellte sich in die Reihe derer, die die Kisten entgegennahmen. Sie waren schwer, sie konnten Hilfe gebrauchen. Endlich etwas, das er ohne Sprechen tun konnte. Und ohne Angst vor Erkenntnis. Solange er Kisten abladen durfte, war es gar nicht so schlecht hier. Der See, die Landschaft, die Menschen, der Frieden. Und die Sprache konnte er noch lernen, wenn er sich Mühe gab.

Als er an der Reihe war, streckte er die Hände aus. Die beiden Männer, die die Kisten aus dem Kahn herausreichten, zögerten. Per Kopfgeste holten sie noch einen Dritten heran und wiesen wortlos auf ihn, den fremden Mann, der unten stand, bereit, eine Kiste entgegenzunehmen. Der Dritte sah ihn kurz an. Es folgten energische Worte, die er nicht verstand. Aber das ungeduldige Fuchteln mit dem rechten Arm war schwer misszuverstehen: Er sollte verschwinden. Noch einmal reckte er die Arme hoch, bot unmissverständlich an, zu helfen. Der Ton wurde schärfer, lauter, das Fuchteln ungeduldiger und heftiger. Auch die beiden anderen machten nun mit. Er sollte verschwinden. Jetzt! Sofort!

Er ging zurück zu seinem Platz, setzte sich, sah auf den See. Und sehnte sich danach einzuschlafen.

***Matthias Sachau** lebt als freier Autor in Berlin. Er ist einer der erfolgreichsten deutschen Comedy-Schriftsteller. 2014 wurde sein Roman »Wir tun es für Geld« für die ARD verfilmt. Im November 2015 erscheint mit »Das Geheimnis von Tylandor« sein erstes Buch für Kinder.*

Alexander Broicher

Nächte wie Schwarz und Weiß

Unzählige kleine Spiegel treiben auf dem Schwarz. Tausendfach blinken sie, morsen mit Mondlicht. Ich kann die Signale nicht verstehen. Wir suchen andere Lichter. Rote und grüne.
Es geht um Farben. Immer nur um Farben.
In der Nacht ist alles umgedreht. Nächte sind wie Schwarz und Weiß. Man denkt, man kann alles erkennen. Und sieht doch nichts.
Der Mond strahlt vorbeiziehende Wolkenfetzen kalt an. Das Meer ist nicht blau, es ist schwarz, wie der Himmel auch. Die Farben, sie schlafen. Bei Tag gibt es sie hier im Überfluss. An Farben sind wir reich.
Es geht immer nur um Farben.
Wir suchen etwas Weißes.

Vor uns nur ein unendlicher schwarzer See. Ohne Kontur, ohne Grenzen. Machetengleich zerschneidet unser Boot das Wasser in zwei Hälften. Wie ein Pflug beackert unser Bug das Schwarz. Weiße Schaumkronen, hinter uns die aufklaffende Welle. Ein symmetrisches Vau. Wir hinterlassen alles geordnet.
Die Schraube des Außenborders verquirlt meine Gedanken mit dem Meer.

Wie viele Meter Wasser liegen unter mir? Ich kann nichts sehen, da ist nur der dunkle See. Ein See aus Öl. Wie schön wäre das, ein Ölsee! Dann müssten wir nicht in diesem Boot sitzen. Ich würde einen Fernseher kaufen, für Mama und mich. Ich habe Angst vor tiefem Wasser. Schon als Junge gehabt. Wir alle haben Hai-Bisse gesehen. Glaub' mir, den anderen geht's auch so. Aber natürlich sagt das keiner. Auch ich halte die Klappe. Will ja nicht als Memme dastehen, ich bin ein Mann! Aber sterben will ich auch nicht. Mama soll sich den Ärger mit mir nicht umsonst gemacht haben, die ganzen 19 Jahre.
Angst habe ich nur vor dem Wasser, nicht vor den Weißen. Manchmal sind es auch gar keine Weißen. Schlitzaugen, die sind friedlich. Haben Angst wie Karnickel. Und manchmal sind auch Brüder an Bord. Oder andere Nigger.
Aber wir dürfen sie nicht töten. Es geht nur ums Geschäft, sagt Jomo immer. Keine unnötige Gewalt. Nur zum Einschüchtern, das ist wichtig, das bringt Respekt. Respekt ist wichtig.

Nicht ins Wasser schauen. Zu dunkle Gedanken. Lege mich ins Boot zurück. Ich spüre das kalte Metall des AK 47 an meinem Arm. Ich spüre meinen Puls, die große Ader an meinem Hals klopft unaufhörlich.
Mannamanna nennen sie es. Wir haben es in die Nase gezogen. Ich bin immer noch randvoll damit. Es ist wertvoll, wie alles Weiße. Elfenbein, Zähne – ich bin stolz auf meine Zähne – Frachter, Menschen.

Diese Scheißwichser, jetzt holen wir uns alles zurück. Ich habe so viel Kraft und Wut und Energie in mir. Eben haben wir noch geschrien, um uns in Stimmung zu bringen. Ich will tanzen und schreien, aber im Boot müssen wir schweigen. Höchstens flüstern ist erlaubt, das sind die Regeln.

Nebel zieht auf, Gespensterfahnen, da, wo der Mond reinleuchtet. Jomo und Malik sehen mit den großen Ferngläsern wie Insekten aus. Jomo ist sauer, er kann im Weiß des Nebels nicht viel erkennen.
Ich lege mich an die Bordwand. Das Geräusch des Außenborders dringt in meinen Kopf. Er klingt wie mein altes Mofa, immer auf Vollgas. Das metallische Klingeln und das Kreischen des hochtourigen Drehens. Wie ein schreiendes Tier.
Manchmal schreien auch sie. Sie haben Angst vor uns. Das ist gut so. Sie haben Respekt. Respekt ist wichtig. Manche machen sich in die Hose vor Angst. Ha, könnte mich wegschmeißen! Das sind diese Momente, da fühle ich es, wie stark wir sind, wie stark *ich* bin.

Jomo nimmt seine Insektenaugen runter und funkelt mich an. Seine Augen sind viel böser als die aller Tiere, die ich kenne. Außer vielleicht die von Haien.
Er zieht seinen Daumen quer über den Hals und sein Fingernagel hinterlässt eine Kerbe im Fleisch. Verstanden. Ich nicke und ziehe meine Lippen nach innen zwischen meine Zähne. Und dann schnell weggucken, am besten

nach unten. Wenn er wütend wird, lande ich auf dem Meeresgrund.
Aus den Augenwinkeln beobachte ich, dass er den Blick von mir abwendet und seine gläsernen Stielaugen vornimmt. Die machen mir weniger Angst.

Der Wind dreht und der Geruch des Zweitaktmotors zieht mir in die Nase. Ich mag das. Mag Motoren und den Geruch von Benzin, hab ich schon als kleiner Junge.

Und dann rieche ich es: Da ist noch etwas anderes in der Luft. Eindeutig, das ist es. Der typische Geruch von Diesel, schwerem Schiffsdiesel. Eine ölige Brise aus heiß Verbranntem, die sich nur schwer mit der salzigen Seeluft mischt, gerade bei Nacht. Man kann seine Spur auf Kilometer rausriechen. Mein Herz läuft auf einmal noch schneller. Hätte nicht gedacht, dass das geht. Jetzt laufe ich wie der Außenborder auf Vollgas.
Ich will es Malik sagen, aber ich will nicht zu den Fischen. Ich traue mich nicht. Stattdessen richte ich mich auf und sehe mich um. Nichts, nur dicke weiße Nebelschwaden. Auch durch die Ferngläser kann man sicher nichts erkennen. Ich suche Blickkontakt zu Malik, klopfe mit dem Gewehr an die Bordwand. Er bemerkt mich nicht.

Dann sagt er es. Malik sagt: »Lichter«. Wir alle schauen in seine Richtung. Langsam treten die Lichter aus dem Nebel, grüne und rote. Und weiße. Licht am Heck, Kabinen. Wie ein beleuchtetes Haus. Und mindestens so hoch. So

hoch wie die Häuser in Amerika. Ich habe noch nie so hohe Häuser mit eigenen Augen gesehen, nur im Fernsehen. Ein großes weißes Haus.
Amerika. Dort muss alles weiß sein.
Selbst ihr Öl fährt in Weiß. Ihre Waren fahren besser als unsere Brüder. Ich heiße Agu und ich werde sehr wütend. Ich werde uns das holen, was uns zusteht!

Ein kurzes Zischen von Jomo. Wir wissen alle, was zu tun ist. Jetzt sind wir so aufgeregt wie das Wasser. Wie Erdmännchen stehen alle bereit.
Langsam kommt das weiße Haus immer näher, glatt und sauber wie ein Zahn. Es sieht gar nicht aus wie Eisen.
Die Wand wird immer höher. Wie soll ich es bloß bis da hoch schaffen? Ich packe den Wurfanker und atme tief durch. Ich schaffe das. Ich muss es schaffen. Ich komme da hoch. Egal, was mich dort erwartet. Egal, wer da oben ist. Man sagt, neuerdings werden sie beschützt? Aber ich habe keine Angst. Nicht vor denen. Amerika, ich komme! Ich schleudere den Wurfanker empor, er verhakt beim ersten Mal. Heute werde ich gewinnen, das spüre ich. Mit einem Ruck an dem Seil prüfe ich, ob er mich halten wird, dann erklimme ich die Strickleiter. Ein, zwei, drei Sprossen, immer weiter. Immer höher, nicht nach unten sehen.
Ich höre einen lauten Knall, wie einen Schuss.
Dann wird alles weiß vor meinen Augen.
Das muss Amerika sein. Ich muss in Amerika sein.

Alexander Broicher *studierte Filmwissenschaft mit Schwerpunkt creative writing, Philosophie und Politikwissenschaft. Als Schriftsteller veröffentlichte er die Romane »fakebook« und »Unter Frauen«. Broicher ist ausgezeichnet mit dem Literaturpreises des Deutschen Schriftstellerverbandes. Er lebt und arbeitet in Berlin und New York.*

Christoph Silber

YEMMA

Das mit Amir war schon mal deshalb ungewöhnlich, weil ich nie mehr als sechs Wörter mit einem Kunden rede. »Tach«, und »Kundenkarte?«, dann den Preis, vielleicht noch »Nicht kleiner?«, Wechselgeld. Und tschüss. Die kommen ja auch nicht zum Reden, sondern weil es billig ist. Die haben andere Sachen im Kopf, und ich auch. Ich hab ja immer noch ein Leben.
Ich wollte lange so werden wie die anderen. Jetzt ist es das, was ich am wenigsten will. Niemals will ich so sein wie die. Wie Janine zum Beispiel, mit den klebrigen Haaren an Kasse 2 links neben mir. Als ich im Markt anfing, war sie schon da. Wenn ich weg bin, wird sie auch noch da sein. Angeblich hatte sie vorletztes Jahr hinten auf der Toilette eine Fehlgeburt. Ich hab sie nie gefragt, ob das stimmt. Sie redet sowieso kaum ein Wort und wird jeden Monat ein bisschen dünner, vielleicht löst sie sich irgendwann in Luft auf. Vielleicht ist das ihr Plan. Wer kann das schon wissen.

Ich hab jedenfalls noch ein Leben. Mein Wecker klingelt jeden Morgen um sechs, und ich bin immer zwei Minuten vorher wach. Keine Ahnung, wie das funktioniert mit dieser inneren Uhr. Jedenfalls geht sie. Trotzdem hab ich mich noch nie getraut, den Wecker abends auszumachen. Ich wach auf, zwei Minuten später klingelt er. Jeden Tag. Auch an dem Tag, wo das mit Amir war. Der Wecker hat geklingelt, ich streckte meinen Arm aus, wollte auf den Knopf drücken. Aber ich fand ihn nicht, den Knopf. Stieß mir die Hand. Hörte ein lautes Scheppern. Dann war es still. Und als ich meine Beine aus dem Bett hievte und mit den Füßen nach den Pantoffeln tastete ... Meine Vorhänge sind schwarz und nachts immer ganz zugezogen. Ich brauche es ganz dunkel zum Einschlafen. Frühmorgens, wenn ich mich so durchtastete, denke ich manchmal, so fühlt sich vielleicht einer, der blind ist. Oder ich denke, was, wenn da jetzt einer wäre, der dir wehtun will, wie damals. In unserem ersten Zuhause hier, wo es nach Terpentinersatz roch und sie uns nachts Steine ins Fenster geworfen haben.

Mein rechter Fuß senkte sich über den Boden, der große Zeh zuerst, in Erwartung des flauschigen Schafsfells, das meine Pantoffeln fütterte. Angeblich hatten wir Schafe zu Hause, da wo ich geboren bin, aber ich war noch zu klein. Plötzlich war da was Scharfes. Ein Stich fuhr mir durch die Wade, bis hoch ins Knie.

Ich hab es nicht so mit Schmerzen. Da kenn ich mich aus, und ich kann nicht mal richtig Mama schreien, wie alle anderen das tun. Wahrscheinlich sah es ziemlich komisch aus, wie ich auf einem Bein ins Bad hopste, mich da aufs Klo setzte und dann, Bein hoch auf dem Wannenrand,

mit der Pinzette die blutverschmierte Glasscherbe aus meinem großen Zeh operierte und »Yemma, Yemma, Yemma« vor mich her wimmerte.
Danach sah ich sie mir einen Moment lang an, diese kleine Scherbe, die meinen ganzen Zeitplan durcheinander warf. Ich brauche diese eine Stunde morgens, duschen, Beine rasieren, Haare machen, schminken, anziehen. Genau so hat es vielleicht bei Janine auch angefangen, dass sie eines Morgens nicht mehr auf den Wecker geachtet hat. Dann als nächstes die Haare. Die Dinge entgleiten einem so schnell.

»Fünf Minuten zu spät, Chefin« sagte Sven, wie er alles zu mir sagte, mit seinem unverschämten Grinsen im Gesicht. Und rieb sich die geröteten, schwitzigen Hände mit diesem Flutschen, das ihn jedes Mal ankündigte, meinen Chef, der aussah wie ein aufgepustetes Kind und der sich um Kasse 3 kümmerte, wenn es hektisch wurde. Ich hab ihn mal hinten im Lager erwischt, da klang das Flutschen anders. Seine Brille war verrutscht, und seine rot gefleckte Linke hielt verkrampft ein geöffnetes Glas Erdbeermarmelade auf der Höhe seiner entblößten, blassen Oberschenkel. Die Rechte zog heraus, was halbstarr zwischen seinen Beinen hing und ganz voll Marmelade war, und durch die schiefe Brille gaffte er mich an.
»Tschuldigung,« sagte ich und hustete. Ich drehte mich um, da hörte ich ihn glucksen, das Grinsen war zurück.
Er sagte: »Lust auf was Süßes?«
Ich konnte verzichten. Seitdem hieß ich Chefin.

Ich setzte mich in mein Kassenhäuschen, stieß mir den Fuß an der Türkante wie fast immer, und mein geritzter Zeh schickte mir einen scharfen Schmerz bis in den Po.
»Ware kommt nicht«, sagte Sven wichtig, »auf der Avus hat's richtig geknallt, alles weiträumig gesperrt«. Er zog geräuschvoll Rotz hoch, grinste: »Wird 'n entspannter Tag.«

Die Arbeit plätscherte los. Band bewegen, Waren über den Piepser ziehen, Früchte wiegen, Codes nachschauen, Kasse auf, Kasse zu, nicht zu Kasse 2 rüberschauen, weil Janine sowieso nie lächelte, ab und an den Kartenleser ausfahren, »Geheimzahl eingeben und bestätigen«, das waren dann schon zehn Worte insgesamt.
Am Anfang hab ich mir die Leute noch genau angeschaut und ihre Einkäufe. »Am Einkauf erkennt man, wo einer herkommt«, hab ich damals gedacht und mir ausgemalt, ob sie Verstreute oder Verwurzelte waren. Und bei den Verwurzelten, da kam dann dieses nahe Gefühl. Ich wollte ihnen folgen, wollte in ihrer Haut einziehen, in ihrem Leben, und es tat weh, weil ich es nicht konnte und niemals können würde. Also hab ich es mir abgewöhnt.

Dass Amir an meine Kasse kam, merkte ich ohne Hinsehen. Er roch ziemlich streng, nicht nach Urin wie die von der Straße, die alles in Kupfergeld bezahlen. Sondern nach sehr alter, einsamer Mensch, so süßlich-dumpf, als wäre ein Teil seines Fleisches schon verwest, als lauerte ein böses Geheimnis irgendwo unter dem schlabberigen grauen Anzug. Er kam fast jeden Tag, blinzelte mich an mit seinen faltigen Krokodilaugen, und jedes Mal wenn ich sein Kleingeld für ihn zählte, hörte ich seine dünne Stimme: »Aalan ja amira.«

Ich antwortete nie, weil ich genauso wenig Prinzessin wie Chefin war, und weil ich nie Arabisch redete, außer halt wenn mir was richtig wehtat. »Man muss gewisse Türen zu lassen«, hat meine Mutter immer gesagt.

Amir, der wandelnde Leichnam, kaufte immer dieselben zwei Sachen: Schmalzfleisch in der Dose und Goldbrand. So viel zum Islam-Klischee, hab ich zu Sven mal kommentiert. Da kam dann das von Ausnahme und Regel. Dass ich Amir nie antwortete, schien ihn nicht zu stören. Er nahm immer sein Wechselgeld und schlich davon, nur sein Geruch hing noch eine Zeit lang in meiner Nase. Er war fast ein wenig verlockend, dieser Geruch, und gerade das machte ihn so widerlich. Wie der gelbsüchtige Herr Schmittke, der immer vor der Unterkunft stand und uns Kindern Schokolade versprach, wenn wir ihm helfen würden, seinen Schlüssel aus dem Kellergitter zu fischen, weil wir doch so zarte kleine Hände hätten.

»Aalan ja amira.«

»Dreißig, vier und fünf«, sagte ich und legte das Wechselgeld in das Furchenmuster seiner weichen Handfläche zwischen Lebenslinie und Fingerwurzeln, aber die Hand fasste nicht. Sie zitterte und ließ die Münzen durch die Finger rieseln. Ich sah ihn an. Dunkles Rot schoss in das Weiße seiner Augen, und dann kippte er zur Seite weg, stürzte in den Einkaufskorb, dessen Griff ihm unter die Achsel geriet. Von dem plötzlichen Gewicht entlastet, schossen die Vorderräder hoch in die Luft, der Wagen stand für einen Augenblick senkrecht, und Amir fiel, Kopf und Oberkörper in den Metallkorb hineinragend, zu Boden, so dass der Wagen sich nun komplett überschlug und auf ihm landete.

Ich kreischte, beugte mich über den Rand meines Kabuffs, versuchte den Wagen anzuheben, unter dem der Alte bleich und leblos lag. Das Ding war höllisch schwer und aus dem Winkel kaum zu bewegen.

»Hilf mir doch mal einer«, schrie ich und sah mich um. Janine glotzte. Sven sagte was von Notarzt und lief in Richtung Lager, zum Telefon.

»Janine, komm jetzt und hilf mir!« Ich sprang aus meinem Kabuff. Sie glotzte und tat nichts, gar nichts, saß einfach da wie die vom sauren Wetter angenagte Balkonbüste irgendeiner Göttin, unter der ich morgens auf dem Weg zur Arbeit immer vorbeikomme und mich jedes Mal frage, wann die wohl mal abstürzt.

Irgendein Gott muss mir auch geholfen haben, den Wagen anzuheben, Kunden waren nämlich sonst keine da. Ich sah herab auf Amir, der krumm da lag, den Kopf seitlich zwischen seiner hochgezogenen Schulter und der Kassenwand geneigt, die Augen halb offen, aber ohne jede Regung. Ich beugte mich über ihn, rutschte dabei beinahe aus in dem dünnen Rinnsal, das ihm aus der Hose lief, und hatte keine Ahnung, was ich machen sollte. Die Leute sagen ja, dass in solchen Momenten eine Automatik angeht und man plötzlich ganz genau Bescheid weiß. Bei mir ging gar nichts an, ich wusste nichts und war davon nicht überrascht. Die Leute sagen so viel.

Zum Beispiel auch, dass man in dieser Stadt, die ja die größte und die Hauptstadt war, nie länger als eine Viertelstunde auf den Notarzt warten müsste. Sven krächzte es durch den ganzen, fast leeren Markt: »Die kommen grad nicht durch, wegen der Avus. Aber hier ist so 'ne Frau, die kann ...« und damit drückte er mir das Telefon in die Hand, vorsichtig, mit ausgestrecktem Arm, um nicht zu nah an Amir heranzukommen, als wäre er ein handgewebter Perser, den man mit Straßenschuhen nicht betreten durfte. Geschweige denn vollkotzen. Sven ergriff die Flucht, und ich verstand, dass die Wahl naturgemäß auf mich gefallen war. Falls dieses umgestürzte Häuflein Mensch auf dem blaugrün gescheckten Linoleum vor meiner Kasse innerhalb der nächsten halben Stunde ins Leben zurückkehren sollte, dann durch meine Hand, die immerhin Teil meines Leibes war. Desselben Leibes, in dem nichts Lebendiges wachsen wollte.

»Machen Sie jetzt ganz genau, was ich Ihnen sage«, hörte ich die Frau am Telefon. Ich hatte panische Angst. Sie sagte mir, was ich tun musste, und ich tat es. Stabile Seitenlage, wozu ich beide Hände brauchte, das Telefon zwischen Schulter und Ohr geklemmt, das Erbrochene aus dem Mund fließen lassen, jetzt ging tatsächlich die Automatik an, aber der Gestank kam trotzdem durch und raubte mir fast den Atem, Puls fühlen und messen und weitersagen, und dann das Hemd aufreißen, unter dem

es keine Verwesung gab, nur gelb gefleckten Feinripp und blassblaue Haut wie bei den eingeschweißten Hühnern in der Gefriertruhe, und pumpen, Handballen aufs Brustbein, andere Hand darüber, pumpen, pumpen, mit aller Kraft. Einmal, zweimal, dreimal, viermal. Nichts.
»Ich kann das nicht,« schrie ich ins Telefon.
»Doch, doch, du kannst das!« sagte die Frau und war jetzt also beim Du. »Du machst das ganz toll! Noch mal, komm! Mach's noch mal!«
Ich schmiss den Hörer hin, legte wieder meine Hände auf die dürre, eingedrückte Brust. Und pumpte. Diesmal schloss ich die Augen dabei, und ich schrie, »Yemma, Yemma«, und spürte, dass mein Gesicht klatschnass war von herabrinnenden Tränen.
Der erste Atemzug war laut und klar und fuhr mir durch alle Glieder wie ein vorbeirasender Schnellzug, wenn man ganz nah an der Kante steht. Ich riss die Augen auf. Amir war da, er starrte hoch zu mir, die ich rittlings auf ihm saß und ihn mit meinem Schweiß und meinen Tränen ganz nass gemacht hatte. Er starrte mich an, das Gesicht jetzt frisch gerötet und verblüffend glatt, und dann öffneten sich seine violetten Lippen, und er sagte leise, mit sehr dünner, weicher Stimme:
»Yemma.«

Ich hab Amir nie wieder gesehen, nachdem der Notarztwagen ihn mitgenommen hat, und ich habe mich auch nie erkundigt. Ich warte eh nur noch die paar Wochen ab, bis die Differenz zwischen Kündigungsfrist und

Resturlaubsbeginn abgelaufen ist. Dann werd ich meine Sachen packen und losgehen. Wohin, weiß ich nicht. Hauptsache gehen. Ich hab ja immer noch ein Leben.

***Christoph Silber**, aufgewachsen in Berlin mit einem englischen Exilvater, hat sich vor allem als Drehbuchautor einen Namen gemacht. Er war beteiligt an Kinofilmen wie »Goodbye Lenin«, »Nordwand« und »Ich bin dann mal weg« sowie an zahlreichen Tatort-Folgen. Silber ist Emmy- und Grimmepreisgewinner und lebt in Los Angeles.*

Ramona Raabe

Das Antiquariat der verloren gegangenen Süßigkeiten

Herr Maresch fährt gerne mit dem Putzlappen über die gläserne Theke. Wenn Schmutz und Staub, Fleck und Fussel von der Fläche verschwinden wie nie existiert, in wortwörtlich glasklarer Abtrennung zu dem Nichtgeputzten: Eine kleine gewischte Straße, deren eigenhändige Schöpfung ihn des Gefühls bemächtigt, so etwas wie einen tatsächlich sichtbaren, unmittelbaren Einfluss zu haben.

Der alte Herr M. hat nicht viel, aber arm ist er nicht. Er liebt sein Antiquariat. Nichts liebt er mehr als diesen kleinen, vollgestopften Laden, kaum größer als ein Zimmer es gewesen wäre für das Kind, das er nie hatte. Seine Theke, die Regale, die Tür – seit Jahren kaputt, niemand darf sie reparieren; er würde es nicht verkraften. Alles muss bleiben; muss bleiben, wie es ist – nur der Staub, der darf nicht, denn nichts darf daran erinnern, dass hier etwas dafür getan werden muss, damit alles bleibt, wie es ist. Und einen bedeutsameren Zeugen der nicht folgenlosen Regungslosigkeit gibt es nicht. Dieser spezielle Teilnehmer markiert die Zustandswahrung als eingriffsfordernd. Jussuf Maresch fährt also gerne mit dem Putzlappen

über die gläserne Theke und saugt den leichten, grauflockigen Zeugen eifrig in bunten Schwämmen fort.
Die Anwohner der Stadt wissen, dass der Mann, am Ende seines achten Jahrzehnts und in der Dämmerung seines Lebens (eine zwar beruhigte, aber fast schon belanglose Dämmerung, der ein gewisses Drama doch fehlt, die apokalyptische Aufregung, die, wie er manchmal findet, ihm doch auch zustünde), sich selbst dem Staube nähernd, dass dieser Mann in seinem Laden, den er täglich, nur am Sonntag nicht, um 10 Uhr morgens öffnet, und zeitig um 18 Uhr abends schließt, nichts, aber absolut gar nichts und nicht ein Teil zu verkaufen sinnt. Zumindest nicht im Sinne eines klassischen Antiquariats. Nur ein paar Touristen verirren sich manchmal auf den engen Metern ineinander verkeilter, hölzerner Stühle, die sich an rostbraune Tische lehnen, auf denen sich Schreibmaschinen und Schmuckkästchen benachbart aneinanderreihen. Sie finden sich wieder unter den Dutzenden unter der Decke schwebenden und im Windstoß einer aufstobenden Türe aneinander klirrenden Kronleuchtern, zwischen den drei Meter hohen, an die Decke reichenden Regalen, deren Bretter unter eindrucksvoll chaotisch-geordneten, in Leder und Leinen gebundenen Büchern seufzen. Diese Verkeilungen des Antiquariats sind die Stöcke, über denen er sein imaginäres Zelt spannt. Es schützt ihn vor der Gegenwart, deren Umarmung ihm eine Umklammerung nur wäre.
»Was kostet dieses Stück?«, fragt ein fremder Gast (denn nicht alle Gäste sind fremd). Diesmal ist es einer, der ei-

nen stolzen Schnäuzer trägt, und auf seiner graugrünen Wolljacke Jagdorden aus dem nahegelegenen Westerwald.
»Zu viel«, antwortet dann Herr M. Gar nichts sagt der Gast, oder schaut doch fragend, oder entgegnet ein empörtes »Na, hören Sie mal«, das manchmal mit Punkt, manchmal mit Ausrufezeichen, selten mit Fragezeichen, oder ganz ohne End-Schlossenheit eines Satzes, im staubfreien Raum schwebt. Jussuf bewundert die Jäger, und er verachtet sie. Er selbst war fast immer der Flüchtende. Aber auch diese Rolle ist mit Stolz zu tragen. Der Jagende ist selber nur schwer einzuholen. Er gerät außer Atem, doch dafür spürt er ihn. Was knapp wird, spürt man schneller.

Herr M. sieht täglich fremde Gesichter an seinen zwei Fenstern vorbeiziehen. Sie interessieren ihn sehr, aber er möchte nicht, dass sie in den Laden kommen. Manchmal sind es nur Silhouetten unter einem Haarschopf. Blonde und dunkle Haarschöpfe. Oftmals schauen sie hinein, zu ihm. Direkt in seine Augen, manches Mal durch sie hindurch. Und es kommt vor, dass sie den Laden betreten; dann fassen sie einiges an. Ein kurzes Anfassen, ein probierendes Berühren, das dem schon vorbestimmten Weglegen nur vorausgeht. Die Menschen flirten mit den Dingen, als hätten sie keine Seele. Und manchmal fragt Jussuf sich dann, ob sie womöglich recht haben, und wird traurig. Wenn die Besucher wieder weg sind, läuft er zu den Stellen, die sie berührten, und weiß nicht, was er machen soll. Es gibt keine äußere Veränderung, die er rückgängig machen könne. Die Fremde ist die Wildnis, die er fürchtet. Sie drückt sich gegen seine Wände. Er will ihre Fingerabdrücke hier nicht haben. Die alten Spiegel, in denen er sich selbst einen jeden Tag in seinem Antiquariat reflektiert, gaukeln ihm vor, Teil einer lang manifestierten Zivilisation zu sein, mit Intellekt und einem Sinn für das Schöne. Der geordnete Mensch, der ordentliche Mensch. Er hat die Unordnung gesehen, damals. Das ist ein Leben lang her. Dort, wo es auch Geist und Schönheit gab. Den verwüsteten und verwüstenden Menschen. Das Chaos, und der Müll, der Schutt und den Staub, überall den Staub. Manchmal glaubt er, er hat damals so viel davon eingeatmet, dass etwas davon auf steiler Strecke in sein Hirn gelangt sein musste und auf Lebzeit dort nun sein Nest gebaut hatte, ein winziges Staubnest, gemütlich platziert auf einem Hirnareal. Auch ich bleibe hier wohnen, sagt es.

Er will sein Antiquariat nicht mehr verlassen. Da draußen, wo die Pornshop-Werbung ihr prallbrüstiges Plakat großflächig an die Wände kleistert, und Menschenfiguren in laut bässenden Gefährten mit heruntergefahrenen Fenstern vorbeirauschen. Da fühlt er sich nicht wohl. Es ist alles zu laut. Die Stille des Landes lockte ihn damals. Die Ruhe, mit welcher ein Abend sich über einen Ort senken konnte.
Die Straßen, die zu seinem Zuhause führen, und die anderen Menschen, die sie begehen, sind ihm nun fremd

geworden. Als er kam, waren sie ihm fremd, und als er sie als Freunde fand und ihre Sprache lernte, wurden sie ihm in der Nähe erst wieder unvertraut. Plötzlich lernte er diese Art von Nähe kennen, die, einmal zugelassen, neue Fremde schafft. Seine Heimat aber starb vor acht Jahren an Wasser in der Lunge. Als das eine Element das Einatmen des anderen verwehrte, und sie, die Sterbende, zu einem dritten dieser Elemente wurde. Die Erinnerung ist nicht gut, er muss diese Türe zu lassen, und dafür manch andere zulassen. Ihr Foto steht immer in seiner Sichtweite, auf dem Tresen. Sie lächelt darauf, weil sie glücklich war.

Die Stadt, in der Herr M. lebt, ist eher schon ein Dorf – was nur der Bürgermeister nicht gern hört, denn er misst das Meistern an Menge –, doch in diesem Dorf sorgten sich viele nach dem Ableben von Frau Maresch um den Witwer. Nach einigen Jahren aber wurde allgemein übereingestimmt, dass es ihm gut erginge, dass seine vielleicht zwanghafte Neurose der Staubeliminierung und dadurch gekennzeichnete Unantastbarkeit seines für ihn in eine Zeitlosigkeit zu transferierenden Antiquariates möglicherweise eine verzweifelte Sehnsucht äußerte, der eigenen Dämmerung doch noch zu entwischen, aber dass dies schließlich eine Sehnsucht war, deren der ihr innewohnender Vermeidungssport an dieser Lebensstelle einem auf Hochtouren auszuüben vergönnt sei. Und wenn eines im Alter in Ordnung oder, eigentlich, ganz fabelhaft ist (denken sich die Bewohner,

die sich für Jussufs Freunde halten, weil sie ihn auf der Straße grüßen), dann sind es Neurosen, die dem anderen nicht schaden, und dem eigenen Freude und Struktur bedeuten.
Manchmal träumt sich Jussuf passende Gefährten in seinen Tag: eine auf Zack hantierende Gärtnernde, die nichts anderes tut, als ihre Pflanzen planlos zu versetzen, nur um sie auf ein Neues umzuwurzeln. Eine Singende mit roten Wangen und großen Augen, die unermüdlich pentatonische Tonleitern trällert, dabei sämtliches Klingeln der Nachbarn ignoriert und sich heimlich daran freut, dass sie, wenn auch nur durch Störung, bemerkt wird. Und ein romantischer Schreibender, der nicht umhin kann, in seinem Text fortwährend Klang- und Wortspiele einzubauen, weil er, vernarrt in dieses Tun, die lautliche Nähe von Gegensätzen sichtbar zu machen sich aufgerufen fühlt.

Ein wenig knapp aber lässt seine Rente Herrn M., doch er erhält welche. Das war lange nicht geklärt. Ob das für ihn einmal so sein würde, im Alter. Es ist aber auch nicht seine. Es ist Ingrids, die Beamtin war. Eine der Art, die den Ruf einer ganzen Berufsgruppe zu retten wusste. Trotzdem muss Jussuf nun ein wenig Zusätzliches erwirtschaften, wenn auch seine Möbel und Bücher niemand verrücken, und schon gar nicht nach Hause nehmen darf. Man stiehlt nicht anderer Menschen Einrichtung. Auch nicht gegen Geld. Vor seiner Theke ist ein langes, feines Brett angebracht, das reihauf eine Vielzahl unterschiedlich geformter, bunt gefüllter Glasbehälter trägt.

»Verkaufen Sie hier nicht?«, fragt der fremde Gast im Laufe des verwirrend begonnenen Gespräches häufig.

»Süßigkeiten«, antwortet Herr M. dann hinter seiner Theke, »ich verkaufe Süßigkeiten.« Und wer ihn erblickt, diesen Inhalt in blank geputzten Gläsern, fragt sich, wie er ihn zunächst hatte übersehen, oder gar den Einfall haben können, etwas anderes erwerben zu wollen: Die schwarzen, dickgliedrigen Lakritzstangen, und die zitrusgelben, weiß gepunkteten Brausebonbons. Die in durchsichtige Folie verpackten, wohlgeformten Täfelchen Schokolade, und die durcheinander purzelnden, regenbogenfarbenen Gummibärchenherden, die ineinander stürzen, als wollten sie sich vor Menschenmündern retten, indem sie Kannibalismus betreiben. Jussuf sucht Antworten in diesen Gläsern. Antworten darf man einverleiben, findet er.

»Was ist eine Süßigkeit für dich?«, fragte die junge Frau M. ihren Mann am letzten Tag ihrer Hochzeitsreise. Es war das erste und einzige Mal, dass er in sein Herkunftsland zurückkehrte. Sie war es, die es kennenlernen wollte. Herr M. hatte nie diesen seidenen Ausdruck vergessen, den seine Braut annahm, als sie nachdenklich und zärtlich auf das Dessert schaute: Ein zwar in ganz kräftigem Orange leuchtendes Basbousa, aber nichts Bemerkenswertes. Aber das hatte Ingrid an sich: Eine plötzlich einfallende, staunende Nachdenklichkeit, die einer länger vorhandenen Nichtigkeit entgegnete, und offenbar in einem kurzen Austausch mit ihr stand, während welchem sich dieser unwahrscheinlich verwunderte Ausdruck auf ihrem Gesicht ereignete. Manchmal glaubte er, er habe sich deshalb in sie verliebt. Nicht nur, weil sie ihre Tür einem Fremden geöffnet hatte, ohne zu wissen, dass er ihr der Liebste werden sollte. Nein, eher war es dieser Blick. Ihr ganzes gemeinsames Leben erwischte Jussuf sich dabei, dass er sich wünschte, sie würde auch ihn nur einmal so anschauen – auch, wenn er sich bei den Blicken seiner Frau so wahrgenommen und wahr genommen fühlte, wie nirgend sonst und jemals mehr in seinem Leben –, aber ihrer beider Liebe war zu vehement und Weh hemmend, zu präsent in der robusten Wucht ihrer Besonderheit, dass sie niemals zu einer Nichtigkeit werden konnte, in der eine ungeahnte Schönheit sich in einem schüchternen Moment aufspüren ließe.

»Süßigkeit für mich?«, fragte er damals. Er lachte. Er fand das zu dem Zeitpunkt nur niedlich, mehr nicht.

»Ja«, sagte sie, und tauchte langsam aus ihrem Blick hervor. Dann lachte sie und schüttelte ihren hellen Kopf. »Lass uns nur genießen. Das sieht herrlich aus!«

Er stellte diese Frage nach ihrem Tod verschiedenen Freunden und Fremden. Er und sie, das Paar, hatten viel versäumt, was sie noch gemeinsam erleben wollten, und doch störte es ihn fast am allermeisten, dass er sich auf diese Frage nie eine Antwort für sie überlegte, mit der er zufrieden war. Er hatte die Frage so simpel behandelt, wie ihre Syntax sie konstruierte, und das plagte ihn. Was ist eine Süßigkeit für dich? Ein kurzer Moment der Freude. – Ein kleines bisschen Schuld. – Eine Erinnerung.

– Ein Begehren. – Etwas Süßes. – Etwas Ungesundes. – Etwas Buntes. – Etwas Klebriges. – Dieser Blick von dir. Dein Erkennen. Dein Staunen. – Etwas Haltbares. – Aber: Nichts Konstantes. – Ein Moment. Nämlich der, in dem du sagtest: Bleib bei mir; auch wenn es gar nicht mehr nötig ist. Geh nicht zurück.
»Hier hat sich aber nichts verändert«, sagt ein Gast ein Jahr später. Auch ein Gast, der kein erstes Mal besucht, kann durch Fragen ein Fremder bleiben (wenn auch die meisten es durch Nichtfragen tun). Der Irrtum bleibt ein unaufgeklärter. Herr M.'s wund geputzte Finger wissen: Es braucht ständige Veränderung, um der Veränderung zu entgegnen, um sie augenscheinlich aufzuheben. Wegzuwischen. Mit Allzweckreiniger. Dass es kontinuierliche Arbeit und Anstrengung bedeutet, einen täglichen Aufwand und ein ständiges Achtgeben, ja, tatsächlich sogar weit mehr als alles andere fordert, dieser scheinbare Erhalt der Unveränderlichkeit, das wissen und schätzen die, die ihre Süßigkeiten auch einmal verloren haben müssen (weil sie nur durch den Verlust zu welchen werden können), aber nicht den Blick, mit dem seine Frau sie bedachte. Er aber beginnt sich darin zu verlieren. Seine Hand schmerzt sehr. Sie kann nicht mehr gut greifen. Dauernd will sie festhalten. Manchmal fürchtet er, dass das Zittern beginnt.
»Gibt es denn noch die Süßigkeiten? Was kosten die?«, fragt der Gast.
»Zu wenig«, antwortet Herr M.
Und er sieht neuen Staub auf dem Boden, der sich aus dem Nichts materialisiert hat. Das kann er nicht beeinflussen.

Den Vorgang nicht, nur den Zustand, so weit, dass es aussieht, als hätte es ersteren nie gegeben. So, als mache es nicht den Unterschied, den es macht. Den es doch macht. Den es macht und immer weiter macht. Dem ist Macht. Wann würde diese Differenz die Enttarnung, ihr Bemerken, einfordern, und der Staub sich nicht mehr wischen lassen? Noch ist es nicht soweit, und auch er ist es nicht. Bald ist 18 Uhr. Jussuf Maresch putzt. Ingrids Foto sieht fast aus wie neu. Und er muss, er muss. Damit alles beim Alten bleibt. Der Staubkrümel pulsiert in seinem Kopf. Er bläht sich immer wieder auf. Vielleicht platzt er eines Tages. Aber Flocken fallen sanft.
Er muss.
Neue Rosen für das Grab, denkt er. Die will er besorgen.
Neue Rosen.

***Ramona Raabe**, geboren 1992, studiert Filmwissenschaft und Komparatistik in Berlin und Los Angeles. Im Alter von sieben Jahren schrieb sie ihre erste Kurzgeschichte, die seinerzeit im »Kölner Stadt-Anzeiger« und der »Bangkok Business« erschien. Es folgten die Veröffentlichung einer Geschichtensammlung in Thailand (2002) sowie weitere Publikationen in Zeitungen und Anthologien. Für die Arbeit an ihrem Roman »Perlmutt-Asche« erhielt sie 2013 den Martha-Saalfeld-Förderpreis.*

Tina Ger

Die Nachtfahrt

Ingo Motte fuhr den Zweiachs-Lkw ohne Anhänger wie einen spritzigen Kleinwagen. Nachdem er jahrelang auf Sattelschleppern gesessen hatte, kamen ihm die 12-Tonner immer noch wie wenige Lenkdrachen vor. Sie gingen ihm leicht von der Hand. Er mochte das Schwerelose, auch wenn das eine maßlose Übertreibung war. Vielleicht war es auch einfach sein Gemüt, das sich langsam erholte. Die letzten Tage mit seiner Frau hatten seine Nerven blank gelegt. Ob am Krankenbett seiner Tochter, in den Konsultationsräumen der Ärzte, zu Hause im Bett, das sie teilten, auch wenn dieses Teilen nunmehr nur noch eine Gewohnheit denn ein Liebesakt war, fühlte er sich zunehmend nutzlos. Aus der Welt gefallen. Sie drehte sich weiter, doch spielte er keine Rolle mehr in diesem Szenario des Schmerzens, das seine Tentakeln um ihn gelegt und ihm den Atem zu nehmen versuchte. Das Ungeheuer hatte sich aufgeschwungen ihn zu vernichten und Motte war zu der Erkenntnis gekommen, nichts anderes, nichts Besseres tun zu können, als zu verschwinden.
Das war nicht richtig. Das wusste er. Es wurde von ihm erwartet zu bleiben. Er sollte seiner Frau, seiner Chidima, die er einmal so geliebt hatte, zur Seite stehen. Er sollte jetzt stark sein. Er sollte eine Stütze sein. Ja, er sollte

die Dinge, die in Scherben zu zerbrechen drohten, wenn sie es nicht sogar längst schon waren, zusammenhalten. Doch er konnte nicht. Er fühlte sich betäubt neben Chidima, die den ganzen Schmerz für sich deklarierte und ihm nichts davon zugestand. Misstrauisch beäugte sie ihn, wenn er den Kopf in die Hände fallen ließ, als versuchte er, ihr ihre Trauer streitig zu machen. Dabei ging es ihrer Tochter gut. Zumindest immer besser. Sie erholte sich. Die Ärzte sagten, sie sei jung. Ihre Knochen würden heilen. Sie würde gehen können, sie würde leben und ein ganz normales Leben haben, wie das jedes Kindes. Doch zu Chidima drang diese Information nicht durch. Sie sah ihre Tochter am Tropf hängen und bangte um ihre Zukunft. Nichts, was er oder die Ärzte sagten, konnte sie davon abhalten.

Motte hatte das Fenster heruntergekurbelt und ließ den lauen Nachtwind hineinwehen. Der Transit war schon immer seine Sache gewesen. Und er musste sich eingestehen, dass er auch den Nervenkitzel mochte. Ja, geruhsame Tage und Schonung würden seinen Bluthochdruck sicher verbessern, doch er brauchte Luft. Die bekam er auf der Straße. Er lehnte sich zurück, als er am Staatswappen der DDR vorbeifuhr und für den Panzer auf seinem Sockel zum schnellen Gruß die Hand hob. Die Hinfahrten waren ein Kinderspiel. Sie waren immer legal. Der Warenbegleitschein, der auf dem Armaturenbrett lag, war auf die VHS-Leerkassetten ausgestellt, die er geladen hatte. Ein gutes Gefühl. Die Klarheit der Dinge gefiel Motte schon immer. Die Metallzäune, die rechts und links auftauch-

ten, schreckten ihn nicht. Die langen Schlangen auch nicht. Er zündete sich eine Zigarette an. Das Passieren des Grenzüberganges in die DDR würde ein Leichtes mit seiner Ladung. Nachdem er West-Berlin verlassen und in Dreilinden den ersten Trupp Güterverkehr Grenzer und ihren Trachtenverein Grün-Weiß hinter sich gelassen hatte, tauchte vor ihm Drewitz auf. Jetzt würde es losgehen. Er freute sich fast und das hatte es noch nie gegeben. Vage wurde ihm bewusst, dass sich mehr in ihm verändert haben musste, als der Sturz seiner Tochter bewirkt haben konnte. Doch hatte er keine Zeit darüber nachzudenken. Er musste das Fahrzeug verlassen.
In der Abfertigungshalle wurden sein Ausweis und der letzte Visumsstempel, der sich auf voll gestempelten Seiten drängte, ein erneutes Mal vom Grenzschutz begutachtet, als hätte er Gelegenheit gehabt, ihn zwischen dem Förderband, Kontrollhäuschen und der Abfertigungshalle zu fälschen. Argwöhnisch stempelten sie seinen Warenbegleitschein und dann legten sie los mit ihrer Kontrollshow. Die Grenzer zogen an jeder Öse, die fuhren mit flacher Hand über die Plane, sie bückten sich, sie fotografierten, sie fluchten, sie schnüffelten, sie mokierten sich, sie besahen sich jeden Zwischenraum, notierten jede Kleinigkeit und benahmen sich dabei wie Götter in grauen Uniformen, deren Wohlwollen auf das Äußerste strapaziert wurde. Normalerweise überkam selbst dem Hartgesottenen ein Gefühl der Beklemmung, doch Motte fühlte sich befreit. Er lehnte am Trittbrett ins Führerhaus und genoss die Vorstellung, die sich ihm bot.

Als sich die letzten Schranken vor ihm öffneten, langte er wie automatisch nach dem CB-Funk, um sich auf Kanal fünf vor den Blitzern warnen zu lassen. Der Lkw ratterte über die saumäßig verlegten Betonplatten, die in der DDR als Autobahn gehandelt wurden. DaDang. DaDang. Motte fand in den gewohnten Rhythmus dieser immer gleichen holprigen Untermalung, die schon mehr zu seiner zweiten Haut geworden war, als er es sich bisher eingestanden hatte. Dann drehte er am Radio, um nach der Stimme der DDR zu suchen. Es war kurz nach elf und damit Zeit für ein Nachtprogramm, das ihn schon immer für die Grenzschikanen entschädigt hatte. Es würde noch bis 3 Uhr nachts laufen. Mit den ersten psychedelischen Klängen, die aus dem Radio drangen, wusste er bereits, dass es eine gute Nacht werden würde. Mädchen, schreib es mir in den Sand, empfahl Frank Schöbel und ließ Motte in sich hineinlächeln, als teilten sie ein Geheimnis miteinander. Etwas, dass nur Frank und er wissen konnten.

Die Frauen wurden Motte in den frühen Morgenstunden unweit von Słubice, ein paar Kilometer hinter der deutsch-polnischen Grenze, auf einem seit Jahren unbestellten Acker übergeben. Wie gewohnt, fuhr er mit ihnen in ein trostloses Industriegebiet, das am Stadtrand Słubices lag. Dort traf er auf Pawel, der die schweren Tore eines ehemaligen Schlachthofes für den Lkw öffnete. In den riesigen Kühlhallen verschwand der Lkw mühelos. Motte sprang vom Trittbrett und vertrat sich die Beine. Die Frauen führte Pawel in einen Verschlag, der notdürftig für den kurzen Aufenthalt eingerichtet war.

Keiner sprach ihre Sprache, dennoch verstanden sie ihre Hoffnung zu deuten. Sie wollten nach West-Berlin. Sie wollten in die Freiheit. Es waren schwarze Frauen. Die Erwartung, die in ihnen glühte, machte sie unstet und hibbelig, ständig stiegen sie von einem Bein auf das andere. Motte wusste, dass sie nicht aus der Karibik stammten. Sein Chef und West-Berlins Spitzenbordellier Oskar Schwarz verkaufte die Frauen als Karibikmädchen, weil er der Auffassung war, dass die Marke Karibik das Geschäft ankurbelte. Sein Puff lief ausgezeichnet und gab seiner Strategie recht. Erste Sahne, pflegte Schwarz zu sagen und spezialisierte sich auf schwarze Perlen. Sie waren sein Steckenpferd. Sogar Stadträte gingen bei ihm ein und aus. Motte hatte ihm vor Jahren Chidima abgekauft und sie vom Fleck weg geheiratet. Mit Papieren, die Oskar als Trauzeuge gestiftet hatte. Das war nobel. Oskar verstand sich auf Gesten dieser Art. Seither kannte Motte die Geschichten der Frauen, die er schleuste. Sie waren immer gleich. Armut war der Angelpunkt, der sie alle ins Ungewisse lenkte, der sie nach dem goldenen Westen erlangen ließ. Es genügte ihm ein Blick und er wusste, dass es auch dieses Mal wieder Afrikanerinnen waren.
Der ehemalige Schlachthof war ihr Umrüstungstützpunkt. Hier erhielt der Lkw seine Tarnung, um ihn und seine Ladung sicher zurück nach West-Berlin zu bringen. Den Kornbrand schaffte Pawel aus einem heruntergekommenen Bretterverschlag heran, den Schwarz das Lager nannte. Es handelte sich um verschnittenen Nordhäuser Doppelkorn, den sie nach immer neuen

Rezepten panschten und in die Originalflaschen füllten. Die roten Schraubverschlüsse erneuerten sie im Lager mithilfe eines Verschließautomaten, der dem Thüringer Originalproduzenten vor ein paar Jahren unter ungeklärten Umständen abhanden gekommen war. Den Kartons unzähliger Steuerbanderolen war dasselbe Schicksal widerfahren. Sie waren einer Bundesbehörde aus den Kellerräumen entwendet worden und zierten jetzt die verschnittenen Flaschen Korn, die von den Originalen in nichts zu unterscheiden waren. Außer im Geschmack. Doch dann waren sie gekauft, und wer wusste im Westen schon, wie der Ostkorn wirklich zu schmecken hatte?
Motte würde den Nordhäuser Doppelkorn verzollen, denn das gefiel ihnen am Grenzübergang. Das machte sie zahm. Das kannte er. Keine Strategie, die er sich selbst hatte einfallen lassen. Oskar hatte eine Leidenschaft für den Schmuggel. Er pflegte seine Arbeit mit der eines Kriegsstrategen zu vergleichen. Er hatte den Gegner an der Grenze zu überwinden und griff ob der Übermacht des Feindes, der in grauen Uniformen nur darauf wartete, den nächsten großen Fisch aus dem Verkehr zu ziehen, gerne zur List. Die List war auch so eines seiner Steckenpferde, obwohl er sich für einen rechtschaffenen Mann hielt. Aus ihr schöpfte er Lust, die er sich nicht nehmen ließ, sondern ständig erneuerte. Er war ein genauer Planer, er überließ nichts dem Zufall. Er feilte immer wieder an unfehlbaren Konzepten, er veränderte die Touren, variierte die Strecken, wechselte die Geschäftspartner und schreckte selbst nicht davor zurück, seine Transitfuhren

direkt an Gründonnerstag oder in der heiligen Nacht anzusetzen. Oskar war eben unorthodox. Dafür hatte er noch nie eine Frau verloren. Mal von Chidima abgesehen, die Motte selbst heiratete, doch das war so viele Jahre her, das zählte nicht mehr. Das brachte die Statistiken, auf die Schwarz viel hielt, nicht mehr ins Wanken. Oskars ausgeklügeltem System folgend, versteckten Pawel und Motte die Frauen zwischen den Paletten mit Kornbrand in Hohlräumen, die durch die übliche Kontrolle durch den Zoll nicht zu erkennen waren. Sie hatten den gesamten Lkw entladen müssen, doch Motte achtete immer auf einwandfrei gefälschte Warenbegleitscheine und war in der Vergangenheit äußerst geschickt darin geworden, mangelhafte Fälschungen auszusortieren. Auf die Plane des Lkws brachten sie die Werbezüge des echten Nordhäuser Doppelkorns an.
Es hatte seit Tagen in und um Słubice geregnet. Jetzt, im Dunkel der Nacht, war der Nebel zu einer massiven weißen Wand geworden. Motte hatte sich tagsüber auf's Ohr gelegt, doch trotz der Abwesenheit von Tageslicht schlecht geschlafen. Immer wieder hatte er Chidima vor sich gesehen. Es war von Vorwürfen die Rede, doch er konnte nicht recht erfassen, was sie sagte. Immer wenn er sich ihr näherte, löste sie sich auf und verschwand. Er war wie gerädert erwacht, wie nach einem nicht enden wollenden Dauerlauf. Motte rauchte mit Pawel eine letzte Zigarette, bevor er sich auf den Weg nach West-Berlin machte. Pawel hatte starken Kaffee gekocht, der scheiße schmeckte, irgendwie angebrannt, doch Motte trank ihn

bis zum letzten Schluck, als lohnte es sich, sich an etwas Flüchtigem festhalten zu wollen.
Pawel schnippte die noch glühende Zigarette mit dem Mittelfinger in die Nacht. Der Regen löschte sie, noch bevor sie den Boden berührte. Motte trottete mit der Fluppe zwischen den Lippen zum Lkw. Pawel öffnete ihm die Tore. Mach's gut!, ließ Motte vernehmen und hob für Pawel die Hand.
Bis zum nächsten Mal, gab dieser zurück. Motte hatte nicht erwähnt, dass er mit den Transittouren Schluss machen würde. Er erwähnte auch nicht, dass er die Strecke, die Schwarz ihm vorgegeben hatte, minimal verändern würde. Eine winzige Abweichung, die ihn kaum mehr als ein paar Minuten im Zeitplan zurückwerfen würde. Zu vernachlässigen, also wozu die Kleinigkeit erwähnen? Er wollte das Extrageld, das Tamara zu zahlen gewillt war, also nahm er sich die Freiheit. Das Risiko konnte er einschätzen. Er war lange genug dabei. Er wusste, was er tat, und es war das Richtige. Nicht weil er sentimental war, obgleich ihm Tamaras Geschichte nicht kalt gelassen hatte. Sie hatte ihm erzählt, wie sie und ihre Schwester Katja einstmals im Moskauer Kinderheim Nr. 14 aufgewachsen waren. Dort hatten sich die Geschwister vor gut zehn Jahren das letzte Mal gesehen. Es hatte dort keine Namen gegeben. Das erstaunte Motte immer noch. Der Russe war subtil, er war gewitzt. So kannte Motte ihn. Im Erziehungsheim wurden Nummern gerufen und den Kindern damit ihre Identität und Erinnerung an ein Zuhause geraubt, das ihnen bald wie eine Illusion vorgekommen

war. Nummern an den Kinderbetten und den Revers der weißen Schürzen, die sie trugen. 3/17 war Tamara in ihrer Kindergruppe gewesen, weil sie das Dritte von siebzehn Kindern war, die die Schwester betreute, der sie zugeteilt war. Bis eines von ihnen der Schwindsucht in einem besonders kalten Winter erlag und sie zu 3/16 wurde. 18/46 in ihrer Altersklasse und eine von Hunderten Waisenkindern im gesamten Moskauer Raum. Tamara hatte die Nummern hinter sich gelassen und war geflohen. Eisern sparte sie, was sie Oskar nicht abzuführen hatte, um Katja nachzuholen. Sie wollte nicht, dass auch ihre kleine Schwester für ihn arbeitete, weshalb sie Oskar nicht um Hilfe bat. Sie wollte selbst für Katja aufkommen und nahm die Dinge daher ganz allein in die Hand. Das Geld, das Tamara Motte für die Mitnahme Katjas zahlte, war die Lösung für seine Probleme. Zumindest hoffte er das. Er würde mit Chidima und seiner Tochter, sobald sie sie aus dem Krankenhaus entließen, ein paar Tage ans Meer fahren. Sie würden wieder zusammenwachsen und vielleicht sogar West-Berlin verlassen. Vielleicht zogen sie nach Kiel? Motte malte sich in den letzten Tagen immer wieder aus, wie es wäre, von Möwen geweckt den Tag zu beginnen.

Er war bereits auf dem Berliner Ring, als er kurz vor dem Möllenberg von der Autobahn abfuhr. Hinter der Tankstelle bog er in einen kleinen Waldweg ein. Die Äste der Bäume klatschten gegen die Plane. Er fuhr nicht weit, bis zur Weggabelung, die breit genug war, um dort zu wenden. Dann stieg er aus, zündete sich eine Zigarette

an, streckte sich und seine Gliedmaßen und suchte einen Baum, an dem er sich erleichtern konnte. Nur Sekunden, nachdem er den Reißverschluss der Hose geschlossen hatte, hörte er ihre Stimme.
Hallo? Komm her, sagte er in die Dunkelheit zurück.
Sie stieg mit einem kleinen Rucksack aus dem Unterholz. In dem dünnen Sommerkleid, das sie trug, musste sie gefroren haben. Sie sah verschreckt aus, hielt sich jedoch wacker. Motte öffnete die Fahrertür. Sie trat an ihn heran und streckte die Hand aus. Katja, sagte sie. Motte, grinste er zurück. Es war ein Reflex, der ihn antworten ließ, obgleich er wusste, dass Namen besser keine Rolle spielten. An normalen Tagen hätte dieser Reflex ihn hellhörig werden lassen. Er hätte sich ihm widersetzen und die Klappe halten können, doch es waren schon lange keine normalen Tage mehr gewesen. So griff er nach ihrer Hand. Sie war kalt und klamm. Der Hohlraum unter dem Fahrersitz war alles andere als gemütlich, doch eine andere Möglichkeit gab es nicht. Der Frachtraum war seit dem reibungslosen Grenzübergang bei Frankfurt verplombt. Motte konnte sie nicht zu den anderen Frauen stecken. Zumal nicht gesagt war, dass sie es dort wesentlich bequemer hätte. Die Frauen mussten die Fahrt über eng an eng stehen, sie hatten es nicht weniger dunkel und laut, doch dort zirkulierte die Luft, während Katja bald mit Kopfschmerzen und Schwindel zu kämpfen haben würde. Wenigstens würde sie in ihrem Verschlag nicht frieren. Motte gab ihr eine alte Decke. Sie warf zuerst ihren Rucksack in den Hohlraum und stieg dann selbst hinter-

her. Wie weit ist es noch? Nicht mehr weit, beruhigte sie Motte. Selbst zehn Minuten in diesem Loch waren zuviel, doch davon erzählte er ihr nichts. Sie würde es schon selbst herausfinden.
Als er zurück auf der Autobahn war, stellte er das Radio an. Sie würde es zwischen den Motorengeräuschen hören können. Motte rechnete sich aus, dass es beruhigend auf sie wirkte. Doch wer konnte schon wissen, was Katja da unten die Nerven behalten ließ? Wahrscheinlich eher der Gedanke an ihre Schwester Tamara und die Freiheit, der sie entgegensah. Aber so weit war es noch nicht. Trotz des Wissens um seinen Abschied spürte Motte keine Wehmut. Er spürte nicht einmal das Verlangen, sich zu verabschieden. Er schloss irgendwie mit leichter Hand mit dem Transit ab. Das hatte er nicht erwartet. Vielleicht würde das auch noch kommen. Das Bereuen, denn die Transite hatten ihm eine Freiheit geschenkt, die er sich in seinem neuen Leben kaum vorstellen konnte. Er war immer in Bewegung gewesen. Er hatte diesen Nervenkitzel, dieses Gefühl, es mit der Welt aufnehmen zu können, sobald er mit den Taschen voller Geld erfolgreich in West-Berlin stand, doch immer geliebt. Das würde nun niemals mehr wiederkommen. Dafür gab es keinen Ersatz. Er würde wieder auf Sattelschlepper umsteigen und für Baufirmen arbeiten, die Schwertransporte vornahmen. Das war zäh, das war langweilig, das war eigentlich eine Art Vorhölle, auf die er da zusteuerte. Doch genau genommen, hatte sich sein ganzes Leben bereits in diese Richtung entwickelt. Was machte es jetzt schon noch für einen Unterschied.

Als er auf die Schranken des Grenzübergangs zufuhr, griff Motte nach seinem Päckchen Zigaretten. Er bemerkte leichte Nervosität, die in seinem Magen begann. Das gehörte dazu. Das war Teil des Unternehmens. Das Adrenalin würde ihn schon wieder auf Zack bringen. Es würde ihn wach machen und unbesiegbar, wie jedes Mal. Aber Motte machte sich auch nichts vor. Dafür war er zu lange im Geschäft. Zu viel Selbstbewusstsein, das ließ die grauen Uniformen hellhörig werden. Es bedurfte genau der richtigen Menge, es bedurfte dieser goldenen Mischung aus Aufrichtig- und Unterwürfigkeit. Das war die Grenzmischung. Das war der Schlüssel zur freien Durchfahrt.
Was haben Sie zu verzollen? Nordhäuser Doppelkorn, 18 Paletten. Warenbegleitschein? Motte reichte die Papiere aus dem Fahrerhäuschen. Warten Sie. Er ließ das Fenster heruntergekurbelt. Die Nachtluft war kühl und klar. Sie wirkte beruhigend. Er lehnte sich im Sitz zurück und schraubte die Thermoskanne mit dem Kaffee auf, den Pawel ihm mitgegeben hatte. Es waren nur 17 Paletten, die er geladen hatte, doch die sechs Frauen, die hinten zwischen den Paletten standen, machten den Gewichtsunterschied bis auf den Gramm genau wett. Oskar eben. Er ließ nichts außer Acht. Motte hätte nicht sagen können, was es war, doch Pawels Kaffee, den er vor ein paar Stunden noch ungenießbar gefunden hatte, schmeckte ihm jetzt. Irgendwie erschien er ihm nicht mehr verbrannt, sondern aromatisch. Genau richtig. Er hatte seine Tasse nicht ganz geleert, als sie ihn auszusteigen aufforderten, doch das war normal. Sie ließen ihn an

ihrer üblichen Kontrollshow teilhaben. Die Grenzer liefen um den Lkw, sie betatschten und begutachteten, sie prüften und befühlten, sie stellten ihre Fragen, wie sie es immer taten. Motte kannte sie alle, seine Antworten kamen wie aus der Pistole geschossen, er hatte nicht darüber nachzudenken, es waren Reflexe. Wie er da so stand, den Grenzern zusah und ihre Fragen beantwortete, kam er zu der Überzeugung, dass dieser letzte Transit wohl zu einem Transit unter vielen werden würde. Später würde er nicht mehr sagen können, was ihn zu dieser Annahme verleitet hatte. Sie war falsch, denn als den Grenzern die Äste ins Auge fielen, die sich in den Ösen der Lkw-Plane verfangen hatten, antwortete Motte auf ihr Nachfragen leichthin, dass sie von den Bäumen stammten, an denen er vorbeigefahren sei. Er ließ sich sogar zu einem leisen Lächeln hinreißen. Schließlich ein sinnfälliges Szenario. Er bemerkte einfach zu spät, dass es keine Bäume gab, die er auf der Autobahn zwischen Frankfurt/Oder und dem Grenzübergang Dreilinden in der notwendigen Distanz hätte passieren können. Er bemerkte zu spät, dass ihre Frage eine Fangfrage war. Als die Erkenntnis langsam zu ihm durchdrang, dass sie ihn hochnahmen, dass es vorbei war, dass er einen Fehler gemacht hatte, den er sein Leben lang würde bereuen müssen, da waren sie bereits dabei, ihm den Lkw auseinanderzunehmen.

Er war verloren und mit ihm die Frauen. Er hatte Oskars Frauen verloren. Das war unverzeihlich. Das würde ihn seine Zukunft kosten. Mottes Gedanken rasten. Warum nur hatte er sich von Tamara hinreißen lassen? Es wäre

auch ohne das Extrageld gegangen. Sie hatte ihre Schwester womöglich endgültig verloren, weil sie auf Motte gesetzt und Oskar außen vor gelassen hatte. Sie hatte Roulette gespielt und auf die falsche Farbe gesetzt. Er fluchte leise, während um ihn herum die Afrikanerinnen entladen wurden. Ihre Angst hatte sie verstummen lassen. Motte staunte, wie viele Schicksale in einem Moment zerbrechen konnten. Würden sie zurück in ihre Dörfer geschickt werden? Würde ihnen das gefallen? Ein Trupp grauer Grenzer hatte sie vor der Prostitution gerettet, doch das wussten sie nicht. Die Frauen wollten vorwärts. Motte ahnte nach Chidimas Erzählen, dass selbst das Wissen um die Prostitution sie weder abgehalten noch zurückgeschreckt hätte. Nun aber mussten sie zurück. Es ging nicht mehr weiter. Das wars. Seine Frau und Tochter würden sich ohne ihn durchschlagen müssen. Er war kaltgestellt. Um seine Handgelenke legten die Grenzer Handschellen. Abmarsch, schoben sie ihn voran.
Er bewegte sich auf unsicheren Beinen. Er war erledigt. Motte schluckte. Er hatte es versiebt. Scheiße.

Tina Ger *wurde 1976 in Berlin-Steglitz geboren. Sie studierte an der Deutschen Film- und Fernsehakademie und arbeitete später als Dramaturgin, Producerin und Drehbuchautorin. Unter Tina Janik erschien 2013 mit »Schicksalsspieler« ihr erster Roman.*

Norbert Kron

Fremd gehen. Eine Seitensprungnovelle

»Mit einer Frau schlafen und mit einer Frau einschlafen sind nicht nur zwei verschiedene, sondern geradezu gegensätzliche Leidenschaften. Liebe äußert sich nicht im Verlangen nach dem Liebesakt, sondern im Verlangen nach dem gemeinsamen Schlaf.«
Milan Kundera

1
Und dann spürte er sie wieder, spürte wieder diese Angst vor Entdeckung.
Sie waren ganz in den Norden der Insel gefahren, waren in den Dünen von List spazieren gegangen, wo sie völlig allein gewesen waren, und nun, als sie zurück in den Ortskern liefen, dorthin, wo er den Wagen geparkt hatte, gerieten sie mitten in eine Menschenmenge, die sich vor der Lister Kirche ballte. Ein Hochzeitspaar trat aus dem Eingang, das sich, angefeuert von der Menge, auf dem Treppenabsatz küsste. Sie blieben stehen, überrascht von dem Schauspiel, in das sie geraten waren, und beobachteten, wie die Braut und der Bräutigam sich im Arm hielten. Er war ein hochaufgeschossener Blonder, der einen schwarzen Cut trug, und sie, in einem weißen Kostüm, war eine lustige Kleine. Niels

spürte, wie sich seine Begleiterin mit ihrer Hüfte an ihn drückte, und der Stromstoß, der ihm in die Glieder fuhr, ließ ihn wieder registrieren, in welcher Situation sie beide sich befanden, in diesem Ausnahmezustand, den er völlig verdrängt hatte.
Am liebsten hätte er Kristin sofort aus der Menschenmenge herausgezogen, hätte sie fort von diesem öffentlichen Ort gebracht, in ihr heimliches Nest, wo sie beide für sich waren, aber ein breit grinsender Einheimischer hatte ihnen schon zwei Becher mit Sekt in die Hand gedrückt, sodass ihnen nichts übrig blieb, als mit einem verschwörerischen Lächeln auf das Paar anzustoßen.
»Na denn«, raunte Kristin, »wenn das kein Omen ist.«
»Willst du mir drohen?« Niels grinste: »Wir wissen doch, was den beiden blüht.«
Sie beobachteten das Brautpaar, das sich der Menge zeigte. Wie ein Präsent, das er nicht mehr hergeben würde, hielt der Bräutigam seine Braut umschlungen, und sie lachte zu ihm hinauf. Reis regnete auf sie herab, Fotoapparate blitzten von allen Seiten. Niels bemerkte, wie sich sein Unbehagen verstärkte. All die Schnappschüsse, auf denen er mit Kristin abgelichtet werden konnte. Doch so unangenehm es ihm war, dass sie von jedermann als Fremde erkannt werden konnten, so wenig konnte er sich von der Szene lösen. Und es war weniger die feiernde Menge, die ihn hier festhielt, weniger der Alkohol – es war der Anblick dieses Pärchens, waren ihre Blicke, von denen er sich nicht losreißen konnte. Wann hatte er je zwei Menschen gesehen, die sich so

anstrahlten? Die nichts anderes im Sinn hatten, als sich ein künftiges Zuhause aufzubauen?
Und er – dachte er bei sich – war mit der Frau an seiner Seite nur zu einem einzigen Zweck hierher gekommen. Er wollte mit ihr ins Bett, wollte mit ihr fremdgehen. Er betrachtete sie, wie sie an seiner Seite stand. Auch sie war ja verheiratet. Auch sie war von zu Hause ausgebrochen, drauf und dran, ihren Mann zu betrügen. Sein Blick wanderte von ihrem Gesicht hinab zu ihrem sinnlichen Hals, der ihn schon seit ihrem Kennenlernen rasend machte.
Sie hatten sich über eine Internetplattform kennengelernt. Sie hatten E-Mails ausgetauscht und sich darüber verständigt, dass sie beide seit Längerem über das Gleiche nachdachten – über einen heimlichen Seitensprung. Vor drei Wochen hatten sie sich zum ersten Mal in einem Café in Hamburg-Altona getroffen, in einem Stadtteil, fern von ihren Wohnungen. Das erste Date war vielversprechend verlaufen. Sie hatten sich übers Internet weitere Mails geschrieben, waren sich bei einem zweiten Treffen näher gekommen. Niels war der Ungeduldige, sie die Kokett-Zögernde. Stets hatte sie seinen Annäherungen etwas mehr Raum gegeben, ohne durchblicken zu lassen, ob er zum Ziel kommen würde. Doch dann hatte sie ihm vorgeschlagen, einen Wochenendausflug nach Sylt zu machen. Beide hatten sich für das Wochenende von zu Hause abgemeldet und bei ihren Ehepartnern eine Geschäftsreise vorgetäuscht.

Und nun standen sie hier inmitten der Hochzeitsgesellschaft, nur wenige Kilometer von dem Hotel entfernt, das er in Westerland gebucht hatte – und Niels bekam plötzlich Angst, im letzten Moment entdeckt zu werden. Es war eine völlig irrationale Angst auf dieser Insel. Wer sollte sie ausgerechnet hier in List erkennen?

2

Es war vier Uhr. Er presste seinen Körper an sie, sodass ihr der Zustand seiner Lust nicht entgehen konnte. Am liebsten hätte er sie sofort dazu gebracht, ins Hotel zu fahren. Er konnte es kaum erwarten, mit ihr allein zu sein – aber sie wollte sich noch den Hafen anschauen, wollte noch eine Kutterfahrt machen. Weil er begriff, dass sie noch nicht so weit war, beschloss er, sie nicht zu drängen, sondern ihr Zeit zu lassen, bis sie ganz von selbst das Nachtquartier beziehen wollte.
Sie kauften Tickets bei einer Reederei, machten eine anderthalbstündige Schifffahrt entlang des »Ellenbogens«, beschlossen dann, in einem Restaurant am Hafen eine Kleinigkeit zu essen. Je länger der Tag sich hinzog, desto mehr schien die Annäherung zu stagnieren, desto fremder schienen sie einander wieder zu werden. All die Dinge, die sie unternahmen, schoben sich zwischen sie, hielten die Entwicklung zwischen ihnen auf, anstelle sie zu beschleunigen. Er nahm sie des Öfteren am Arm, berührte sie wie zufällig mit der Hand, wenn sich ein Stück nackter Haut zwischen ihrem Bund und ihrem knappen T-Shirt zeigte. Und sie zog den Arm nie

zurück, suchte nie Abstand von ihm – aber es war auch keinerlei Erwiderung von ihrer Seite zu spüren, das beständige Fortschreiten ihrer Nähe, das er noch vor der Kirche gespürt hatte, es schien aufgehalten zu sein – als sei sie immer noch unschlüssig, ob sie es bis zum Äußersten kommen lassen wollte.

Endlich, um neun, verließen sie das Lokal und gingen zum Parkplatz. Draußen begann es zu dämmern. Er legte den Arm um sie, sie sah zu ihm auf. Als er sich ihr näherte, wich sie nicht zurück. Jetzt, endlich, schien sie bereit zu sein. Jetzt schien sie sich genug Zeit genommen zu haben. Als seine Hände über ihren Körper glitten, begann sich ihr Atem zu beschleunigen. Er drängte sie gegen den Wagen, presste sich an sie. Am liebsten hätte er sie hier genommen, aber sie forderte ihn auf, ins Hotel zu fahren. Die Kleider flüchtig geordnet, fuhren sie nach Westerland.

Das Hotel, das er ausgesucht hatte, lag direkt im Zentrum. Es war eines der besseren Häuser. Schon von der Ferne konnten sie sehen, wie seine Fassade im Schein rot und blau blinkender Lichter leuchtete. Je näher sie kamen, desto deutlicher sahen sie den Auflauf, der sich vor dem Hotel gebildet hatte. Menschen rannten durcheinander, Schaulustige, die verschiedene Polizei- und Feuerwehrautos umringten. Die Straße war abgesperrt. Mit gereckten Hälsen versuchten er und Kristin zu sehen, was sich ereignet hatte, konnten aber nichts Genaues ausmachen. Kurz darauf betraten sie die Lobby durch den Hintereingang. Als sie mit fragenden Gesichtern an die Rezeption kamen, wies die junge Angestellte mit dem Kopf auf die Eingangstür, in der der Portier stand. Sie gingen hinüber und sahen das Chaos auf der Straße. Ein alter Mann stützte eine Frau, während verschiedene Polizisten die herumstehenden Leute befragten, und dahinter, im Zentrum des Tumults, stand ein völlig demoliertes Auto, das Wrack einer schwarzen Limousine.

»Was ist passiert«, stieß Kristin aus. Niels sah die feine Zeichnung ihres Profils. Noch ihr Schweigen, erhellt vom Takt der roten und blauen Blitze, weckte sein Verlangen.

»Eine junge Frau«, erwiderte der Mann in der Uniform, und seine Stimme begann zu versagen, »sie hat heute nachmittag in List geheiratet.« Er riss die Hände in die Höhe.

Niels erstarrte. Im selben Moment erblickte er auf der anderen Straßenseite den Bräutigam, der auf dem Bordstein kauerte und von mehreren Menschen umringt wurde. Nach und nach erfuhren sie, dass die Hochzeitsgesellschaft nach der Trauung in ein Lokal in Kampen gefahren war, um dort zu feiern. Nach dem Essen, nach einigen Hochzeitsreden und -spielen, wollte die Braut mit ihrem Bruder voraus ins Hotel fahren, wo das Abendessen stattfinden sollte. Der Bräutigam war von seinen Freunden angestachelt worden, ihr nachzufahren, sie einzuholen. Aus Jux entwickelte sich ein Verfolgungsrennen zwischen den Autos. Alle waren bereits betrunken gewesen, winkten und schrien sich zu.

Als sie die Kreuzung vor dem Hotel erreichten, geschah es: Der Wagen der Braut ignorierte ein Rotlicht und wurde von einem Geländewagen gerammt, der sich wie ein Rammbock in die Beifahrertür bohrte. Die junge Frau, die neben dem Fahrer gesessen hatte, war vor den Augen ihres Mannes, der zehn Meter hinter ihr in dem anderen Wagen saß, eingequetscht worden. Ihr Bruder, der Fahrer, erlitt lediglich Schürfwunden. Sie wurde im Koma ins Krankenhaus gebracht.

Niels starrte hinaus in die Lichter. Da war ein dumpfer Schlag in seinem Innern, ein Einschlag, der etwas in ihm zum Platzen brachte. Er spürte Kristin in seinem Arm, die den Kopf gegen seine Schultern gelehnt hatte. Sie atmete schnell. Er griff nach ihrer Hand, zog sie an sich.

»Lass uns auf unser Zimmer gehen.«

Sie nickte stumm, blieb wie angewurzelt stehen. Er musste sie wegziehen, hinüber zum Lift. Draußen, hinter den halbgeschlossenen Jalousien, lag die Nacht wie ein Felsblock.

3

Sie lagen auf dem Bett, zwei schweigende Körper, deren Atem in der Stille auf und ab floß. Es war, als ob die Zeit selbst atme.

»Was meinst du?«, flüsterte er in ihr Haar, »sollen wir uns eine Stunde ausruhen und dann etwas essen gehen?«

Er hatte die Menschenmenge vor Augen, die lustigen Leute, die das Brautpaar gefeiert hatten.

»Ich kann jetzt nichts essen.«
Sie hob für einen Moment den Kopf. Er wusste, dass sie dasselbe Bild vor Augen hatte wie er. Das Mädchen in dem weißen Kleid, das zu ihrem Mann aufsah.
Er nickte, strich ihr behutsam über den Kopf.
»Ich meine ja auch – später.«
Er berührte ihren Nacken, streichelte ihren Hals. Sie stieß einen leisen Laut aus, etwas wie eine Erinnerung an den Tag, und er begann ihren Hals zu küssen. Er dachte an die Stimmung, die zwischen ihnen bestanden hatte, diese spielerisch leichte, zweisame Stimmung, und merkte, wie seine Hand mit einer Bewegung unter ihr T-Shirt glitt. Er registrierte, wie seine Fingerkuppen über ihre Haut strichen, wie seine Lust zurückkehrte und ihn zu lenken begann. Seine Hand wanderte über ihre Flanke hinüber zu ihrer Brust, während seine Küsse sich bis unter ihr Kinn voranarbeiteten. Mit einer Bewegung, die durch ihren Körper ging, sagte sie:
»Lass, bitte. Es geht nicht.« Sie hatte sich aufgesetzt und legte sich abgekehrt von ihm wieder hin.
Natürlich, sie hatte recht. Er zog die Hand hervor, ließ von ihr ab. Er wusste ja selbst, dass es unmöglich war. Besänftigend strich er ihr über die Wange, ließ die Hand über ihr Kinn hinunter gleiten, wobei sich seine Finger in ihrem Kragen verhakten und sich sein Becken an das ihre drückte. Mit kleinen kreisenden Bewegungen schoben sich seine Finger wieder zu ihrer Brust vor. Etwas in ihm zwang ihn, dies zu tun. Er wusste, dass er dies bleiben lassen sollte, dass das, was er tat, ein Ding

der Unmöglichkeit war, aber zugleich konnte er nicht anders – musste er es einfach tun.
Sie griff nach seiner Hand, legte sie zu ihm zurück und rückte von ihm weg.
»Ich kann das jetzt wirklich nicht. Tut mir leid.«
Er sah, wie sie vor sich ins Leere starrte. Er wollte irgendetwas sagen, aber wusste nicht was.
Sie erhob sich vom Bett, mit großer Bestimmtheit, und ging ans Fenster.
»Ich möchte diese Sache nicht mit dir und mir verknüpfen. Am liebsten würde ich gleich nach Hause fahren. Aber ich kann nicht nach Hause. Ich bin ja offiziell verreist.«
Niels saß am Bettrand. Er verstand genau, was sie meinte.
»Aber es gibt keinen Zusammenhang mit uns. Was dort draußen geschehen ist, ist entsetzlich. Aber wir können nichts dafür.«
Er stand auf, ging zu ihr hinüber, umfasste sie vorsichtig von hinten. Er spürte, wie sein Unterleib erneut reagierte. Würde er noch einen Versuch starten? Nein. Aber was würde aus morgen? Wäre ihr ganzes Arrangement umsonst gewesen? Was änderte sein Verhalten hier an dem Unfall da draußen? Er empfand einen Stich bei diesem Gedanken. Er hatte Angst, dass Kristin von ihrem Vorhaben abrücken – dass sie es als böses Omen ansehen würde, als Zeichen des Schicksals. Was für ein unglaubliches Zusammentreffen auf der Insel: die Hochzeit, das Unglück, dieses Hotel. Hätte er doch nur eine andere Absteige genommen, irgendeine Pension in List. Er fühlte

sich schlecht. Er fühlte sich schlecht, weil er sich hereingelegt fühlte. Und er fühlte sich schlecht, weil er trotz des Unglücks noch immer an nichts anderes dachte.
»Natürlich, es stimmt, was du sagst.« Sie sah sich zu ihm um, hatte die Stimme gesenkt. »Natürlich gibt es keinen Zusammenhang mit uns. Aber unsere Begegnung war zu schön, als dass sie davon überschattet sein sollte.«
Sie wandte sich zu ihm um und schloss ihn in die Arme. Lange standen sie schweigend am Rande der Nacht.
Als sie zu Bett gingen, legte sich jeder auf eine Seite, getrennt durch den Spalt in ihrer Mitte. Niels fand keinen Schlaf, unentwegt kreisten seine Gedanken im Kopf, er vermochte kein Auge zuzutun, während er hörte, wie Kristin einschlief. Dann lag er neben ihr im Dunkel und horchte auf ihren Atem, ihren langsamen, gleichmäßigen Atem. Stunde um Stunde verging. So ruhig, wie sie neben ihm schlief, so voller Vertrauen sie in den Schlaf gefallen war, wurde auch er selbst ruhiger, hörte auf, mit sich zu streiten. Es dämmerte, die Vögel begannen zu schreien, und als ihn irgendwann, am frühen Morgen, die Müdigkeit doch noch zu umnebeln begann, empfand er inmitten der Schleier, die sein Bewusstsein umfingen, plötzlich eine helle, ihn ganz leicht machende Freude darüber, dass er sich in nur wenigen Stunden auf den Weg machen und heimfahren konnte, dass er sein Heim vorfinden würde, als wäre seit seiner Abfahrt nicht das Geringste geschehen.

***Norbert Kron**, geboren 1965, lebt in Berlin als Schriftsteller und ARD-Fernsehjournalist (u.a. »titel thesen temperamente«). Zahlreiche Veröffentlichungen, u. a. die Romane »Autopilot« (2002), »Der Begleiter« (2008). Stipendien u.a. Deutscher Literaturfonds, Villa Aurora Los Angeles. Zuletzt gab er die Anthologie »Wir vergessen nicht, wir gehen tanzen – Israelische und deutsche Autoren schreiben über das andere Land« heraus (mit Amichai Shalev, S. Fischer, 2015).*

Manfred Theisen

Die Vergangenheit ist ein amerikanischer Schrottplatz

Ich liege auf dem Rücken im Schnee, schaue in den Himmel und sehe die Sterne. Seit zwei Jahren bin ich in Deutschland, seit einem halben Jahr in Berlin. Die Kälte dringt langsam in mich ein, durchfriert meine Jacke, meine Jeans, obwohl die Sterne so nah sind.
Aber in der Wüste sind sie mir näher. Und mein Mund ist trocken.
Ein Kerl, der sich schon länger in der Gegend aufhält, hat mir von dem Schrottplatz nahe Bagdad erzählt. Ich gehe um das Dorf herum. Die Straßen hier sind so staubig und sandig, dass es dir den Atem verschlägt. Niemand begegnet mir. Alle schlafen. Es gibt zwei Laternen im Ort. Ich sehe sie nicht, aber den Lichtschein zwischen den Häusern, der rötlichgelb in den Himmel strahlt. Die Sterne können dieses Licht nicht verdrängen. Es ist zu schwach. Der Schrottplatz ist nicht umzäunt. Das hat mir der Kerl auch erzählt. Ich soll mir einen Laster suchen und darin die Nacht verbringen. Die Gegend sei zu gefährlich um draußen zu schlafen. Einige Kämpfer würden ab und an auf eigene Faust herumlaufen und mir womöglich die Kehle durchschneiden, wenn sie mich in der Nacht fin-

den. Auf dem Schrottplatz sei ich sicher. Er sagte: »Die Laster haben oft noch ein Bett hinter dem Fahrersitz. Da würde ich mich an deiner Stelle reinlegen. Habe ich auch so gemacht.«

Ich steige über Autoreifen hinweg.
Warum ist hier keiner?
Mir ist unheimlich. Was ich hier tue, muss bestraft werden. Du darfst nicht einfach auf einem Schrottplatz herumlaufen. Die US-Soldaten haben den Schrott zurückgelassen. Ich weiß nicht, worüber ich steige. Sind es Metallkisten oder Schränke? Die Farben sind grau. Meine Augen funktionieren ohne Licht kaum. Und mein Verstand kann nur an eines denken: trinken! Mein Gaumen ist so trocken wie dieser Staub, der auf den Kisten liegt. Ich steige auf eine der Kisten und sehe einen LKW.
Mir ist kalt.
Ich werde gleich ins Heim gehen.
Dort warten die anderen schon auf mich.
Mit den Gedanken in der Wüste liege ich im Schnee.
Mein Kopf ist voll von Vergangenheit.
Riesig ist die Vergangenheit, ein Schrottplatz.
Ich friere und dieser Schrottplatz ist in meinem Kopf.
Und mein Mund trocken.
Ich werde über all diesen Schrott zum Laster klettern. Warum gibt es hier keine Wachleute? Schließlich ist alles sortiert: Autoreifen liegen bei Autoreifen, Kisten sind auf Kisten gestapelt, Türen auf Türen. Irgendjemand muss diese Ordnung geschaffen haben und sie erhalten.

Ich gehe zwischen Motoren umher, auf die silbern das Mondlicht fällt, Autobatterien haben sie ausgebaut, nebeneinander in Regale gestellt. Das Dach ist der Himmel für all das Gestern. Endlich erreiche ich den Laster.
Er ist amerikanisch riesig. Ich habe so etwas noch nie gesehen, nur in Filmen vom Einmarsch der Amerikaner in den Irak. Ich öffne die Tür. Sie quietscht nicht. Das Steuer ist abgebaut und trotzdem wirkt der Laster fahrbereit. Wenn die Amerikaner etwas bauen, dann hält es. Selbst in diesem Land, in dem nichts funktioniert außer dem Krieg. Hinter dem Fahrersitz gibt es keine Kabine. Die Glasscheibe vor mir hat einen Riss. Vom Krieg bleibt Schrott und Schrott kannst du verkaufen, aber keine gerissene Glasscheibe. Warum haben sie die Türen noch nicht ausgebaut? Mir ist es Recht, denn so fühle ich mich sicher im Sitz. Die Sterne leuchten gebrochen durch die Scheibe und meine Zunge klebt am Gaumen.
Ich schlafe ein.
Tief und unbewegt, träume nichts ...

Am nächsten Morgen steht ein Junge neben mir auf dem Trittbrett und hält eine Eisenstange in der Hand.
»Was machst du hier?«
Ich schweige. Er will nicht wirklich eine Antwort und mein Mund ist verklebt von Trockenheit. Der Junge hat vermutlich Angst, sonst würde er nicht so wütend schauen. Die Sonne ist der einzige Stern, der von der Nacht geblieben ist. Sie brennt in meinen Augen.
»Also?« Er stößt mich wieder in die Seite. »Was ist?«

»Ich habe Durst«, sage ich.
Er entgegnet mir nichts, sondern tippt mir mit der Stange gegen das Bein als würde er einen Hund wegscheuchen wollen. Wo soll ich hin? Ich steige aus dem Sitz wie aus einer Schale. Es war eine gute Nacht. Traumlos ist gut, denn Träume können nur schlecht sein. Ich verlasse das Ei der Nacht. Doch fühle ich mich immer noch wie umgeben vom Schlaf, als ich den Boden betrete. Die Sohle meiner Schuhe ist dünn, aber nicht löchern. Keine Erde dringt an meinen nackten Fuß. Wenn jetzt dieser Junge nicht neben mir wäre mit dieser Eisenstange, ginge es mir gut. So jedoch geht es mir schlecht. Ich habe Angst wie er, der kaum älter als ich sein wird.
Ich gehe an ihm vorbei und will nur weg. Irgendwohin, wo es Wasser gibt. Der Junge wird mir nichts zu Trinken geben. Er ist zu jung für Mitleid. Ich schaue mich um im Licht. Berge von Schrott. Sie kommen mir noch höher vor als in der Nacht. Auf dem Lack der Wagen kleben US-Flaggen, blau-weiß, Sterne, die in der Nacht nicht leuchten. Ich gehe, der Junge folgt mir, überall Reste vom Krieg um uns herum. Die Amerikaner kämpfen gegen die Gotteskrieger wie ein Skorpion gegen eine Schlange. Sie können nicht gewinnen, denn die Schlange ist unendlich lang. Mit jedem Stich des Skorpions wird sie länger. Ihr Gift verteilt sich im Körper der Schlange und stärkt sie. Als ich damals weggelaufen bin und ich über den Schrottplatz vor diesem Jungen meine Schritte beschleunigte, gab es noch keinen IS. Aber längst die Krieger Gottes.

Einige Kabelrollen stehen rechts und links meterhoch am Weg. Wie groß ist dieser Schrottplatz? Ein Mann kommt uns entgegen. Er ist hager, sehr hager und sehr groß, trägt einen Vollbart und ein weißes langes Hemd bis zu den Schuhen. Es ist so weiß, als würde er hier nicht arbeiten.
Er fragt mich ebenfalls, was ich hier suche.

»Hat hier geschlafen«, erklärt der Junge. Seine Stimme klingt nicht mehr ängstlich. Wenn du nicht alleine bist, verfliegt die Furcht. Das ist ein Gesetz. Deshalb hüte dich vor der Menge, wenn du fremd bist.
Er antwortet für mich und ich muss also nicht antworten – und gehe weiter. Mein Gefühl sagt mir, dass ich schneller gehen sollte! Ich drehe mich um und sehe den Mann. Er nimmt dem Jungen die Eisenstange aus der Hand. Ich will weglaufen. Doch mein Mund ist trocken und er ist schnell. Er tritt mir von hinten die Beine weg. Ich falle. Steine und Staub. Ich denke an das Geld in meiner Hosentasche und mein Handy, spüre den Schlag auf meinem Bein. In meinem Handy ist mein Leben. Der Mann schreit mich an und schlägt mir auf die Arme, die Seite, versucht meinen Kopf zu treffen, aber ich kann ihn abschirmen.
Er schlägt.
Ich spüre nichts mehr.
Hat er aufgehört? Ist er satt von seinen Schlägen?
Ich lege die Hand auf meine Augen, dann beschirme ich sie vor der Sonne. Ich schmecke Blut auf meinen Lippen.

Es ist mein Blut. Ich bin durstig. Sein Gesicht ist finster, seine Zähne sind weiß. Vielleicht ist er jünger als die Falten in seinem Gesicht. Er schreit und ich höre nichts. Sein Arabisch ist hart wie diese Stange. Hinter mir liegt ein Autoreifen und ich drücke mich daran ein wenig hoch, sodass ich fast aufrecht sitze.

Der Mann gibt die Stange seinem Sohn. Ich vermute, dass es sein Sohn ist. Mein linkes Bein schmerzt. Er hat einmal zu fest zugeschlagen. Der Sohn hebt die Stange und schlägt jetzt auf mich ein. Wieder auf mein Bein, mir in die Seite. Es ist als wolle er seinem Vater zeigen, was er gelernt hat. Aber er schlägt nicht auf meinen Kopf, und ich schütze mich nicht mehr.

Der Regen der Schläge endet.

Ich höre seinen Vater befehlen: »Hol Wasser, Junge.«

Ich hocke jetzt vor dem Autoreifen und warte zu Füßen des Vaters. Die Eisenstange liegt neben ihm. Es würde nichts nutzen, wenn ich nach ihr greifen würde. Ich könnte sie nicht einmal heben.

Der Vater fasst mein Kinn, befiehlt, ich solle den Mund öffnen. Und der Junge flößt mir Wasser ein. Es ist gut. Wasser ist mein Körper, ist der Körper des Jungen und seines Vaters, ist der Schnee, in dem ich liege.

»Was machst du hier?«, fragt mich eine laute Stimme. Es ist Aziz. Er hat das Zimmer gleich neben meinem und ist schon ein halbes Jahr länger hier als ich. Ich spüre die Kälte auf meiner Haut, höre die Autobahn in der Ferne. Abrollgeräusche, die einen Teppich über die Nacht legen.

In Berlin hat sich das Leben in die Häuser zurückgezogen.

»Also, sag. Warum liegst du im Schnee?«, fragt Aziz erneut.

»Auf dich warten«, sage ich und öffne die Augen.

Die Schneeflocken fallen weiß wie Sterne.

Mir ist kalt, aber Aziz reicht mir die Hand.

Wir gehen ins Haus und lachen, obwohl ich bald achtzehn sein werde.

***Manfred Theisen** lebt und arbeitet als freier Schriftsteller in Köln und Estland. Seine Arbeiten wurden in mehrere Sprachen übersetzt und ausgezeichnet. Zurzeit schreibt er einen Roman, der im Flüchtlingsmilieu spielt und im Frühjahr 2016 erscheinen wird.*

Jule Müller

LAGeSo

»Wie genau sind wir damals nach West-Berlin gekommen?«, frage ich meine Mutter. Sie überlegt kurz. »Die Stasi hatte uns einige Tage vor der Ausreise schon die Pässe abgenommen. Mit der S-Bahn fuhren wir bis Friedrichstraße, wo wir am Tränenpalast mit einer Identitätsbescheinigung einreisen durften. Später bekamen wir vom Westen einen blauen Ausweis für politische Flüchtlinge ausgestellt.«
»Und warum wolltet ihr in den Westen?«, frage ich weiter. »Aber das weißt du doch? Weil wir nicht frei waren.«
»Ja, ich weiß. Ich wollte es nur noch mal von dir hören.«
Mit der S-Bahn sind meine Eltern und ich 1984 in ein besseres Leben gereist. In ein Leben, das es uns ermöglichte, in unseren Gedanken, Worten und Körpern frei zu sein. Viele Freunde gingen ins Gefängnis, wurden von ihren Kindern getrennt, gefoltert. Manche wechselten zur Stasi, andere starben beim Versuch, endlich frei zu sein. Meine Eltern mussten nur kurz notdürftig in West-Berlin unterkommen, dann gab man ihnen Geld für eine eigene Wohnung, die Möglichkeit, ihrer Arbeit nachzugehen, sogar in den Urlaub zu fahren. Ich wuchs direkt neben dem LAGeSo in der Lübecker Straße auf. Als Kind ging ich dort mit der Schule zum Impfen.

Jamil, 21, Pakistan

Ich sitze mit Jamil auf einem Stück Pappe am LAGeSo, die Sonne scheint und wir trinken einen Becher Leitungswasser zusammen. Ich kenne ihn seit etwa zwei Wochen. Jamil kommt aus Pakistan. Er ist alleine nach Deutschland geflohen, das hat drei Jahre gedauert. Er zählt die Länder auf, durch die er gereist ist und ich zoome zwischendrin gedanklich einfach weg, weil ich nicht verstehen kann, wie ein Mensch zu solch einer Reise in der Lage ist. Ich verstehe vieles nicht, hier am LAGeSo.
Jamil ist 21. Das erste Mal sah ich ihn am Wasserstand, wo ich mit anderen Helfern zusammen tausende Becher füllte und verteilte. Er bat mich sehr höflich um Hilfe, aber seine Verzweiflung war nicht zu übersehen. Die Art, wie er mich voller Demut »Mam« nannte, der Fakt, dass er mich an meinen alten Schulfreund Jerome erinnerte, und seine dünne, jungenhafte Erscheinung trafen mich direkt im Herzen. Er rührte mich, ohne wirklich etwas getan zu haben. Ich wusste nur, dass er momentan im kleinen Tiergarten schlief, wie so viele andere Männer, die keinen Platz in einer Unterkunft kriegen konnten. »Es ist doch warm draußen und die sind jung«, hatte ich mal wen vom Amt sagen hören. Wenn man Jamil ansah, wusste man, dass es nicht darum ging, ob es nachts warm oder kalt war, sondern darum, dass er irgendwo ankommen, irgendwo in Sicherheit schlafen wollte.
Ich lief mit einer Ladung Wasser über das staubige Feld in Richtung der am Zaun Wartenden. Jamil kam hinterher

und nahm mir die schwere gelbe Postkiste ab. »I want to help you, Mam«, sagte er. »Aber du hast doch gar keine Handschuhe an und beim Tuberkulose-Test warst du auch noch nicht«, sagte ich auf Deutsch, wohlwissend, dass er mich nicht verstehen würde und dass diese Hygienevorschriften mir selbst total am Arsch vorbeigingen. Aber wenigstens hatte ich es angesprochen. Wir trugen Kiste um Kiste in die Menge. Es waren 39 Grad an diesem Montag. Jedes Mal, wenn jemand einen Becher nahm, verbeugte sich Jamil ein wenig, als würde er sich dafür bedanken, dass er helfen durfte.

Obwohl Jamils schwarze Haare an den Seiten abrasiert waren, sah er aus wie ein Musterschüler. Seine Haut war glatt und warm. Er trug ein grünes T-Shirt, daran erkannte ich ihn schnell in der Menge. Er besaß außerdem noch eine braune Stoffhose, geschlossene Schuhe und ein Handy. Das war's.

Um sieben Uhr abends wurde das Gelände in Moabit geräumt. Hunderte Menschen versammelten sich auf der Straße. Jamils grünes T-Shirt sah ich hier und dort im Trubel aufblitzen. Zwei Gelenkbusse der BVG kamen und holten je etwa 60 Menschen, um sie in Notunterkünfte zu bringen. Weil Jamil nach seiner Ankunft an diesem Tag noch keine Wartenummer ergattert hatte, wurde er von einem Security-Mann mit dem Arm zur Seite gedrückt. »Weg, weg, weg hier.« Ich hatte dreizehn Stunden in der Sonne gearbeitet und nicht mal etwas gegessen. Ich hätte eh nichts essen können. Ich befand mich in einem schwierigen Zustand – geistig völlig überdreht von den unzäh-

ligen Eindrücken des Tages und körperlich am Ende. Ich hätte zuvor niemals erwartet, dass diese Arbeit mich so wegreißen würde, aber sie hatte mir komplett das Fundament geraubt. All die Gesichter, all die Geschichten, all die Kranken und Schwangeren und Alten und Kinder und all die fassungslosen Helfer – es war einfach zu viel.
Als es hieß, ein Aufmarsch der Bärgida sei im Anflug, ging ich. Das hätte ich nicht mehr verkraftet. Wir hätten Jamil mitnehmen können, aber meine Mitbewohnerin und ich waren völlig überfordert und wussten ganz genau, dass uns das seelisch den Rest geben würde, dass wir dann kein Stück Normalität mehr würden wahren können. Ich strich Jamil über den Arm und entschuldigte mich dafür, dass ich an diesem Tag nichts für ihn tun konnte. Dabei weinte ich, obwohl ich es mir hatte verkneifen wollen.
»It's okay, Mam. Don't worry, Mam«, sagte Jamil und verbeugte sich wieder. Dann fuhr ich davon und weinte fast den ganzen Heimweg. Zu Hause fühlte ich mich schlecht und machte mir einen Tee. Dort, in dieser Küche hätte er auf einer Luftmatratze etwas Platz finden können.
Nachts schlief ich kaum, nach ein paar Stunden machten wir uns wieder auf nach Moabit. In unseren Taschen hatten wir Handdesinfektion, Seifenblasen, Luftballons, Vitamintabletten, Papier, Stifte und tragbare Handyladegeräte. Es war kurz vor acht Uhr, als ich Jamils grünes T-Shirt auf dem Platz sah. Ich ging zu ihm. Er strahlte mich an. »Good morning, Mam!« Dabei schüttelte er überschwänglich meine Hand. Ein anderer Helfer hatte ihn mit nach Hause genommen für die Nacht und dort

könne er auch noch länger bleiben. Ich war erleichtert. Ich war so erleichtert, dass ich ihn fast in den Arm genommen hätte. Ich hielt mich zurück, so wie man es mir geraten hatte. Jungen Menschen fasse ich manchmal im Affekt an den Oberarm oder klopfe ihnen auf die Schultern. Ob ich ihnen etwas Zwischenmenschlichkeit geben will oder selbst welche brauche, weiß ich nicht. Es fühlt sich manchmal einfach richtig an.

Dass Jamil nur ein T-Shirt hatte, fand ich inakzeptabel, vor allem bei den Temperaturen. Bevor ich mit einem großen Haufen gespendeter Festival-Shirts in die Menge ging, um sie zu verteilen, steckte ich mir eins davon in meinen Rucksack. Das sollte Jamil später bekommen. Die Leute auf dem Feld überrannten mich komplett, als sie sahen, was ich für Schätze in meiner IKEA-Tüte hatte. Schätze. Werbe-Shirts. Shirts, die die meisten von uns nicht mal geschenkt haben wollten. Hier waren sie Grund genug, sich dafür zu prügeln. Ich hatte in den wenigen Tagen schon gelernt, mich durchzusetzen und brüllte die Menge ansatzweise zur Raison. Nach etwa einer Minute waren alle 50 Shirts weg und die Menschentraube löste sich auf. Ein Mann schimpfte mit mir, weil ich nicht genug gebracht hatte. »Sorry«, sagte ich nur und ging schnell weiter.

Als ich Jamil das blaue Shirt brachte, wollte er es erst nicht annehmen. »But I have T-Shirt, look, Mam«, sagte er und zeigte auf sein grünes. Muttimäßig schwatzte ich es ihm auf und ging. Es gab so viel zu tun. In meinem Notizblock schrieb ich auf, wann wer was wie brauchte und in welcher Reihenfolge ich mich kümmern musste. Eine halbe Stunde später beobachtete ich Jamil, als er mit seinem neuen T-Shirt über den Platz lief. Nun hatte er zwei. In den nächsten Wochen sah ich ihn immer nur strahlend. Er wartete geduldig jeden Tag vor der Nummernanzeige und half immer mal wieder am Wasserstand. Manchmal, wenn ich nicht nach Moabit fuhr, rief er mich an und fragte, ob ich auf ein Wasser vorbei käme. So wie heute.

»Nice shirt«, sage ich zu Jamil, als wir dort so auf unserer Pappe sitzen. Er lacht. »I know! You gave it to me, Mam!« Ich habe ihn nie gefragt, ob er eine Familie hat und warum genau er aus Pakistan geflohen ist. Dieser Moment dort auf der Pappe wird unser letzter gemeinsamer sein. Danach werde ich ihn nicht mehr unter seiner Nummer erreichen und auch er wird nie wieder anrufen, um zu fragen, ob wir zusammen ein Wasser trinken. Was mir in Erinnerung bleiben wird, sind diese freundlichen Augen, das strahlende Lächeln und die Art und Weise, wie er mich Mam nannte.

Lochman, 17, Pakistan

Im Dönerladen auf der Turmstraße spricht mich ein Junge an. »Kebab?«, fragt er mich ganz leise ohne mir in die Augen zu gucken. An seinem orangen Rucksack einer Autofirma erkenne ich, dass er auch am LAGeSo war. Die hatten wir dort verteilt. Während ein anderer Helfer ihm einen Döner und ein Wasser kauft, versuche ich sein

Vertrauen zu gewinnen. Er starrt auf den Tisch, lächelt ein wenig, wirkt aber sehr ängstlich. Und er versteht mich nicht – oder er will es nicht. Ich setze mich neben ihn und erzähle etwas von mir, dass ich hier sei, um den Menschen zu helfen. Er sei alleine aus Pakistan gekommen und schlafe seit fünf Tagen im Park, erklärt Lochman. Er ist 17 und spricht neben den wenigen Brocken Englisch nur Urdu und Pashto – von beiden Sprachen habe ich noch nie gehört.

Er solle in Ruhe aufessen und dann würden wir ihn mitnehmen, an einen Ort mit einem Bett, etwas zu essen und einer Dusche. »Park is good«, sagt er. Dabei lächelt er wieder. Wir wissen, dass er nicht mit uns kommen möchte. Man kann ja auch wirklich keinem Jugendlichen, der diese immense Reise hinter sich gebracht hat, verübeln, dass er nicht einfach mit irgendwelchen Leuten mitgeht, nur weil die ihm einen Döner gekauft haben. Mir kommt es selbst alles komisch vor.

Wir finden keinen passenden Übersetzer am LAGeSo. Als Minderjähriger könnte Lochman auf jeden Fall irgendwo unterkommen, er ist aber nicht mehr im Dönerladen. Ich hatte es schon geahnt. Als wir später mit Taschenlampen durch den Park streifen, um nach obdachlosen Geflüchteten zu gucken, finden wir Lochman wieder, auf einer Matratze sitzend. »Come with us«, bitten wir ihn noch einmal. Lochman steht auf und zeigt uns, er müsse noch etwas holen. Im Weglaufen bittet er uns zu warten. »Two minutes«, sagt er.

Er kommt nie zurück.

Tarik, 19 + Halil, 22, Nordafrika

Ich sitze mit Tarik und Halil, den anderen Jungs und meiner Mitbewohnerin in unserer Küche. Wir sind eine kleine WG mit viel zu wenigen Zimmern. Wenn die Jungs duschen, ist danach das Bad unter Wasser gesetzt. Aber das ist okay, denn sie sind uns sehr ans Herz gewachsen.
Vor ein paar Wochen fuhr ich mit meinem Freund Alex zum LAGeSo, wo jeden Abend zwischen 50 und 200 Menschen standen, die keinen Schlafplatz hatten – nicht mal in einer der Notunterkünfte. Der Senat kam nicht hinterher. Oder wollte nicht hinterherkommen. Den ganzen Tag hatte ich die Entscheidung total easy gefunden. Fremde Männer bei mir aufnehmen? Na logo. Dann saßen wir im Auto nach Moabit und mich überkamen unschöne Gedanken. Das sind Fremde, dachte ich. Fremde Männer, mit denen ich alleine in einer Wohnung schlafen werde. »Im schlimmsten Fall klauen die meine Kamera und etwas Bargeld und verpissen sich«, sagte ich zu Alex, den Gedanken verdrängend, dass man Menschen noch viel Schlimmeres antun kann.
Am LAGeSo angekommen, warteten dort etwa 120 Menschen, alle ohne Unterkunft. Die Familien und Frauen wurden zuerst auf private Unterkünfte verteilt. Und dann stand da diese Gruppe Jungs, einer schwarz und lang, die anderen kleiner und halt irgendwie arabisch anmutend. Alle vier lehnten lässig gegen die Absperrungen des LAGeSos. Ich unterhielt mich kurz mit der Gruppe. Sie kamen aus Somalia, Libyen und irgendwo aus Nordafrika.

Es war spät geworden. Einer der Helfer sagte uns noch: »Je länger ihr die mit nach Hause nehmt, desto mehr seid ihr verantwortlich.« Ich verstand das damals nur so halb. Erst später wurde mir klar, was er meinte. Wenn du Menschen bei dir wohnen lässt, dann steigt mit jeder Minute das eigene Verantwortlichkeitsgefühl. Wir teilten die Gruppe auf, zwei zu mir, zwei zu einer anderen Familie. Ich wusste nicht viel über diese beiden Jungs, außer, dass sie irgendwie freundlich aussahen. Wir stiegen ins Auto und erst im Nachhinein wurde mir bewusst, dass sie in den letzten Wochen und Monaten eine Skepsis gegenüber Fremden begleitet hat. Wie konnten sie wissen, dass wir es nur gut mit ihnen meinten? Konnten sie nicht. Konnte ich von ihnen aber auch nicht. Im Auto waren sie sehr ruhig. Mein Haus war mir etwas peinlich. Ich entschuldigte mich für den Müll im Treppenhaus, so wie ich es bei normalen Besuchern vielleicht getan hätte. Aber diese Jungs waren anders, sie hatten Dinge erlebt, die wir uns kaum ausmalen konnten. Müll im Treppenhaus war ihr geringstes Problem.
Wir saßen in der Küche und tranken ein Bier zusammen. Jeder eins. Tarik aus Somalia war der Lustige von den beiden, der andere – Halil – der Misstrauische. Ich zeigte ihnen ihr, also mein Zimmer. Es gibt dort ein Doppelbett, das ich deckentechnisch zur Feier des Tages ordentlich arrangiert hatte. Zuvor hatte ich ebenfalls ein Buch über Sex vom Nachttisch genommen. Auch das Papst-Bild, den Flyer der Zeugen Jehovas und die große Marienstatue hatte ich entfernt. Es ist schwer genug für meine deut-

schen Freunde, zu verstehen, was ich für fremde Religionen auf absurde Art und Weise empfinde.
Tarik trug eine Jacke, die mit bunten Fischen bedruckt war, Halil schien weniger gut ausgestattet. Ich legte ihnen vorsichtshalber Zahnbürsten, Deo und Rasierzeug hin. Wir saßen bis nachts in meiner Küche und redeten über meine und ihre Heimat und deren und über Korruption, Militärdiktaturen, Anschläge, Bürgerkrieg und Meinungsfreiheit. Ich hatte zu diesem Zeitpunkt noch keine wirkliche Vorstellung von dem, was diese Menschen in den letzten Jahren erlebt haben. Gegen Mitternacht ging mein Freund Alex nach Hause. Im Türrahmen flüsterte er mir noch zu: »Fühlst du dich okay mit denen?« Ich antwortete ein selbstbewusstes »Ja klar«, auch wenn ich mir gar nicht so sicher war.
Am nächsten Morgen stand ich auf, nach sechs Stunden Schlaf. Die Jungs waren noch in ihrem Zimmer. Ich putzte mir die Zähne, duschte, föhnte, cremte und schminkte mich, dann klopfte ich vorsichtig an die Zimmertür. Nach einer Weile kam Tarik verschlafen heraus. Hatten die beiden überhaupt einen Wecker? Ich wusste es nicht. »We have to leave soon«, sagte ich ihm. In aller Ruhe duschte Tarik, dann weckte er Halil, der auch noch duschen ging. Wir waren schon eine halbe Stunde in Verzug. Erst später werde ich ein Gefühl für die Zeitwahrnehmung meiner neuen Freunde bekommen.
Wir fuhren gemeinsam zum LAGeSo. In der Bahn dösten die Jungs, auch ich war unfassbar müde. Auf dem Platz angekommen stellte ich sie in die Schlange und ging selbst

zu Haus R, wo sich die Ehrenamtlichen von *Moabit Hilft* versammelten. Von Anfang an hatte ich mich hier richtig aufgehoben gefühlt. Auf mein erstes Namensschild war ich absurd stolz gewesen. Ich gehörte zu irgendwas Gutem. Hier waren Menschen, die dasselbe wollten wie ich, das gefiel mir. Hier war es egal, wer du warst, hier zählte, was du tatst. Während die Jungs in der Schlange anstanden, verteilte ich Müsliriegel und Bananen und Wasser und Jacken und Windeln und Feuchttücher und warme Worte. Inzwischen wusste ich auch, diverse Dokumente vom Amt zu deuten, vor denen ich anfangs noch fast Angst verspürte. Aber nein, eigentlich war es gar nicht schwierig, diese zu erklären, selbst wenn der Inhalt kein erfreulicher war. Wieso es diese Papiere nicht auch auf Arabisch gab, hatte ich noch nicht rausgefunden und werde ich vielleicht auch nie rausfinden.
Manchmal, wenn ich mit zu wenig Abstand zu den Wartenden Dokumente anguckte und Empfehlungen aussprach, bildete sich eine ganze Schlange von Menschen dahinter, die auch nicht wussten, was sie tun sollten. Dann schrieb ich mir in meinen Notizblock, wann ich wen wo wie getroffen hatte, um die Probleme abzuarbeiten. »Ich muss mit meiner Familie aus dem Hostel raus, wenn ich heute keinen neuen Stempel bekomme«, »Ich bin im achten Monat schwanger und warte seit drei Wochen auf die Registrierung«, »Ich muss nach Boizenburg, kann aber mein Ticket nicht lesen«, »Meine Familie hängt in Ungarn am Grenzzaun fest und ich darf Berlin nicht verlassen«, »Ich wurde von der BVG erwischt«, »Ich

weiß nicht weiter«. Die Probleme waren so vielfältig, dass ich sie oft nicht zu lösen vermochte. Nach drei Stunden waren Tarik, Halil und ich in der Schlange so weit, dass wir im Innern des Hauses A weiter anstehen durften. Dieser Anblick schockte mich. Hier warteten so viele Menschen, dass die Räume drohten zu zerbersten. Kinder und Frauen schliefen auf dem Boden am Rand. Familien sprachen mich an. »Our child is sick and hungry.« Also drängelte ich mich wieder nach draußen, besorgte eine Kiste mit Obst und Sandwiches, die ich verteilte. Es war absolut überfordernd. Insgesamt standen wir an diesem Tag sieben Stunden an, um ein Papier zu bekommen.

In den nächsten Tagen holten wir die beiden Freunde unserer neuen Mitbewohner nach. Sie waren nur für eine Nacht bei einer Familie untergekommen und nun wieder obdachlos. Einer von ihnen, auch Anfang 20, sprach kaum und zitterte. Auch unser Zuhause vermochte nicht, ihm ein wenig Sicherheit und Ruhe zu geben. Wie auch, wenn sie jeden Morgen zum LAGeSo fahren und in einer Traube aus tausend Menschen elf Stunden lang in der prallen Sonne auf eine Nummerntafel starren mussten, ungewiss, ob ihre Länder überhaupt als »unsicher« genug galten?

Es ist hart, diese Schicksale, das Heimweh, das Fremdeln in der neuen Heimat, die undurchsichtigen Strukturen des Staates, die Pegida-Aufmärsche zu erfassen und zu erklären. Tarik klappt den Laptop auf und steuert YouTube an. Wir wissen, was jetzt kommt. Eine wenig Michael-Jackson-Karaoke tut uns immer gut. Weil Musik der gemeinsame Nenner ist, auf den wir uns alle einigen können. »They don't really care about us«, ist einer unserer Klassiker. Dazu gibt es eine Runde Wein und viele Zigaretten. Die anderen Jungs machen sich über Tarik lustig, weil er an alle Worte, die mit T oder D enden, noch ein I hängt. »In meine Landi ist Krieg«, sagt er zum Beispiel, oder: »Ich brauchen Geldi.« Ich finde das wahnsinnig charmant. Halil hat mir mal erzählt, dass Tarik, als die vier Jungs noch im Park schliefen, abends immer die Nivea-Creme auspackte, um sich zu pflegen. Das passt zu ihm. Wir stoßen an. Tarik umarmt mich, gibt mir ein Küsschen auf die linke Wange und eins auf die rechte. »Ich werde dich nie vergessen, Juli Müller«, sagt er. Morgen werden wir einen Kater haben.

Jule Müller *wurde 1982 in Ost-Berlin geboren. Sie ist Autorin, Fotografin und Gründerin des Online-Magazins »im gegenteil«. In ihrem Buch »Früher war ich unentschlossen, jetzt bin ich mir da nicht mehr so sicher« (Knaur, 2015) verarbeitet sie ihr turbulentes Erwachsenwerden. In ihrer Freizeit hängt sie gerne am LAGeSo ab, trägt Zebramantel und/oder sortiert Dinge nach Farben.*

Robin Baller

Petrópolis

1

»So! Erledigt!«, sagt der Mann zu sich selbst, dem, was kommt, ist nicht mehr zu entgehen. Er blickt auf das Schachbrett, die Dame hat er scharf nach vorne geschoben, der König, von einem letzten Bauern mehr schlecht als recht gedeckt, ist in größter Gefahr.
Doch was heißt noch Gefahr, denkt der Mann, die Gefahr ist vorüber, die Briefe sind geschrieben, die Erklärung verschickt. Es dunkelt, in einer halben Stunde wird der Himmel von Sternen übersät. »Petrópolis«, flüstert er, »Petrópolis«. Es ist Sonntag, der 22. Februar 1942, wenige Stunden vor seinem Tod.

»Stefan Zweig«, sagt das Mädchen, und zeigt auf das Buch in meiner Hand. Zur Bestätigung, oder mehr aus Reflex, nicke ich. Wir sitzen seit drei Stunden im selben Zugabteil und haben eisern geschwiegen. Jetzt, München ist lange schon passiert, frage ich halbherzig, ob sie ihn kenne. Sie nickt erst, dann hält sie inne, schüttelt den Kopf und lächelt. »Zweig«, wiederholt sie, »nein, eigentlich nicht.« Dann schaut sie mich auffordernd an, als stelle sie eine Frage.

Ich weiß nicht recht, was ich antworten soll. Soll ich von Zweigs Popularität berichten? Von seinen Bestsellern, die er über Jahrzehnte jährlich veröffentlicht hat und die ich momentan unentwegt verschlinge. Soll ich sagen, dass er der Grund ist, weswegen ich hier in diesem Zug sitze? Will sie all das überhaupt wissen, oder ist ihr nur nach Zeitvertreib? Ihr Lächeln ermuntert mich, warum nicht, denke ich, und sehe zum ersten Mal in ihre grünen Augen.

Doch als ich mich räuspere und beginnen will, finde ich den Anfang nicht. Das Grundlegende, das Wer, mit dem ich mich jetzt schon seit Monaten beschäftige, scheint mir auf einmal – oder immer noch – abhanden zu sein. Wer ist dieser Mann? Dieser Mann, der an jenem 22. Februar sein letztes Schachspiel beendet und sich kurz darauf vergiftet hat.

»Es tut mir leid«, flüstere ich zur Antwort. Ich schaue aus dem Fenster, »es tut mir leid.« Salzburg wird durchgesagt, ich atme auf. Dann verlasse ich mit schnellen Schritten und einem letzten »Auf Wiedersehen« das Abteil.

2

Auf der Edmundsburg, die sich auf halber Höhe des Salzburger Mönchsbergs befindet, hat sich vor einigen Jahren das Stefan-Zweig-Centre gegründet, eine wichtige Anlaufstelle für Wissenschaftler – und Leute wie mich.

Professor Berger aus Wien spricht heute, ein, wie meine Recherchen ergeben haben, wichtiger Mann.

»Autobiographien sind mit Vorsicht zu genießen«, sagt der Professor, als man ihm endlich das Wort übergeben hat, »vor allem, wenn man etwas über den Verfasser desselben Textes, den Autor, erfahren möchte.« Professor Berger hat unzählige Bücher geschrieben zu beinahe allen Dichtern Österreichs. Und obwohl er überall mit fast schon devoter Hochachtung begrüßt wird, wirkt er offen und freundlich. Er spricht im typischen Wiener Tonfall. »Betrachten wir, meine Damen und Herren, ›Die Welt von Gestern‹, Stefan Zweigs Lebenserinnerungen, die immer wieder als wichtiges Zeitdokument herangezogen werden. Und sehr wohl: Sie geben einen hervorragenden Einblick in die letzten, von individueller Freiheit und geistiger Produktivität geprägten Jahrzehnte des alten Österreichs, schildern den aufkommenden Nationalismus vor dem Ersten und den sich anbahnenden unmenschlichen Schrecken des Zweiten Weltkriegs. Und obwohl man über die Herkunft seiner Eltern erfährt, detaillierte Psychogramme geistiger Zeitgenossen geliefert bekommt, Zweig selbst tritt hinter all dem zurück. So sind seine Lebenserinnerungen, in denen zwar das Ich des Schriftstellers im Mittelpunkt steht, dennoch sehr unpersönlich. Ein Mann, der nicht einmal erwähnt, zweimal verheiratet gewesen zu sein, ja nicht mal die Namen seiner beiden Frauen notiert«, Berger schmunzelt, dann winkt er rasch mit etwas übertriebener Geste ab, »der nimmt den Vorsatz, über die eigene Person nicht zu viel Aufhebens zu machen, bemerkenswert ernst.«

Der Mann schiebt das Schachbrett zur Seite. Aus dem Innenraum vernimmt er das bekannte Husten seiner asthmatischen Frau. Er muss an seine Schreibmaschine denken, die er gestern einem seiner wenigen hier in Brasilien lebenden Freunde geschenkt hat. Schreiben wird er also nicht mehr, und auch sonst, es gibt nichts mehr zu tun. Der Nachlass ist geklärt, das Veronal besorgt. »Lotte«, ruft der Mann, den Namen seiner Frau.

Als Berger endet und alles applaudiert, merke ich, dass ich in Gedanken gewesen bin, fluchtartig verlasse ich den Raum, die Edmundsburg, laufe über den kleinen Vorplatz hin zum Geländer und blicke auf die sich unter mir ausbreitende Stadt.

»Na, brauchen Sie auch etwas Luft?« Schon wieder diese Stimme, ich drehe mich um, es ist Professor Berger, dessen grau-gelocktes Haar von einem Windstoß in Wallung gerät. »Sind Sie Doktorand?« »Nein«, sage ich schnell und will erklären, wer ich bin, doch Berger fällt mir ins Wort. Er winkt ab. »Vergessen Sie die Novellen«, sagt er, »die sind blumig, bieder. Zweig ist vor allem ein Historiker, ein erzählender Historiker, seine ›Sternstunden der Menschheit‹ eine Reihe von Beispielen, wie Geschichte lebendig erzählt werden kann.« Berger hebt den Zeigefinger. »Und hier, in den Lebensbeschreibungen von Balzac und Dostojewski, von Kleist und Hölderlin, von Goethe und Napoleon, hier, hier liegt die Spur.« »Die Spur zu ihm?«, frage ich. Berger nickt und dreht sich um.

Es ist Dienstag, der 13. Mai 2014, und ich verlasse das Hochplateau der Edmundsburg und folge den Stiegen, die mich weg von all den Vorträgen hinunter in die Stadt führen. Links das Festspielhaus, rechts St. Peter, ich schaue mich um mit suchendem Blick.

3

Ehe ich mich auf den Kapuzinerberg traue, die stolze Anhöhe am nördlichen Ufer der Salzach, der Ort, an dem Stefan Zweig zusammen mit seiner ersten Frau Friderike und deren beiden Töchtern fünfzehn Jahre gewohnt hat, laufe ich ein wenig durch die Stadt. Bei *Höllrigl*, der ältesten Buchhandlung Österreichs, kaufe ich ein Taschenbuch. Es ist »Triumph und Tragik des Erasmus von Rotterdam«, eines der letzten, das mir noch fehlt. Zweig hat es 1934 geschrieben, in jenem Jahr, in dem er das Haus auf dem Salzburger Kapuzinerberg verlassen hat. Er war immer auf der Flucht, denke ich, während ich mich auf einer Bank am Fluss niederlasse, von wenigen Atempausen abgesehen, war er immer auf der Flucht. Wien, Salzburg, London, New York – Petrópolis.

Während ich die ersten Kapitel lese und mir dabei immer wieder Notizen an den Rand schreibe, denke ich an das

Mädchen im Zug, ihre grünen Augen. Wie alt wird sie gewesen sein? Zwanzig? Etwas älter? Ich weiß es nicht. Weiß nicht, woher sie gekommen, wohin sie gefahren ist. Unkonzentriert blättere ich weiter, Kapitel für Kapitel, und plötzlich bin ich beim Nachwort angelangt – verfasst von keinem Geringeren als Professor Berger selbst.

»Die Biographie des heute weitgehend vergessenen Humanisten Erasmus von Rotterdam stellt einen Menschen vor, der zu einer Zeit großer Umbrüche – das Mittelalter weicht der Renaissance – eine einflussreiche Position besetzt.« Während ich lese, höre ich die wienerische Gedehntheit Bergers Worte. »Die in ganz Europa vorangetriebene Reformation der katholischen Kirche bezieht sich nicht selten auf Erasmus' Schriften. Er, als Repräsentant des Humanismus, als theologisch-philosophisch Gelehrter, wird stets um Rat gefragt. Erasmus, der in der Vermittlung von Gegensätzen, dem Austarieren, Meisterschaft beweist, kommt erst ins Stocken, als man ihn zu verpflichten sucht, Partei zu beziehen.
Obwohl Kritiker der Kirche und Sympathisant der Reformation bleibt Erasmus vage. Als Pazifist und Evolutionär, wie Zweig ihn bezeichnet, kann er die gewaltige Entschlossenheit, den rigorosen Fanatismus der Reformatoren um Martin Luther nicht unterstützen. Und so wird aus dem gedanklichen Wegbereiter der Reformation ein zurückgezogener, von beiden Seiten angefeindeter Mann, der es verpasst, als Verkünder einer neuen Weltanschauung in die Geschichte einzugehen.«

Auch Erasmus flieht, denke ich, und lege das Buch neben mich auf die Bank. Dann sehe ich hinüber auf die andere Seite des Ufers, auf der in der langsam einsetzenden Dämmerung der Kapuzinerberg bedrohlich auf mich zu warten scheint.

4

Die schon im Titel angekündigte Tragik des natürlich nicht zufällig von Zweig erwählten Protagonisten scheint mir plötzlich ein Schlüssel zu sein. Die nebenbei beschriebenen Erasmus'schen Eigenschaften, seine Reiselust, seine ganz auf das Medium des Buches ausgerichtete Lebensform, die Leichtigkeit des Schreibens, sie kommen mir bekannt vor, bekannt vom Autor selbst. Und so blättere ich noch einmal zurück, jetzt schon allmählich auf den Schein der Straßenlaternen angewiesen, und ja, da ist noch mehr, Berger hat Recht.

»Immer noch Zweig?« Ich schaue auf. Das Mädchen vom Zug. Sie lächelt. Die Straßenbeleuchtung wird von ihren Augen reflektiert. »Es tut mir leid«, sage ich. »Das weiß ich schon«, antwortet sie. Sie lächelt noch immer. Und mir ist peinlich, sie wiederzusehen, ich hatte ja nicht wissen können, dass auch sie in Salzburg den Zug verlässt, und dass auch sie – immer noch allein – abends am Ufer der Salzach spaziert.
»Und?«, fragt sie leise, »willst du mir sagen, was du eigentlich machst?« Ich schwanke. Noch einmal fliehen kann

ich nicht. »Ich hatte das Bedürfnis etwas über Zweig zu schreiben«, sage ich. »Bist du also ebenfalls ein Autor?« Ich zögere, dann schüttele ich den Kopf. »Wahrscheinlich nicht«, sage ich. Das Mädchen setzt sich neben mich. »Da ist dieser Mensch«, sage ich, »der von einem Ort zum anderen zieht, auf der Suche nach einem Platz, an dem man sein kann, denken und schreiben, dieser Mensch, der flieht, von Rückzugsort zu Rückzugsort, bis ihm das zu wenig ist.« Den letzten Halbsatz sage ich schnell und senke dabei den Blick, ich möchte nicht pathetisch sein, möchte dem Mädchen auch nicht verraten, dass ich hier bin, um einen ganzen Roman zu schreiben, es klänge allzu vermessen für einen wie mich.

5

Wir überqueren den Fluss. Von der Staatsbrücke aus biegen wir in die Linzergasse ein. »Hier«, sage ich, und zeige auf die Toreinfahrt, hinter der die Stiegen, die auf den Kapuzinerberg hinaufführen, schon zu sehen sind. Das Mädchen nickt mir aufmunternd zu, ich frage mich, ob ich ohne sie noch immer am Ufer säße, mir ewig Notizen machte, um auch ja niemals, niemals mit meinem Roman zu beginnen.

Die Stadt, in der Zweig als Schriftsteller seine erfolgreichste Zeit erlebt hat, ist ihm nie so recht ans Herz gewachsen. Seine kleine, alljährliche Flucht, sobald der Rummel der Salzburger Festspiele beginnt, ist nur ein kleiner Hinweis auf das latente Unwohlsein in ihm. Im Februar 1934, der »Erasmus« ist noch nicht geschrieben, hat Zweig von Salzburg innerlich schon Abschied genommen. Als eines frühen Morgens vier Polizisten vor der Tür stehen, um nach angeblichen Waffen sein Haus zu durchsuchen, ist die Entscheidung gefallen. In einem Land, in der die Freiheit des Individuums in solch erschreckender Weise mit Füßen getreten wird, kann Zweig nicht mehr sein.

»Hier ist es«, sage ich. Wir stehen vorm Gartentor, Kapuzinerberg 5. Privatbesitz. Durchgang verboten. »Ich kann nichts sehen«, sagt das Mädchen, und sie hat Recht, überall verdecken Bäume die Sicht auf das Haus. Nur ab und zu ist zwischen den Blättern der gelbe Anstrich der Villa zu sehen. Nach einer Weile, in der wir überlegen, über den Zaun zu steigen, die Idee aber gleich wieder verwerfen, gehen wir weiter.

»Und fängst du jetzt an?« Wir stehen auf dem Berg und schauen hinab. Kein Stern am Himmel, und doch: Salzburg glitzert. »Womit?«, frage ich, und merke, dass ich froh bin, nicht allein zu sein. »Mit deinem Roman.« Sie lächelt und ihre grünen Augen leuchten unheimlich wissend. »Ich habe dir nie davon erzählt.« Das Mädchen winkt ab – es ist exakt die Geste des Professors. »Vielleicht erzählst du erst einmal von dir«, fährt das Mädchen fort, »von deiner Reise, deiner Flucht, einige Fakten, ein bisschen Fiktion, hier und da eine erfundene Person ...« Ich weiß nicht, wir blicken auf die Stadt, die doch nur eine Reihe von Häusern an einem kleinen Fluss in einem kleinen Land in einem kleinen Kontinent ist – und doch glauben wir, es sei bedeutungsvoll.

Der Mann fühlt sich schwach. Noch eine Flucht? Wohin? Diese Gedanken, die ihn noch immer verfolgen, die noch immer nichts anderes als Hoffnung auf Leben sind, erschüttern ihn zutiefst, tiefer als es die Ängste, eingesperrt, gefasst zu werden, tun. Er schüttelt sie ab. Petrópolis, der letzte Halt. Keine Freunde, keine Bücher. Sein Sprach- und Kulturraum sind unerreichbar verstellt. Es bleibt nur Flucht.

***Robin Baller**, geboren 1987 in Offenbach am Main, ist Autor und Musiker. Für einen Auszug aus seinem Roman »Bodmin Paris« hat er 2013 den Martha-Saalfeld-Förderpreis erhalten. In und neben seinen literarischen Arbeiten beschäftigt er sich mit philosophischen und literaturwissenschaftlichen Themen. Robin Baller ist Begründer und Organisator der seit über zwei Jahren regelmäßig stattfindenden Lesungsreihe »Textbühne Mainz«.*

Linda Rachel Sabiers

Frau im Spiegel

Das Weckerklingeln, das sich wie ein ungebetener Bote in meinen Schlaf schleicht, reißt mich unsanft aus einer traumlosen Nacht. Langsam öffne ich ein Auge, blinzle der durch die Vorhänge fallenden Wintersonne entgegen und spüre jetzt schon, dass heute kein Tag wie jeder andere ist. Haltlos schaue ich mich in meinem Schlafzimmer um, sehe eine mit Intarsien verzierte Kommode, spüre die weichen Daunen der Decke auf meinen nackten Beinen und rieche den Duft eines Schlafzimmers, das während der letzten sieben Stunden von Atem und warmer Haut durchzogen war. Es ist sieben Uhr zwei, gleich drei, und ich weiß bloß, dass ich aufstehen muss. Jedoch nicht, wieso. Mit klopfendem Herz quäle ich mich müde aus meinem Bett, bewege mich mit zittrigen Knien in die Küche, greife gezielt nach einem Kristallglas aus dem Küchenschrank, der, zart und aus dunklem Kirschholz geschnitzt, an der Wand steht. Schluck für Schluck benetzt lauwarmes Wasser meine trockene Kehle und wärmt meinen leeren Magen Zentimeter für Zentimeter. Auch dieses Ritual geschieht unbewusst und ahnungslos.
Es ist sieben Uhr vierzehn und ich fühle mich gehetzt, unruhig und nicht bei mir. Duschen, Zähneputzen, Eincremen, besonders die empfindliche Partie um meine

Augen. Wie ein Statist meines eigenen Theaterstücks, das ich nicht geschrieben habe, die Hauptrolle jedoch spielen muss. Im Spiegel erkenne ich eine junge Frau, vielleicht Ende zwanzig. Dunkelbraunes, gewelltes Haar, das sich, weich und glänzend, über ihre nackten Brüste legt. Ein paar hellbraune Sommersprossen auf den hohen Wangenknochen, rosiger Teint, etwas zu blass, frische Luft sollte helfen, eine schmale Nase mit kleinem, aber markantem Höcker auf der Mitte des Nasenrückens. Während ich auf mein Dekolleté schaue, sehe ich mein Herz schlagen. Schnell, mit kurzen Aussetzern. Als sei etwas nicht in Ordnung. Doch dafür ist jetzt keine Zeit, sagt mir etwas. Ohne mein Gesicht abzutrocknen, suche ich wintergerechte Kleidung zusammen, stolpere dabei mehrmals, und spüre, dass ich raus muss. Ich weiß nicht wieso. Um sieben Uhr zweiundvierzig verlasse ich, einen Schal schützend um meinen Hals gelegt, die Wohnung und mache erste unsichere Schritte in diese mir heute so fremde Welt. Wie von einer unsichtbaren Hand gezogen und von Kräften geschoben laufe ich durch ein Wohnviertel, das ich eigentlich bis in die letzte Ecke kennen müsste. Nicht aber heute. Kahle Bäume säumen die sauberen Bordsteine, vor den Eingängen prächtiger Altbauten sind tief in den Boden in der Sonne glitzernde Stolpersteine eingegraben, wie mahnende, tote Klingelschilder, deren Namen zu keiner Wohnung mehr führen. Als ich an einem polierten Schaufenster vorbeilaufe, sehe ich sie wieder, diese junge Frau mit den dunkelbraunen Haaren. Ich bleibe stehen, trete näher und fahre mit meinem Zeigefinger

die Konturen ihrer Silhouette nach, die meine eigene ist. »Wer bist du? Wer bin ich?«, flüstere ich in den noch menschenleeren Morgen. Verdammte Scheiße, was ist los hier?
»Na sagen Se mal, junge Frau. Nehmen Sie sofort Ihre schmierigen Hände von meinem Fenster! Glauben Sie, ich habe das umsonst in aller Herrgottsfrühe geputzt?« Erschrocken ziehe ich meinen Zeigefinger zurück und vergrabe meine Hände peinlich berührt in den Taschen meines Wintermantels. »Ich … ich …«. Mir bleibt nur ein Stammeln.

»Ich, ich, ich! Nun sagen Sie mal, was das soll?«, möchte die Frau schroff von mir wissen. Ich schätze sie auf Ende 60. Die Antwort, die sie will, habe ich nicht mal für mich selbst. Ich habe keine Ahnung, was hier passiert. Etwas, das mich ausmacht, hat meinen Körper verlassen.
»Entschuldigen Sie, es war nicht meine Absicht, Ihre Scheibe zu beschmieren. Ich sah einfach …«, bevor ich mich irgendwie erklären kann, unterbricht sie mich wieder.
»Lassen Sie es einfach und gehen am besten dahin, wo sie hinwollten.« Gute Idee, denke ich mir. Wenn ich das wüsste. Anstatt mich ein letztes Mal zu erklären, nicke ich höflich und gehe stumm meines ziellosen Weges.

Die Straßen füllen sich schnell. Ich weiß nicht damit umzugehen. Jeder scheint ein Ziel zu haben. Manche lächeln. Es sind wenige. Viele Gesichter strahlen schon morgens eine gewisse Resignation aus. Doch heute, an diesem unvertrauten Dienstag, kann ich nicht mehr urteilen. Ich sehe nur, nehme wahr. Und beneide sie. Die unsichtbare Kraft reißt weiter an meinen Handgelenken, meinen Knöcheln und Schultern. Im Laufschritt sehe ich dick beklebte, bunte Litfaßsäulen und überall Zeitungen. Zeitungsseiten in der Luft, Zeitungen auf dem Boden, an Häuserfassaden, in den Händen eiliger Passanten, die sich rücksichtslos, nicht selten durch Schulterstöße und genervtes Stöhnen, ihren Weg durch den Fußgängerverkehr bahnen. Schlagzeilen, überall Schlagzeilen. »Sie kommen«, »Sie fliehen«, «Sie frieren«. Wer sind »sie«? Wer sind diese Menschen, deren Gesichter mich von den Titelseiten ausdruckslos anstarren und an jenes erinnern, dass ich heute in der Reflexion aus Spiegeln und Scheiben selber sehe.

Mein Kopf schmerzt. Auf dem Bahnsteig laufe ich nervös hin und her. Das gleißende Morgenlicht überzieht alles um mich herum mit einem gelben Filter, der sich gemächlich gegen das Eisblau des nahenden Winters durchsetzt. Die auf der Anzeigetafel für in zwei Minuten angekündigte S-Bahn trifft mit lautem Zischen und Rattern etwas zu früh ein. Wie aufgeschreckt setzt sich die mit mir wartende Masse in Bewegung und nimmt mich einfach mit.

Wie unglückliche Lemminge stehen und sitzen sie um mich herum und schauen auf den Boden, während sich die stählerne Karawane durch die langsam erwachende Stadt schlängelt. Kein Lächeln, kein Glanz in den Augen, kein Blickaustausch. Müdigkeit hat einen Geruch, sie riecht nach Linoleum, nach Bahnsteig und nach Winternebel. Selbst die wärmende Morgensonne scheint machtlos gegen den Unmut zu sein: Die Strahlen ersticken im dicken Fell der Individuen, kitzeln nur an meiner Nase. Der Nase der einzigen Ahnungslosen. Wir ruckeln im Takt. Manch einer hat die Augen geschlossen – woran man wohl denkt, wenn man die Augen schließen muss, um nicht dort zu sein, wo man ist?

Mit einem Mal wird es unglaublich laut in unserem Waggon. Die eben noch gesenkten Köpfe schauen nun alle in meine Richtung und reden auf mich ein. Ein urbanes Babel, dessen Sprachen ich nicht identifizieren kann. Panisch sinke ich noch tiefer in meinen Sitz, da ich plötzlich meine Beine nicht spüre. Darüber hinaus ist es soweit unmöglich, den fahrenden Zug zu verlassen. Mir ist danach, meine Ohren zuzuhalten und gleichzeitig alles zu hören, was um mich herum gesagt wird. Das Szenario zieht mich wie Treibsand immer tiefer.

Was willst du hier?
Geh wieder weg!
Sag uns wer du bist!
Wo kommst du her?
Deinen Namen, sag ihn!

Sie schreien mich an, weil ich nicht antworten kann. Ich verhalte mich unauffällig. Versuche, anhand der an mir vorbeirauschenden Bürotürme zu erkennen, wo die Bahn hinfährt. Dabei sehe ich zum wiederholten Male meine fremden Umrisse im Fenster der S-Bahn. Es ist eng, zu eng. Schulter an Schulter, es riecht nach allem und nach nichts. Wie fremdgesteuert und mit schwitzigen, zitternden Hände öffne ich meine Handtasche. Dann ist es, als verliere ich den Glauben, in mich, die ich nicht kenne, und diesen Tag, der mich auch nicht zu kennen scheint: Ich ziehe Fotos hervor, alte, verblichene Fotos. Sie kommen mir entgegen, unzählig, verteilen sich um mich herum und auf meinem Körper. Wie ein Springbrunnen aus Bildern, die ein unlösbares Puzzle aus Jahrzehnte währenden Erinnerungen bilden. Ich sehe einen kleinen Jungen mit Schiebermütze aus braunem Tweed, drehe das Bild rum und lese »Opa, ca. 1939«.

Mein Großvater? Dann weitere Gruppenbilder mir unbekannter Personen, die mit »Großtante«, »Mama«, »Onkel Isaac« und »unbekannt« beschriftet sind. Wieder diese Panik, die aus dem Gefühl resultiert, keine Identität zu haben.

Aus Panik wird Hysterie. Mir ist heiß und kalt zugleich, während ich versuche, mich aus dem Berg aus Fotos und diesem Waggon zu befreien. Mit der mir verbleibenden Kraft zwänge ich mich durch die Masse der weiterhin auf mich einredenden Menschenmenge. Ich lasse die Tasche, die Fotos und die Stimmen hinter mir, als ich die Türen mit Gewalt öffne und mich aus der langsamer werdenden S-Bahn stürze. Unsanft, aber unversehrt lande ich auf dem schmutzigen Betonboden einer Haltestelle, an

der ich nie zuvor gewesen bin. Für einige Sekunden, es können auch Minuten sein, verharre ich in Schockstarre, bevor ich den Ausgang suche.
So klopfe ich den Dreck von meiner Hose, ziehe den Mantel zu und fange an zu laufen. Doch keiner meiner Schritte bringt mich voran. Der Bahnsteig wird zu einer endlosen, waagerechten Rolltreppe, die, einmal in Gang gesetzt, nicht aufhört zu rotieren. Nun fange ich an zu rennen, ringe nach Luft, suche ich nach etwas, von dem ich gar nicht wusste, es zu suchen, in meiner Manteltasche. Dann habe ich einen Taschenspiegel in meiner Hand, renne weiter und schaue hinein. Mit Tränen vermischte Wimperntusche rinnt wie schwarze Baumwurzeln an diesen Wangen herunter, von denen ich nicht weiß, ob sie jemals gestreichelt oder geküsst wurden.

Trauer und Resignation breiten sich in meinem Körper aus. Ich spüre, dass sich der Kampf gegen mein verschwundenes Selbst nicht mehr lohnt. Ich werde müder. Immer müder, lebensmüder. Aus der Ferne höre ich den nächsten Zug anfahren und sehe keinen anderen Ausweg mehr, als mich ganz an den Rand des Bahnsteigs zu stellen. Ich bin ganz nah. So nah, dass meine Fußspitzen ins Leere ragen. Lediglich meine Fersen tragen das gesamte Gewicht meines Körpers. Ich schließe meinen Augen, zähle langsam vor mich hin.

Fünf … vier … drei …

»Hören Sie mich? Hallo? Hören Sie mich?« Ich öffne meine Augen und blicke in das freundliche Gesicht einer Frau, die sich als meine Psychologin vorstellt. »Ich habe Sie gerade aus Ihrer Hypnose geholt. Bevor Sie irgendetwas sagen, atmen Sie bitte tief durch die Nase ein und aus!«

Ich mache das, was sie mir sagt und muss lächeln.

»Genau so. Ich reiche Ihnen jetzt einen Spiegel. Schauen Sie bitte hinein und sagen mir, was Sie sehen, ja?« Ich nehme den oval geschwungenen Spiegel in meine rechte Hand, schaue hinein, sehe meine hohen Wangenknochen, die Sommersprossen und den markanten Höcker auf meinem Nasenrücken.

»Ich. Das bin ich.«

***Linda Rachel Sabiers**, geboren 1984, studierte Kommunikation und Marketing in Köln und lebt, nach Stationen in den USA und Tel Aviv, seit 2009 als Texterin, Kolumnistin und Autorin in Berlin. Neben Lesungen ihrer Kurzgeschichtensammlung »Superbia – Berlin kommt vor dem Fall« aus dem Jahr 2014, der freien Mitarbeit für die »Jüdische Allgemeine Wochenzeitung« und ihrer Arbeit in einem Berliner Start-up, schreibt sie aktuell an ihrem ersten Roman.*

Marcus Braun

HIAWATHA

Das Wasser des Hudson war braun. Die Ausläufer eines namenlosen Hurrikans hatten den Landstrich gestreift. Es regnete seit Tagen.
Hiawatha durchquerte, einem alten Brauch gemäß, die Wälder auf dem Weg zur Küste. Seine Kleider waren durchnässt und er war hungrig; er durfte weder Feuer machen noch Nahrung zu sich nehmen. Er kaute auf Eicheln, spuckte sie nach einer Weile wieder aus.
Ab und an schaute ein Murmeltier aus einem Erdloch – die Mischung aus Heimlichtuerei und Neugier empfand Hiawatha wie Hohn. Hiawatha hasste das Meer wie ein Ägypter und der Gedanke an das Meer ließ ihn nicht los. Vor einem rituellen Untertauchen im salzigen Wasser konnte ihn nur eine Geschichte bewahren, die es wert wäre, in der Runde der Weiber erzählt zu werden; Murmeltiere, der endlose Regen, Hunger und seine stumpfe Axt, das gab noch keine Geschichte.
Nicht einmal ein Weißer war ihm bisher über den Weg gelaufen. Weiße mordeten ohne Warnung, sie waren verschlagen und stanken, ihr Atem allein schon konnte töten; Hiawatha hielt das für Altweibergeschwätz.
In einem Bach wusch er sich das Gesicht.
Hiawatha war verzweifelt, wütend, er versuchte einen

Schrei auszustoßen, umfasste mit beiden Händen seinen Hals. Ein Eichelhäher saß auf einem Baum in der Nähe und rührte sich nicht.
Hiawatha trank. Das Wasser schmeckte dumpf. Nach Tier.
Hiawatha saß im Moos. Er streichelte sein Geschlecht. Wenn er eine Hand voll feuchten braunen Eichenlaubs nahm, konnte er sich vorstellen, dass es Cheqoi war, die Frau seines älteren Bruders.
Hinter Hiawatha brach ein weißer Hirsch durchs Gebüsch. Jetzt gab auch der Eichelhäher seinen Ruf. Hiawatha blickte unverwandt aufs Wasser.

Ivan stand am Strand und betrachtete einen sehr großen Fisch, der ab und zu weit draußen seinen mächtigen Leib aus dem Wasser hob.
Ivan konnte sich diesen Fisch, der Menschen zu verschlucken und wieder auszuspeien vermochte, nur männlich vorstellen. Dabei wusste er, dass Gott auch vom Getier Mann und Weib erschaffen hatte. Dieser Fisch konnte schwimmen, wohin er wollte, da war Ivan sich sicher. Zurück nach Irland zum Beispiel. Ivan hasste diese neue Welt, aus der die Kartoffeln kamen und der Tabak.
Auf dem Schiff hatten viele die Fahrt in Angst vor dem Wasser verbracht. Ivan hingegen träumte von der Reinheit des Meeres, wollte weg von den kotigen Ausdünstungen. Tief unten, wusste Ivan, war es ruhig. Und da spannte man keine Ochsen an im Schweiße des Angesichts. Da wurde nicht gesät und nicht geerntet.

Möwen kreisten über dem Fisch. So verlor man ihn auch wenn er abtauchte nicht aus den Augen. Ivan spürte die Sonne auf seinem Wams. Er spürte die Anwesenheit eines Menschen, einen Blick.

Nur ein Dutzend Fuß neben ihm stand wie aus dem Nichts aufgetaucht ein Indianer, noch jung, vielleicht in seinem Alter. Verfroren sah er aus. Mund und Augen waren wie von einem Mädchen. Haarsträhnen fielen ihm über die Ohren auf die Schultern. Ivan lächelte. Er hatte erst wenige Indianer gesehen, Diebe, die sich in der Nähe der Siedlung herumtrieben und als vogelfrei galten.

Als Hiawatha das Meer erreichte, so würde er später erzählen, sah er sich einem riesigen Ungeheuer gegenüber. Es hatte fingerlang abstehende rote Haare, wohin man sah. Es stank zwölfmal fürchterlicher als die geplatzten Innereien einer Raubkatze.

Die Dünung rollte gleichmäßig und ruhig heran. Der Wind war schwach und kam vom Meer. Im Gürtel hatte Ivan ein Messer und in der Tasche einen kleinen Seestern. Der war für seine Schwester.

Er schirmte die Augen mit der flachen Hand ab, obwohl die schwache Sonne in seinem Rücken stand.

»Dem sagt niemand, was er zu tun oder zu lassen hat.«

Hiawatha war klar, dass neben ihm ein Mensch stand, der mutmaßlich etwas über den Fisch mitteilen wollte, welcher draußen auf dem Meer um sein Überleben kämpfte wie alle Kreaturen.

»Für den sehen wir gleich aus. Der weiß nicht, dass du ein rotes Heidenkind bist und ich ein Christenmensch. Der sieht uns hier stehen und wundert sich, was wir so aufs Wasser glotzen, und vielleicht fühlt er ein wenig, wie gern ich grade mit ihm tauschen würde. Aber du verstehst ja kein Wort.«

Ivan hatte Hiawatha bei diesen Sätzen in die Augen geschaut. Jetzt blickte er erneut auf den Ozean, aber da war nichts mehr zu sehen. Das Meer schien plötzlich spiegelglatt ölig, und Ivan roch faulen Fisch. Oder stank der Seestern in seiner Tasche, stanken seine Finger?

Ihm war schwindelig. Ihm war nicht klar, wie lange er schon neben dem jungen Indianer stand. Wäre er alleine gewesen, er hätte sich in den Sand fallen lassen. Der Indianer sah ihn an. Warum sagte er nichts? Sehr langsam streckte Ivan seine Rechte nach Hiawatha aus.

Der Indianer schickte einen dumpf pochenden Wahnwitz in Ivans ausgestreckte Hand. Der zweite Schlag traf Ivan aufs Brustbein und streckte ihn zu Boden. Ivan griff mit der Linken nach seinem Messer, aber der nächste Hieb zerschmetterte sein Handgelenk.

Er hörte eine tosende Brandung und ihm war klar, dass er sterben würde. Er schrie. So markerschütternd, dass es Hiawatha die Eingeweide zusammenzog. Hiawatha setzte einen Fuß auf Ivans Brust und schlug auf seinen Kehlkopf ein. Die stumpfe Axt federte vom Halsknorpel zurück. Er musste viel fester zuschlagen.

Endlich war es still.

Hiawatha nahm Ivans Messer, durchtrennte Ivans Kehle und schnitt ihm die Ohren ab. Danach musste er kotzen. Er schämte sich und verscharrte das Wenige, dass sein Magen hergegeben hatte, im Sand.
Die Leiche rollte er ins Meer. Die Brandung spielte mit dem Körper; Gischt spritzte auf und kurz schillerte ein winziger Regenbogen über dem toten Körper oder die Sonnenstrahlen erleuchteten einen zarten Sprühregen aus Salz und Blut. Eine einzelne kleine Wolke verschwand von einem Augenblick auf den anderen vom Himmel.

***Marcus Braun**, geboren 1971 in Bullay/Mosel, lebt in Berlin. Er schreibt Romane und Theaterstücke. Sein erster Roman »Delhi« erschien 1999 im Berlin Verlag, sein bislang letzter, »Armor«, 2007 bei Suhrkamp.*

Judith Poznan

Die Schatten der Vergangenheit

Ich war sieben Jahre alt, als meine Klassenlehrerin bei der Kontrolle der Anwesenheit meinen Namen aufrief, mich anschaute und fragte, ob ich wisse, dass es eine Stadt in Polen gäbe, die ebenfalls Poznań heißt. Dass mir diese Frage noch oft im Leben begegnen würde, wusste ich damals nicht. Denn wenn es etwas gibt, das ich oft beim Kennenlernen gefragt werde, genauso wie auch am Flughafen, beim Hotel-Check-in oder der BVG-Kontrolle, beinahe jeder möchte wissen, ob ich mir dieses verrückten Zufalls bewusst bin. Manchmal bekomme ich sogar noch Reisetipps oben drauf, wenn ich gestehe, dass ich noch nie da gewesen bin. Über die Jahre habe ich meine Antworten variiert. Bin ich besonders guter Laune, tue ich ganz überrascht und bedanke mich bei dem Fragenden für seinen Hinweis, dem ich auch ganz bestimmt mal nachgehen werde, überhaupt drücke ich dann immer brav noch mein Erstaunen über dessen vorzüglichen Geografie-Kenntnisse aus, die bei mir scheinbar nicht so ausgeprägt sind. Ein, zwei Mal habe ich auch behauptet, eine Nachfahrin der Herzogin Ryksa Elżbieta von Polen zu sein. Eigentlich sogar Königin, aber das schien mir dann doch zu anmaßend. »Man sagt, dass ich ihr unglaublich ähnlich sehe«, ging mir dann sehr selbstbewusst über die

Lippen, weil es ja erstens so sein kann und es zweitens eigentlich auch egal ist.
Das Bedürfnis, mich mit meinem Namen und meinen Wurzeln auseinanderzusetzen, kam erst spät auf. Immer mal wieder richtete sich mein Blick auf das Nachbarland, erst aber die Literatur weckte mein wahres Interesse für die Vergangenheit. Vor einiger Zeit stieß ich auf ein Buch namens »Sandberg«, geschrieben von der polnischen Schriftstellerin Joanna Bator. Ein Gesellschaftsroman, der in einer polnischen Kleinstadt spielt. »Unter dem Boden von Wałbrzych ist Kohle«, heißt es im ersten Satz, »und obendrauf Sand, und Menschen, die es aus der weiten Welt hierher, an die Stelle der Vertriebenen verschlagen hat.«
Wie ein Schleier legt sich die kalte Oktoberluft um die Stadt Wrocław, die 352 km südwestlich der Hauptstadt Polens liegt. An diesem Morgen dreht der Wind die Blätter wie ein Uhrwerk seine Zeit. Die Altstadt mit ihren Kopfsteinpflastern, ihren bunten Fassaden und barocken Plätzen ist anmutig schön, beinahe fühlt man sich wie in eine andere Epoche versetzt. Wirklich nach Sightseeing ist mir allerdings nicht zumute. Ich genieße stattdessen einfach die Kulisse, trotte ziellos durch die Straßen, überquere den Rathausplatz und bleibe schließlich vor der erstbesten Starbucks-Filiale stehen. Zu Hause werde ich dann behaupten, dass ich ganz angetan von all den kleinen Cafés war, dass die polnische Küche eine Vielzahl von Köstlichkeiten zu bieten habe, ich eigentlich gar nicht genug von den kleinen Küchlein bekommen konnte.

Abends im Hotel angekommen, bin ich völlig erschöpft vom Nichtstun. Die Einrichtung ist bescheiden. 153,67 Złoty kostet die Nacht. Das Bett ist 75 cm hoch mit der Breite einer Matratze, wie ich sie nur aus dem Zimmer meiner 3-jährigen Nichte kenne. Die Tapete ist dunkelbraun und mit einem Mandala-Muster verziert. Ich bin so müde vom Tag, dass meine Augen beim Durchsuchen des Zimmers zufallen und sie sich erst wieder öffnen, als mein Handywecker am nächsten Morgen um 7:49 Uhr läutet. Eine Minute zum Aufstehen, 14 Minuten um zu duschen, mich anzuziehen, das Hotel zu verlassen. 30 Sekunden, um die Straße zu überqueren, zwei Minuten, um auf die Bahn zu warten, 3 Stationen um zum Hauptbahnhof zu gelangen. Um 8:31 Uhr kaufe ich mir für 34,20 Złoty zwei Zugtickets. 35 Minuten später sitze ich mit einem Becher Kaffee im Zugabteil. Zwischen Wrocław und Wałbrzych liegen 64 km, was mit dem Zug 1 Stunde und 28 Minuten dauert.
Pünktlich auf die Minute erreicht der Zug die Station Wałbrzych Główny, einen Ort, an dem ich erst mal nichts erkenne, was einer urbanen Zivilisation gleichkäme. Der Bahnhof ist gespenstisch leer und baufällig, um mich herum nur Gleise und ein paar geparkte Autos. Ich fange an mit mir zu verhandeln, ob ich gleich auf den nächsten Zug zurück warten soll oder das Risiko auf mich nehme, allein meinen Weg in die Altstadt zu finden. Da weit und breit kein Fahrplan zu sehen ist, entscheide ich mich notgedrungen für Letzteres und laufe los.

Es regnet. Nach knapp 11 Minuten erblicke ich die ersten Häuser. Beeindruckt von den alten Fassaden, glaube ich auch hier wieder in einer anderen Zeit angekommen zu sein. Ich nehme den Omnibus 6 zum Marktplatz. Ich staune, dass sich wie in Wrocław die Häuser ebenfalls schön aneinanderreihen, generell jedes Fenster zu seiner Türe passt. In der Mitte des Platzes befindet sich ein Springbrunnen, der trotz des Regens unermüdlich von Tauben belagert wird. Ich laufe in den nächstgelegenen Laden und frage unbeholfen nach der »Tourystika informatyoni«. Ob das Polnisch ist weiß ich nicht, aber ich hoffe, dass man versteht, was ich meine. War es in Wrocław schon schwer gewesen, Menschen zu finden, die Englisch sprechen, scheint es hier ganz und gar ein aussichtsloses Unterfangen. Stattdessen lassen sich aber eine Menge Einwohner mit einer anderen Sprache neben der polnischen finden, nämlich Deutsch. Und so treffe ich auf drei schwatzende Damen, von denen eine auf meine Frage mit »Mein Kind, du kannst Deutsch mit mir sprechen«, antwortet.
Gerda formt ihren Mund zu einem Lächeln. Ihre kurzen Haare sind Kastanienrot getönt, doch verraten die Falten in ihrem Gesicht ihr wahres Alter. Es sind weiche Gesichtszüge mit freundlichen Augen und einer schmalen Nase, die darauf schließen lassen, dass Gerda einmal eine schöne Frau gewesen sein muss. Wir laufen ein Stück die Ul. Gdańska herunter, vorbei an den kleinen Läden mit dem Marktplatz im Rücken. Wir spazieren einen großen Bogen, wie lange kann ich nicht sagen. Nach

ein paar Minuten stellen wir uns erst mal einander richtig vor. »Judith«, sage ich »Judith Poznan«. Es kommt, wie es kommen muss, und Gerda blickt mich prüfend an. »Wusstest du, dass es eine Stadt in Polen gibt, die Poznań heißt?« – »Jap, das weiß ich«, gestehe ich und füge, anders als sonst, noch hinzu: »Mein Name wird allerdings ohne den Akzent über dem N geschrieben. Warum, weiß ich nicht. Das muss wohl irgendjemand mal vergessen haben.« Gerda überlegt kurz und entscheidet sich dann doch, noch etwas zu ergänzen. Sie sagt: »Früher hieß Poznań Posen. Verrückt diese Menschen.« Dem kann ich absolut nichts mehr hinzufügen.

Die Zeit mit Gerda vergeht schnell, denn sie ist sehr redselig. Ich mag ihr Deutsch mit dem polnischen Akzent, die Art, wie sie sich flink bewegt und ihren stolzen Blick, der sich stets nach oben gerichtet hält. Sie erzählt mir, dass sie eine Schwester in Paderborn hat, sie selbst aber nie auf die Idee kam, nach Deutschland zu gehen. Ihr Vater hatte damals kurz nach dem Krieg ein Haus gekauft und eine Bäckerei eröffnet. Ich vermute, dass Gerda zu einer der Familien gehörte, die nach sowjetischem Recht aus wirtschaftlich wichtigen Gründen bleiben durften. Eine Ausnahmereglung, die in Kraft trat und aus Deutschen innerhalb kürzester Zeit Polen machte. Gerda wurde 1944 geboren, jenem Jahr, in dem die systematische Vertreibung der Deutschen aus den ehemals besetzten Gebieten begann.

Millionen Deutsche wurden des Landes verwiesen, während andere Millionen Polen aus dem ehemaligen Ostpo-

len an der ukrainischen und weißrussischen Grenze von der Sowjetunion in das neu angeschlossene Polen umsiedelten. Oft kann ich mir solche Zahlen überhaupt nicht klarmachen, weshalb ich immer an kleine Schachfiguren auf einem Spielbrett denke, die einfach Zug um Zug von einer Hand immer weitergeschoben werden, so lange bis einer gewinnt. Manchmal glaube ich, die ganze Welt spiele Schach. Die ehemalige Bergbaustadt Waldenburg in Niederschlesien gehörte bis zum Kriegsende zu Deutschland und wurde ab dann nur noch unter dem Namen Wałbrzych verzeichnet. Hier setzt auch der Roman von Joanna Bator ein, der eigentliche Grund für meine Reise. Manchmal nämlich muss man seinen Schreibtisch verlassen, um die Wirklichkeit besser betrachten zu können, sich an Orte begeben, die einen die Vergangenheit besser verstehen lassen. Über Seiten beschreibt Bator, die selbst aus Wałbrzych stammt, in ihrem Buch, wie die Deutschen alles haben stehen und liegen lassen, wie die Straßenschilder ausgetauscht wurden und mit ihnen ein Stück Identität.
Ich versuche mir den Moment dazwischen vorzustellen. Ich sehe eine Geisterstadt vor mir mit den hübschen Häusern, in denen keiner wohnt, den kleinen engen Straßen, durch die niemand läuft. Bator zeigt die Perspektive der Polen, die dort ankommen und plötzlich von fremden Tellern essen, in fremden Betten schlafen, beschreibt, wie man aus deutschen Gardinen polnische Hochzeitskleider macht. Der Roman erzählt von der Geschichte dreier Generationen im Spiegel ihrer Zeit. Großmutter Zofia, Mutter Jadzia und Tochter Dominika.

Die Geschichte meiner Familien gleicht der vieler anderer und besonders darin, dass ich nur wenig über das Einzelschicksal meiner Groß- und Urgroßeltern weiß. Ich erinnere mich, dass mein Großvater immer irgendetwas von einem Stück Wald faselte, dass er eines Tages nach drüben fahren wollte, um einzufordern, was rechtmäßig ihm gehöre. In meiner Erinnerung als Kind hatte mein Großvater nie viel übrig für die Polen. Ein Groll, den ich mir damals nicht erklären konnte, nach dessen Ursprung ich mich nicht zu fragen getraut habe. Irgendwann im Laufe der Jahre legte sich sein Gram ein wenig. Polnische Salami wurde gern gegessen, man fuhr regelmäßig von Berlin über die Grenze nach Polen Zigaretten kaufen oder ließ sich das Auto voll auftanken. Viel haben meine Großeltern über die Vergangenheit nicht gesprochen, gefragt habe ich nie. Jetzt, wo ich all das wissen möchte, ist es zu spät. Sie sind beide tot.
Bei dem Wort Nazi schafft es Gerda immer wieder gekonnt auszuweichen. Nichts aus ihrer Erzählung deutet darauf hin, dass die Nachkriegsjahre eine harte Zeit gewesen waren. Gerda hat sich ihre Erinnerung, so wie viele andere auch, selbst konstruiert. Soll sie sich doch erinnern, woran sie möchte, mir würde es im Traum nicht einfallen, ihre Geschichten zu hinterfragen. Trotzdem platziere ich immer mal wieder die Worte Hitler, Nazi, Flucht und Vertreibung, nur um zu schauen, wie ihre Reaktion ist. Vor dem Büro der Touristeninformation angekommen, gleich neben der Bibliothek, verabschiede ich mich herzlich von Gerda, bedanke mich für den klei-

nen Spaziergang und beobachte ihren schnellen Gang, bis ich durch die Tür gehe. Dort decke ich mich erst mal mit Broschüren und einem Stadtplan ein, so als wolle ich doppelt so viel von dem nachholen, wonach mir gestern nicht der Sinn stand. Ich verlasse die Altstadt, steige in den Bus A, der entlang der Wrocławska minutenlang geradeaus fährt. Eben noch in der edlen Altstadt, öffnet sich aus dem Busfenster schauend links und rechts von mir eine ganz andere Welt. Plattenbauten, nichts als Plattenbauten. Die Wohnsiedlung Piaskowa Góra, gebaut in den 1960er Jahren, liegt auf einem Hügel am Rande der Stadt. Als die Siedlung neu errichtet wurde, galt es als en vogue hier einzuziehen. Von dieser Zeit erzählt Bator auch. Detailgetreu spiegelt sie das Leben ihrer fiktiven Figuren, die auf 40 qm nicht viel haben, aber groß träumen. Viele, die hier früher lebten, wurden vertrieben, mussten für sich und ihre Familien ein neues Zuhause schaffen. Was für die Großeltern Erinnerung war, muss die Generation um Dominika selbst rekonstruieren. Schwer wiegen die Altlasten auf den Schultern der vergewaltigten Großmutter, die nicht weiß, wie sie ihre Tochter lieben kann und erst mit der Enkelin alle stillgelegten Gefühle zum Vorschein bringt. Die Mutter Jadzia, die vom fernen Westen träumt, sich regelmäßig die Kinder aus dem Unterleib schaben lässt, sich nicht erklären kann, warum ihre Tochter Dominika so anders ist. Die durchschaut nämlich das Leben ihrer Eltern, ihrer Nachbarn. In die weite Welt möchte sie hinaus. Mit ihr ein neuer Anfang. Für Bator kann jeder selbst entscheiden, wie viel Bedeutung man den Teilelementen der eigenen Wurzeln beimisst. Die Schmerzen der Vergangenheit, das Trauma einer ganzen Gesellschaft, die Hoffnung auf ein besseres Leben, das alles zieht sich im Roman über mehrere Stockwerke hindurch.

Ich stehe vor einem riesigen rosa Wohnblock, zähle die Fenster, wie sie wabenartig jeweils 11 Geschosse nach oben reichen. Die 198 Fenster werden vom Regen berieselt, dessen Tropfen an dem Glas abperlen und nach unten laufen. Ein Gefühl der Wehmut überkommt mich, bis schließlich Tränen meine Augen füllen. Ich denke an Gerda und meinen Großvater. Ich denke an die Vergangenheit, die wie ein schwarzer Schatten mich mit jedem Schritt begleitet. Zwar kenne ich die Plattenbauten in Marzahn und Hohenschönhausen schon deswegen, weil ich selbst die ersten Jahre meines Lebens dort verbracht habe, aber ich habe mir nie die Zeit genommen, einmal genauer hinzuschauen. Die Wehmut schlägt um in Wut, ich weiß nicht woher sie kommt.

Der Regen wird heftiger und die Tränen vermischen sich mit den Tropfen auf meiner Haut. Ich laufe ein Stück die Ul. Janusza Kusocińskiego herunter, biege rechts in die Ludwika Hirszfelda und halte vor einem kleinen Café an. Draußen vor der Tür stehen Männer und betrinken sich genauso, wie Bator es beschrieben hat. Hier regiert Uniformität. Die Tristesse, sie muss weggetrunken werden. Mein Weg führt mich weiter hoch zum nördlichen Rand des Berges, an dem ein großes Kaufland-Schild prangt. Ich blicke vom Berg Richtung Westen. Irgendwo da, ganz weit hinten, ist die Grenze zu Deutschland, die nicht mal

zwei Autostunden von hier entfernt ist. Was für ein gewaltiger Unterschied zwischen dem Punkt, an dem ich stehe und der anderen Seite, auf der alles besser scheint. Zwei Welten und doch ist die Luft, die vom Wind getragen wird, eigentlich überall dieselbe. Ich atme tief ein. Nach ein paar Stunden gewöhne ich mich an die Umgebung. Die Schönheit des Augenblicks liegt im Betrachter und so kann ich tatsächlich dem wilden Treiben zwischen all den hohen, bunten Häusern etwas Positives abgewinnen. New York, denke ich, muss sich in etwa auch so anfühlen.
1 Stunde und 28 Minuten später bin ich zurück in Wrocław. Eiligen Schrittes suche ich die Bahnhofsbuchhandlung auf. Ich möchte mir die polnische Ausgabe von Bators Buch kaufen, bevor der Bus mich um 19:30 Uhr zurück nach Berlin fährt. Nicht, dass ich das Buch jemals lesen könnte, aber ich möchte es besitzen. Zu meiner Überraschung haben sie »Piaskowa Góra« tatsächlich vorrätig, für 27,93 Złoty. Die junge Kassiererin, die ausgezeichnet Deutsch spricht, nimmt freundlich meine Kreditkarte entgegen, ich ahne es, ihr Blick bleibt kurz bei meinem Namen stehen. Komm schon, denke ich, du willst es doch wissen. Frag mich! Frag mich! Die Frau öffnet ihren Mund. Sie sagt: »Oh, Poznan!« Ich denke: Ja, schieß los. Ihr Mund breitet sich zu einem Lächeln. »Wusstest du, dass der Großvater deiner Bundeskanzlerin aus Poznań stammt?«
Ich bin sprachlos. Nein, das wusste ich nicht.

Judith Poznan *ist gelernte Buchhändlerin, studiert in Berlin Literaturwissenschaften und Publizistik und ist als freie Journalistin und Moderatorin tätig. Regelmäßig schreibt sie für das Online-Magazin »im gegenteil«. Sie war Mitorganisatorin der Lesereihe »Readings for Refugees«.*

Anik Feit

LEICHTGEWICHT

Am Anfang war das Bild. Sie weiß nicht mehr, wann. Sie weiß nicht mehr, wo. Aber es war da, und sie hat es gesehen. Keine Reproduktion, sondern ein richtiges Bild. Gerahmt natürlich. Auf Leinen. Ölfarben. Ölfarben? Woher weiß sie das? Sie weiß es nicht. Aber sie hat es gesehen, das Bild auf Leinen und in Öl. Es zeigte eine fliegende Kugel. Mit vielen schönen Dingen. Eine Posaune, ein Sessel, ein Weinfass, eine Büste, ein Löwe, ein Tisch vielleicht, Lorbeer, und ein fliegendes Pferd, das einem Einhorn glich, oder umgekehrt. Ein Fahrrad? Ein Klavier. Nein, kein Klavier. Die Kugel war gar keine Kugel. Das hatte sie sofort erkannt. Sie schwebte. Ohne Grollen schwebte sie durch die Nacht. Den Strand entlang. Bestimmt und selbstbewusst, zweifelfrei. Wann war das? Wann hat sie das Bild, die Kugel gesehen? Das weiß sie nicht. Aber alles stimmt. Einen Löwen hat sie nie gesehen. Sie war nie im Zoo. Auch nicht in Afrika. Zu Hause standen Stühle, keine Sessel. Lorbeer kennt sie. Die Großmutter hat immer ein Lorbeerblatt in den Eintopf gegeben. Eines. Getrocknet. Posaunen kennt sie auch. Abends beim Volksfest, damals. Und Fässer in rauen Mengen. Büsten hat sie wohl auch gesehen, aber nicht als solche wahrgenommen. Nichtsdestotrotz stürmt sie jetzt über den Strand, leicht, schwebend. Eine Kugel. Sie ist Büste, Posaune, Sessel, Fass, Lorbeer, Löwe und vielleicht sogar Klavier. Den Schatten darf man nicht vergessen. Der Schatten ist wichtig. Aus ihm heraus erst wird das Ganze ein Ganzes. Sie stürmt schwebend über den Strand hinaus. Nichts kann sie aufhalten, nichts wagt es, sich ihr in den Weg zu stellen. Außer Atem ist sie lange schon, und hungrig. Aber sie kann nicht anhalten. Sie will nicht. Sie muss weiter.

Ein Windstoß, abgeschwächt bereits, trägt sie über die Straße, gegen das Hindernis. Jetzt ist Schluss. Jetzt kann sie nicht mehr weiter, hängt am Hindernis fest. Die Posaune stöhnt. Das Klavier ächzt. Also doch ein Klavier? Ein Baum, das Hindernis ist ein Baum, ein Apfelbaum. Glücklich streckt sie ihre Arme aus, saugt gierig die Äpfel ein. Schnell. Ein, zwei, drei, vier, fünf. Neunzehn hat sie nun geschafft. Neunzehn Äpfel, bevor es schreit: »Halt! Dieb!« Schnell zieht sie die Arme in die Kugel hinein. Will zurück auf die Straße. Zurück in den Wind. Da geschieht etwas Verstörendes.

Jemand greift in sie hinein, hebt sie samt Büste, Löwe, Posaune, Sessel, Einhorn, samt allem hoch, und quetscht ihr die Finger in den Nacken. Mit großen Augen starrt sie ihn an. Sie hat ein Bild gesehen. Ihn interessiert das nicht. Er ist groß und stark. Er könnte sogar Münchhausens Kugel in einer Hand halten. Er ist schön. Er trägt einen Schnauzer, hat volles, dunkles Haar, eine gerade Nase, tiefschwarze Augen und eine blaue Uniform. Er ist stolz. Er gräbt seine Finger in ihren Nacken. Es schmerzt. Ihn interessiert das nicht. Er will zeigen, dass er jemand

ist, jemand, auf den man sich verlassen kann. Er zieht ein Telefon. Er hechelt, als wäre es andersherum, als würde sie ihm die Finger in den Nacken krallen. Er hechelt ins Telefon: »Ein Dieb! Ein Dieb!« Er trägt nur ganz wenige Abzeichen, er muss sich noch beweisen.
Auf der Terrasse des Hauses, das zu dem Apfelbaum gehört, steht eine wunderschöne, vollschlanke, blonde Frau mit gebärfreudigem Becken und schlägt die Hände über dem Kopf zusammen. Da begreift sie, dass dies ihr Verhängnis sein wird: Eine schöne, blonde Frau und ein nicht minder schöner, dunkelhaariger Mann in blauer Uniform. Das ist großes Pech. Die vollschlanke, blonde Frau schlägt immer noch die Hände über dem Kopf zusammen. Ein Dieb! In ihrem Garten. Gerade jetzt, da, er. Wie stark er ist! Wie blendend er aussieht, in seiner blauen Uniform. Doch nicht alles ist Glück, was danach aussieht. Auch für die blonde Frau ist dies eindeutig der falsche Zeitpunkt. Büßen aber wird nur sie. Das Übliche halt. Während der schöne Mann in seiner Uniform ihr weiterhin seine Finger in den Nacken krallt, schwillt seine Brust an. Nun wird er es allen zeigen. Dass er einer ist. Einer zum Bewundern. Zum Befördern auch. Hinaus aus dem Dorf, rein in die Stadt. So einer ist er nämlich. Seine Brust schwillt und schwillt. Dann kommt die Wanne. Sie wird hineingeschoben. Der Wind, der Verräter, hilft ihr nicht heraus aus der misslichen Lage. Durch die Scheibe der Wanne mit den Augen des Löwen sieht sie, wie die Uniform über der geschwollenen Brust auf das gebärfreudige Becken zuschlendert. Nun weiß es jeder, nämlich,

dass er zu dieser Zeit an diesem Ort nur deswegen ist, weil es einen Dieb gegeben hat, den er dingfest machen musste.

Doch da sitzt sie schon vor dem Kommissar der Kreisstadt, zu deren Territorium das Haus gehört, das zum Apfelbaum gehört. Der Kommissar packt ihr keine Krallen in den Nacken. Er ist nicht stolz und nicht groß. Aber auch er trägt eine Uniform. Sie hat Angst vor Uniformen. Immer schon. Oder schon seit sehr Langem. Der Kommissar hat eine angenehm rauchige Stimme, und macht lange Pausen zwischen seinen Sätzen. Das gefällt ihr. Nun möchte auch sie ihm gefallen. »Einmal habe ich ein Bild gesehen.« Aber sie kann sich nicht erinnern, wann und wo. Er ist enttäuscht. Das spürt sie gut, deswegen strengt sie sich an. Sie strengt sich über die Maßen an. Sie will es unbedingt richtig machen. Sie sagt: »Es war in einer Stadt, die nicht München hieß, und auch nicht die Eifel. Vielleicht Berlin, oder Warschau, Amsterdam. Aber nicht damals, als mein Freund nicht zum Abendessen erschien. Es war auch nicht, als der Herr mich küsste. Es war nicht im Café, und nicht, als man den Anarchisten zusammenschlug.« Aber wann dann? »Es war nicht im Zug, nicht im Krankenhaus, nicht im Wald, und nicht im Radio. Und auch nicht, als meine Tochter starb. Aber einmal habe ich ein Bild gesehen.« Dann weint sie, kläglich. Der Kommissar reicht ihr ein Taschentuch. Er schwitzt. Was, da kein Wind weht, durchaus normal ist. Mit seiner rauchigen Stimme sagt der Kommissar: »Nun lassen sie mal die Hälfte der Äpfel hier. Und dann wird alles gut.« Sie gerät in Panik. Wie viel ist die Hälfte der Äpfel? »Schon gut, schon gut«, murmelt der Kommissar. »Geben Sie mir einfach einen Apfel, und dann hat sich das.« Sie aber weiß plötzlich nicht, was er von ihr will. Er ist nett, das weiß sie, aber was um Himmels willen will er von ihr? Auch sie will nett sein. Also greift sie in sich und reicht dem netten Kommissar das Klavier. Sie erschrickt furchtbar. Ein Klavier ist kein Apfel. Wie dumm von ihr. Aber der Kommissar lächelt freundlich, und bedankt sich. »Es ist nicht schlimm«, sagt sie, »das Klavier ist eh zu schwer, und obendrein nicht gesichert«. Da greift der Kommissar zum Telefon und verlangt nach einem Namen, den sie noch nie gehört hat. Wieder hat sie Angst. Das ist heute nicht ihr Tag. Heftig schüttelt sie den Kopf. Der Kommissar bleibt freundlich, sagt, alles wäre in bester Ordnung. Trotzdem ist immer noch kein Wind zu spüren.

Eine vierschrötige Frau mit braunem Haar, die nicht im Entfernten so schön ist wie die Blonde auf der Terrasse, die zu dem Apfelbaum gehört, die dafür aber ebenfalls eine blaue Uniform trägt, schiebt sie nun einen langen, schmalen Gang hinunter. Sie ringt nach Luft, glaubt ersticken zu müssen, aber die vierschrötige Frau schiebt sie gnadenlos den Gang hinunter. Als wäre sie ein Leichtgewicht. Sie ist ein Leichtgewicht. Ohne Wind fehlt ihr die Kraft, sich zu widersetzen. Sie wird nun in einen niedrigen Raum geschoben. Auch hier kein Wind. Die vierschrötige Frau bleibt draußen. Der Raum ist voll. Bekleidungsstücke türmen sich auf, in Stapeln die Wände entlang, in Haufen die freie Mitte auffüllend, in Kisten unter den beiden Holztischen. Als sie diese viel zu vielen Bekleidungsstücke sieht, wird ihr kalt. Ihr rutscht das Herz in die Hose: Das Bügeleisen! Wer hat es angestellt und nicht wieder aus? »Da war gar kein Bügeleisen auf dem Bild«, sagt sie, »nie ist da ein Bügeleisen gewesen«. Sie hat es gesehen, das Bild, ohne Bügeleisen. »Hier«, sagt eine Stimme hinter einem Kleiderturm und reicht ihr zwei Stück Trikotstoff. »Hellblau«, sagt die Stimme. »Sehr schön. Müsste passen.« Ihr wird schwindlig. Was soll sie mit Hellblau? Zögerlich greift sie in sich, zieht einen Apfel hervor und reicht ihn der Stimme. Die Stimme bedankt sich mit einem Lächeln, sie aber sieht, wie wurmstichig das Innere der Stimme ist. Sie muss sich setzen. Das ist neu. Dass die Angst sie zwingt sich zu setzen, kennt sie nicht. Es widerstrebt ihr, aber es geht nicht anders, die Knie sacken ein. »Nun nehmen Sie schon. Man hat ja auch noch anderes zu tun«, meint die nun deutlich wurmstichige Stimme. Plötzlich hält sie das Hellblau in ihren Händen. Hastig stopft sie es in die Posaune, so gut es eben geht. Sie hat verstanden: Hier darf sie nicht bleiben. Sie will nicht bleiben, auf keinen Fall. Sie stemmt sich hoch, schlurft zur Tür, so gut es eben geht. Die linke Hüfte schmerzt sehr. Doch kaum hat sie die Tür geöffnet, spürt sie ihn. Sofort fühlt sie sich besser, und der Gang wird kürzer, immer kürzer. Da geht auch schon die Vordertür auf. Und alles wird leicht. Sie lächelt. Der Wind ist also doch gekommen, sie zu retten, vor dem Pech an diesem Tag. Nun schwebt sie, trollt durch die Gegend. Was für ein Glück. Sie hat Äpfel, ihr ist warm, und leicht, und hellblau. Und sie weiß, es geht weiter. Noch ein Weilchen wird es weitergehen.

Anik Feit*, geboren 1961 in Luxemburg, lebt seit 2000 in Berlin, arbeitet als freie Dramaturgin in Berlin und Luxemburg, schreibt seit 2009 eigene Kurzgeschichten. 2014 erste Lesung gemeinsam mit Luc Spada unter dem Titel »draufgehen und reinhauen« im Grünen Salon, Berlin. 2016 erscheint »Ein Hauch von« (Kurzprosa) in Signum Blätter für Literatur und Kritik.*

Kat Kaufmann

Tausendneunhundertzweiundachtzig Jahre Exil
oder
Hätt ich das gewusst, wär ich liegen geblieben

Er blutete aus den Augen. Seine Hände bluteten auch. Das ist halt manchmal so, sagte er sich. Kenn ich schon. Bin ich anscheinend leicht überarbeitet, dachte er. Hat sich ja, seit ich 33 bin, immer wieder spontan entladen, dieser Blutbad-Mist. Der Verrückte aus dem Fünften hatte ihn aus seinem Mittagsschlaf gerissen und schrie immer noch aus dem Fenster:

»Meine Kinder sind Wölfe! Wie auch ich wittern sie das schwache Fleisch! Wie auch ich scheuen sie keinen Augenblick, es sich zu nehmen, zu erniedrigen das ganze Geschlecht, die ganze Art, die Sippe! – Sie sollen wissen: SIE SIND SCHWACH!
Dies ist mir heilig!
Dies ist es, worum ich heule nachts zum Mond!
Ich bin der Abschaum meines Abschaums, und schäume aus dem Mund, wenn ich dich wittere!

So lern doch eines Hundesohns Benehmen! So lebe, aber sieh dich an – das Blut, es haftet dir noch immer in den Haaren, unter den Nägeln, färbt die Zähne rot!
Und wütend schreien wir zum Himmel, der schwarzblau da oben waltet, dass wir nicht satt sind! Niemals satt sind! Wir sind auf ewig die Verdammnis! Wir sind auf ewig Hundesöhne! WIR sind die Art, die wir erhalten! Wir werden alles andere reißen!«

In der Wohnung nebenan lief der Fernseher schon wieder so laut. Im linken Ohr bemerkte er einen leise säuselnden Tinnitus aufsteigen.
Er fuhr den Rechner hoch und flog über die Einträge.
Empörung, brennende Häuser, drohende Kriege, ein Kätzchen, das winkt, scheiternde Verhandlungen zwischen Weltmächten. Überall spuckte man einander ins Gesicht. Er wählte sich eines der Fotos, auf dem es brannte, und schrieb in die Kommentarzeile: »Ihr seid wie Kinder, deren Arme zu kurz sind, um die Keksdose zu greifen, die oben im Regal steht! Und in der Dose liegt es ungenutzt: das lösungsorientierte Denken.«

Das war jetzt doch ganz schön angriffslustig, dachte er. Ob man ihn jetzt so versteht, fragte er sich. Aber man verstand ihn ohnehin noch nie richtig. Unter das Kätzchen schrieb er nichts. Klickte das Video aber dennoch sieben Mal an, und schaute selig zu, wie das kleine pelzige Ding da vermeintlich menschlich in die Kamera salutierte.

Jemand hatte seinen Kommentar kommentiert: »Verpiss dich, du Schwuchtel! Wegen solcher wie dir geht hier alles unter! Wahrscheinlich bist du auch so ein scheiß Schmarotzer! Du kleiner Assispast!«
Nein!, sagte er sich, da lohnt sich keine Antwort, sagte er sich, da erreicht man nichts, sagte er sich. Wenn der Mob wütet, dann wütet er. Immer noch befremdlich, diese derben Ausdrucksweisen, dachte er, doch da, wo er jetzt seit geraumer Zeit wohnte, sprach man noch um einiges härter. Aber alles hat sein Gutes – jetzt wusste er zum Beispiel nicht nur, wie man ordentlich aggro abgeht, was ihm schon bei so manchem Nachtspaziergang die Haut gerettet hatte, sondern auch, wie man eine Kalaschnikow in unter einer Minute auseinander baut und wieder zusammen. Ob er selbst mal wütend war, fragte er sich. Ja, dachte er – wenn ihm zum Beispiel die Kopfhörer beim Joggen aus Versehen im besten Part eines Songs aus dem einen oder dem anderen Ohr herausfielen. Er erfreute mit diesen Zwischenstopps seiner sonst so sexy dahingleitenden Joggingtour die Passanten, weil sie schadenfroh dem langhaarigen Beau zusehen konnten, wie er an seinem Unvermögen verzweifelt. Aber wie er es drehte und wendete – da konnte man doch nicht das gleiche Wort benutzen – ›WUT‹: für die Kopfhörersache und DAS? Diese wild gewordene Welt mit der überall stolz zur Schau getragenen geistigen Gewebeschwäche? Sitzen da wie Idioten, weil es ihnen einfach nicht gelingen will, die eckige Form in die kreisrunde Aussparung zu quetschen, und geraten in Rage,

dass es schlicht alle Synapsen lahmlegt!? Wer will sich denn vergleichen lassen mit denen? Wer will denn da noch wütend sein?! Ich nicht, sagte er sich, putzte die Zähne, und stellte sich vor, wie er in unter einer Minute etwa 60 Unbelehrbare einfach auf einen Schlag aus der Welt schaffen könnte mit seiner neuen Kalaschnikow, die ihm Vadim vorgestern geschenkt hatte. Ddddddddddd würde es machen, und weg wären sie, die alles Schöne in die Luft jagen wollen, unterdrücken / missbrauchen / mit der Verweigerung von Impfstoffen in die Knie zwingen / die, die sich weigern zu verstehen / die, denen die Hände zu brechen einfach nicht reichen würde … Die Liste würde lang werden. Und er müsste alles wieder selber machen. Er hatte so keinen Bock, aber ließ es sich vermeiden? Er dachte an Zombiefilme, wo Gestalten mit zerfressenen Gehirnen fremdgesteuert verwirrtes Zeug brabbelnd durch die Straßen ziehen. Im Film sind sich irgendwie immer alle einig – Dit muss weg! Das funktioniert doch sehr gut, in den Zombiefilmen!? Ddddddd ... Unbelehrbar. Aber nein. Eine unnatürliche Selektion will ökonomisch und klug gestaltet sein, dachte er. Die sogar erst recht! Früher, dachte er, früher hätte man die Zombies einfach versklaven können. Aber das war ja nun nicht mehr PC. Planen muss man. Alles gut planen. Strategisch. Wut ist Affekt, Affekt ist Quatsch, dachte er. Das wär' ja wie auf dem wohlgenährten Arsch rumzusitzen, bis man Hämorrhoiden kriegt, und dann herumwüten, weil man dem Druck da unten nicht mehr standhalten kann? Die Arche bricht, muss man halt schwimmen

lernen. Mit solchen Geschichten kannte er sich gut aus. Wütend sein hilft da gar nichts. Er band seine Haare zu einem Man Bun zusammen, und setzte sich wieder auf die Couch.
Jemand hatte erneut kommentiert: »Habt ihr überhaupt nen Vorstellung, wie viele Probleme es auch so schon in den Land hir gibt?«
Bildung und gute Manieren sind nur noch so viel wert wie eine Schreibmaschine oder ein Röhrenfernseher in Farbe, schade, dachte er, und wischte erneut das Blut mit einem Taschentuch von seinen Unterlidern, damit es nicht auf die Tastatur tropft. Your Friend Sam liked this – er klickte drauf:
Zum Hashtag #I'mInTheElevatorCuzImCominUp das Bild eines Mädchens mit riesigem Hintern, den sie so gekonnt vor die Linse geschoben hatte, dass er nicht nur doppelt so groß, sondern auch tatsächlich doppelt zu sehen war - nämlich auch in der Spiegelung des Fahrstuhlspiegels, in dem sie ›Up‹ kam. Unter dem Bild 12.085 Likes. Er überlegte – wie einfach?! Liebe, klarer Geist, Frieden – diese Dinge hätten einen eigenen Instagram Account nötig, auf dem sie Fotos von ihren fetten Bubble-Ärschen posteten mit Hashtags wie #I'mInTheElevatorCuzImCominUp. Denn weder Liebe noch Frieden noch klarer Geist schienen ohne nachzuhelfen so sexy zu sein wie so ein Doppelarsch, nicht so lukrativ, nicht so handelbar, nicht so easy to achieve, nicht so einfach zu begreifen, zu fressen, nicht so geil, geil ... Geil ist alles, worum es geht! Und Glotzen! Glotzen wie in der Glotze

der beschämenden menschlichen Dümpelei, diesem Herumgestocher im Bienenstock als perverse verhasste Sextouristen, die gekommen sind, ihre Tentakel in die Unsicherheitszone anderer zu stecken, gefrönt wird, als sei es das normalste der Welt. Fickend, saufend, schreiend, mordend, schweigend! Menschheit. Ihr geht mir ja so auf den Sack! Ich wär' verreckt für euch!!! Und alles, was ihr verstanden habt, ist: Follower! Sammle Follower! Und dann zeigt ihr ihnen den Arsch! Und jetzt schön #sekksiguckn! Und den Bettlern ein ›fuck-off-money‹ geben ... Aber eure Follower werden euch nicht retten!!! Ich weiß, wovon ich rede!!

Nebenan der Fernseher immer noch auf Anschlag. Tinnitus jetzt auch.

Aus dem Fenster hörte er wieder welche skandieren. Sie bellten und jaulten. Er verstand nicht genau, was es heißen sollte, aber es klang wie WIR SIND AUS HOLZ! WIR SIND AUS HOLZ!

Dann Hupen, Fanfaren, Geschrei. Das war wirklich nicht mehr auszuhalten!

(...)

Die Wand ist durch ... Ich hier mit dem Hammer in der Hand, und da sitzt die Fernsehfamilie jetzt und starrt mich an. Seit wann habe ich diesen Hammer in der Hand?! Meine Augen bluten immer noch. Die Hände auch. Voll auf den Teppich.

Was denn los hier mit euch allen?

WAS LOS IST MIT EUCH AAALLEEEEN???!!!!, schrie

er, und blutete weiter den Teppich voll. Und er sah sie an, und schrie: Wohin wollt ihr schwimmen, wenn die verdammte Arche sinkt?!? Und warum ihr lieber diese hochkomplexe Lebenssphäre in Schutt und Asche zerleget, anstatt euch schön am Pimmel rumzumachen, und einfach glücklich Käferchen zu bestaunen?! Und was eure Kindeskinder deren Kindeskindeskindern dann SAGEN SOLLN!?! Wenn die fragen, wie es denn damals so war?! Sagen die denen dann, sie sollen einfach mal die TIMELINE von Mama und Papa checken?!

Sagt ihr dann:

Yo Kids ...,?

Wir hatten echt ne gute Party so...,?

Sind wir alle halt n bisschen Amok gelaufen damals ... Da! Da seid ihr auch! Da! Das Video, wie ihr von der Schaukel fallt zum Beispiel. 1.362.783 Clicks/ Ist übel viral gegangen/ Als Baby schon Superstar/ Nee, hamwa nicht drüber nachgedacht ... Nee, fanden wir lustig irgendwie ...?

Oder WAS sagt ihr dann!? Sagt ihr dann:

Whatever!?

Achso, ja, das ist ein Elefant!?

Ja, gibt's nicht mehr!? Ja nee, Wasser gibt's auch nich!?

Kein Geld für Wasser!? Glaubt ihr, wir sind Millionäre, oder wie!?

Hier haste 'ne Cola!? Oh, da fällt dir ja schon wieder ein Zahn raus!?

Naja, wir haben eh nur noch Suppen hier im Bunker!?

Mama muss jetzt los!? Vielleicht haben die ja neue Leichen da oben? Weil Winterkleidung!?

Hier haste dein iPad!? Mach die Luke nicht auf nach Mitternacht!? Da kommen die
Gasbomber!? ... –

ODER WAS WOLLT IHR DENEN ERZÄHLEN?!?
WAS?!
ICH SCHREIE DOCH GAR NICHT!
NEIN, ICH SCHREIE NICHT!
WAS, *WÜTEND*?!?
WER IST DENN HIER VERFICKT NOCHMAL WÜTEND?!
ICH SCHEISSE AUF DIE WUT!
HOCHKANT!
WEIL ICH EUCH
ALLE!
ABGRUNDTIEF!
LIEBE!

Plötzlich war es ganz still. Die sagen jetzt auch nix mehr, dachte er. Ich auch nicht.
Ich nehme jetzt mein Doxepin, und werde schön runterkommen, schön Zen as Zen can, sagte er sich.
Ich kann es ihnen nicht erklären. Ich kann es ihnen einfach nicht erklären, dachte er. Dann ging er ermüdet ins Bad, setzte langsam die Dornenkrone auf, und begann seine 16-Uhr-Meditation.

***Kat Kaufmann**, geboren 1981 in St. Petersburg, lebt als Schriftstellerin, Komponistin und Fotografin in Berlin. Für ihren Debütroman »Superposition« (Hoffmann und Campe, 2015) erhielt sie den ZDF-»aspekte«-Literaturpreis 2015.*

David Safier

Mieses Karma. Das verschollene Kapitel

Ich merkte, dass ich wieder einen Körper hatte. Vorsichtig tastete ich ihn ab: Zwei Beine.
Das war gut.
Und es waren richtige Füße dran.
Noch besser.
Ohne Meerschweinchenpfoten.
Fantastisch.
Und ich hatte zwei Flügel.
Nicht gut.
So etwas von gar nicht gut.
Ich öffnete meine Augen.
Und sah Eis.
So weit das Auge reichte.
Und circa zweihunderttausend Baby-Pinguine.
Ich war in der VERFLUCHTEN ANTARKTIS!!!!!!
»Kalt! Kalt! Kalt! Kalt! Schweinekalt! Scheiße-Schweinekalt!« Diese Wörter – sowie weitere Kombinationen des Begriffs »kalt« mit wahrlich nicht jugendfreien Flüchen – schnatterte ich mit meinem Pinguinschnabel vor mich hin. Aber keine einzige dieser Formulierungen konnte auch nur ansatzweise beschreiben, wie fürchterlich kalt es tatsächlich war.
Ich stand auf einer riesigen Eisscholle, die weiter reichte

als mein Baby-Pinguin-Auge blicken konnte, und hatte ein flauschiges, braunes Fell, das mich vor den eisigen Winden so was von unzulänglich schützte, dass ich am liebsten denjenigen verklagt hätte, der für die genetische Zusammensetzung von Baby-Pinguin-Fellen verantwortlich war. (Viele glauben ja, dass Gott nicht nur die Erde, sondern auch die Tiere erschaffen hat. Allerdings: Wenn es denn Gott tatsächlich gab, ist es eine merkwürdige Vorstellung, ein Baby-Pinguin würde ihn wegen Pfuschs verklagen.)

»Kalt!« »Kalt!« »Kalt!«, schrien auch die anderen braunen Baby-Pinguine. Sie standen ebenso verloren in der Antarktis herum, wie von niemandem bestellt und daher auch nicht abgeholt. Das Geschrei wurde immer lauter und variierte, denn immer mehr der kleinen Pingis schrien nicht mehr »Kalt«, sondern: »Hunger!«

Es war ein unvorstellbarer Lärm, dagegen war ein Kindergarten, in dem gerade koffeinhaltige Cola ausgeschenkt wurde, eine Ruhezone.

Ich aber hörte auf zu schreien und hielt Ausschau nach einem besonders dicken Pinguin. Es war keiner zu sehen.

»Buddha!!!«, schrie ich verzweifelt. Er sollte mir erklären, was das hier sollte. Warum durfte ich nicht bei Lilly sein? Warum bin ich nicht als was Besseres wiedergeboren worden? Was zum Teufel (Gab es den vielleicht auch?) war hier los?

»Buddha, wenn du nicht gleich rauskommst, trete ich dich so, dass du singst wie die Bee Gees.«

Diese Drohung war aus mehreren Gründen zahnlos:

Mit meinen watscheligen Pinguinfüßen konnte ich niemanden ernsthaft treten. Und: Wenn Buddha nicht erschien, musste er auch keine Angst haben, von mir getreten zu werden.

Und genau das tat er auch: nicht erscheinen. Auch nicht, als ich meine Taktik von »zahnlosem Drohen« auf «jämmerliches Flehen« umstellte und rief: »Bitte, bitte, bitte lieber Buddha, hilf mir ...«

Ich wechselte zwischen den beiden Taktiken noch hin und her, schrie mal wütend »Wenn ich dich kriege, tanze ich Cha-Cha-Cha auf deiner Nase«, mal jämmerlich »Verzeih mir und vergiss alles, was ich jemals über Cha-Cha-Cha gesagt habe«, aber es half gar nichts: Buddha war wie ein Mann, der nach drei Dates nie wieder anruft: unempfänglich für sämtliche emotionalen Ausbrüche.

Um mich herum begannen die Pinguin-Babys noch aufgeregter »Hunger« zu schreien, denn vom Meer watschelten Zehntausende ausgewachsene Pinguine torkelnd auf uns zu. Ihre Bäuche waren so dick, dass sie sich kaum noch bewegen konnten. Sie wirkten wie befrackte Kellner, die nach einem Festmahl alle Reste aufgegessen hatten und anschließend noch einen Joint kreisen ließen.

Dennoch torkelte jeder Pinguin zielsicher auf eins der Baby-Pingis zu, offensichtlich konnten sie an der Tonfrequenz des Geschreis ausmachen, welches zu ihnen gehörte. Entweder das, oder es war ihnen völlig wurscht, zu welchem nach Essen verlangenden Kind sie watschelten.

Ich hatte auch einen rasenden Kohldampf und fragte mich, wie Pinguin-Eltern wohl ihre Kleinen versorgten. Waren die Pinguine Säugetiere? Bekam ich etwa Pin-

guin-Milch? Warum nur hatte ich in Biologie nie richtig aufgepasst?
Bei dem Gedanken, Pinguin-Milch zu trinken, fröstelte es mich noch mehr. Doch bereits einige Momente später merkte ich, dass es schlimmere Dinge gab als die Ernährung durch Muttermilch: Ich sah, dass die erwachsenen Pinguine verdauten Fisch aus ihrem Schnabel hervorwürgten und die Babys ihn gierig verschlangen. Jetzt wurde mir schlagartig klar: Die großen Pinguine torkelten so sehr, weil sie sich vorher mit Fisch vollgefressen hatten, um ihre Kleinen zu versorgen. So wollte ich nicht gefüttert werden.
»Buddhaaaaaaaaaaaaaaaa«, schrie ich!
Aber es kam kein extradicker Pinguin auf mich zugewatschelt, nur meine Pinguin-Mutter. Sie sah unglaublich genervt aus und hatte auch keinerlei Probleme damit, es mir mitzuteilen: »Wegen dir Mistvieh musste ich in dem kalten Wasser blöde Fische jagen, sie fressen und Kilometer über Eis watscheln, wie eine fette Matrone.«
Mir war sofort klar: Meine Pinguin-Mama war auch mal ein Mensch gewesen.
»So, jetzt mach deinen verdammten Schnabel auf, damit wir den Ekelkram hinter uns bringen«, sagte sie.
Und Pinguin-Mama war nicht glücklich, dass es mich gibt.
»Ich war auch mal ein Mensch«, sagte ich ihr, und sie hörte überrascht auf, das Essen hervorzuwürgen.
Ich erklärte ihr, wer ich war und was mir alles zugestoßen war, und sie hörte mit offenem Schnabel zu. Sie schloss

ihn erst, als ich fragte: »Und wer bist du?« Sie riss sich zusammen und erzählte: »Ich heiße Isabella, wurde 1960 geboren und starb 1992.«

Ich schluckte: Die arme Frau war nur 32 Jahre alt geworden. Gleich darauf schluckte ich noch mehr, denn ich war ja auch nicht älter geworden. Und dann schluckte ich am allermeisten: Isabella war schon seit Jahrzehnten ein Tier. Gut, Meister Casanova war es schon seit Jahrhunderten, aber der war ja auch berüchtigt. Doch wenn sogar ganz normale Menschen so lange als wiedergeborene Tiere leben mussten – bedeutete das nicht, dass mir das gleiche Schicksal bevorstand?

»Willst du wissen, wie ich als Mensch gelebt habe?«, fragte Pingo-Isabella. Ich wollte eigentlich ganz andere Dinge wissen, hauptsächlich wie ich hier so schnell wie möglich wieder wegkommen würde, aber da ich darauf keine Antwort erwartete, nickte ich. Dabei stellte ich fest, dass das Pinguin-Nicken fast eine Ganzkörperbewegung war, da der Hals so in den Rumpf übergeht, dass man gar nicht weiß, wo welcher Körperteil aufhört und der andere beginnt. Entsprechend knallte ich beim Nicken kopfüber auf das Eis.

Als ich mich wieder aufrappelte, erklärte Isabella: »Meine Eltern zogen mit mir von Sizilien nach Duisburg, als ich 15 war. Ich fühlte mich daher immer halb als Italienerin und halb als Deutsche.«

»Klingt schizo«, sagte ich.

»War es auch. Auch wenn es um die Liebe ging. Ich wusste nie, ob ich lieber einen deutschen oder italienischen

Mann haben wollte. Ich sag dir, italienische Männer sind temperamentvoll, aber sie wollten mich immer gleich heiraten und dass ich aufhöre zu arbeiten.«

»Und die Deutschen?«, fragte ich.

»Die sind emanzipierter. Aber die halten sich für temperamentvoll, wenn sie ungelenk auf der Tanzfläche rumhopsen», und zur Illustration hüpfte Pingo-Isabella hin und her. Und das sah wirklich so aus wie deutsche Männer beim Tanzen. Sie nahm sogar ihre Pinguin-Flügel-Hände und spielte Luftgitarre. Und sie sang dazu: «We will, we will rock you!«

Isabella kam halt aus den 80ern. Ich musste grinsen, aber sie hörte auf zu tanzen und sagte: »Jeden Tag überlegte ich, wo ich lieber sein wollte: Italien, Deutschland, Italien. Und es zerriss mich innerlich. Und dann kam 1992 der Tag, an dem sich alles änderte.«

»Was ist da passiert?«, fragte ich, nun doch etwas neugierig.

»Ich rutschte auf einer frisch gefeudelten Treppe aus und brach mir das Genick.«

»Oh«, sagte ich.

»Ich habe mein ganzes Leben als Mensch mit der Frage verplempert, welche Art zu leben wohl die beste für mich ist. Und darüber habe ich vergessen zu leben«, sagte Isabella enttäuscht, und ihre Bitterkeit darüber ließ mich schlucken.

»Du bist der erste wiedergeborene Mensch, den ich treffe«, erklärte Isabella in einem etwas weicheren Tonfall und fügte hinzu: »Die ollen Pinguine machen nichts anderes als essen, miteinander zu schlafen und von Seelöwen gefressen zu werden. Aber jetzt habe ich endlich eine Freundin.«

Sie strahlte. Aber ich konnte ihre Freude nicht teilen, denn ich sehnte mich gerade nicht nach einer Freundin – erst recht nicht nach meiner schlechten Erfahrung mit Nina. Ich sehnte mich nach Potsdam. Nach Lilly, nach Max und blöderweise auch nach Daniel Kohn. Sogar ein bisschen nach Casanova.

Aber ich wollte Isabella nicht enttäuschen und lächelte tapfer zurück.

Des Nachts schützte sie mich fürsorglich mit ihrer Körperwärme vor dem eisigen Wind. Dabei redete Isabella die ganze Zeit über alle verpassten Chancen ihres Lebens. Und obwohl ich verstand, dass man nach all den Jahren mal reden wollte, war ich etwas genervt von ihr.

Unsere Gespräche der nächsten Wochen liefen in der Regel so:

»Ich habe auch nie nackt im Regen getanzt.« »Aha.«

»Und ich habe nie mit Luca geschlafen.« »Soso.«

»Ich wollte nicht leicht zu kriegen sein.«

»Versteh ich.«

»Aber für Luca waren alle Frauen, die nicht leicht zu kriegen waren, zu schwer zu kriegen.«

»Hmm ...«

»Jetzt bereue ich es, nie mit ihm geschlafen zu haben.«

»Hm ...«

»Am liebsten hätte ich vorher noch nackt mit ihm im Regen getanzt.«

Während sie so über all ihre verpassten Männerchancen quatschte, wurde mir eins klar: Das war nie mein Problem. Ich hatte mit allen Männern etwas angefangen, die mich interessierten.
Und merkwürdigerweise hatte ich meine zielstrebige Art einer Person zu verdanken, von der ich immer glaubte, dass ich ihr gar nichts zu verdanken hatte: meiner Mutter. Ihr Lebensmotto war: »Man bereut, was man nicht tut.« Und deswegen tat sie alles, was sie wollte.
Gut, das führte dazu, dass sie einen ganzen Haufen Dinge getan hat, die sie später bereute – schließlich wurde sie Alkoholikerin –, aber sie hat nie, absolut nie bereut, etwas nicht getan zu haben. Und diese Charaktereigenschaft hatte ich von ihr geerbt.
Und deswegen war ich nicht so ein Jammerlappen wie Isabella.
Ich blickte zu den Sternen, die über der Antarktis so klar am Himmel funkelten wie wohl zu Casanovas Zeiten in Venedig, und sagte: »Danke, Mama.«
Ich fragte mich, welche Charaktereigenschaften meine kleine Tochter Lilly wohl von mir erben würde.
Und wann ich sie wiedersehen würde.
In der Antarktis lauerten viele Gefahren: Ich konnte in Gletscherspalten fallen. Ich konnte von einem Eisbären gefressen werden. Oder ich konnte von Isabella zu Tode gelangweilt werden. Ihr ständiges Wehklagen, was sie in ihrem Menschenleben alles verpasst hatte, ließ mich über die Möglichkeit nachdenken, Robbenjäger auf Pinguine umzuschulen.

Ich fragte mich, warum ich hier gelandet war. Sicherlich hatte ich gutes Karma gesammelt. Immerhin hatte ich die Meerschweinchen vor dem Bauern gerettet. Na ja, auf der anderen Seite hatte ich sie in die Gefahr gebracht, von Hasso gefressen zu werden, weil ich unbedingt sofort zu Lilly wollte. Hatte ich das ganze gute Karma dadurch wieder verloren?

»Nicht ganz«, sagte eine gemütliche Stimme, und ich sah Meister Buddha als unglaublich dicken Pinguin heranwatscheln.

»Schönen guten Tag«, sagte ich, natürlich ironisch.

»Jeder Tag ist schön, man muss das nur begreifen«, erwiderte Pinguin-Buddha gänzlich ironiefrei, dafür aber mit seinem patentierten Haschkekslächeln, das durch den Schnabel noch etwas absurder wirkte als sonst.

»Warum bin ich ein Pinguin?«, kam ich direkt auf den Punkt. Auf einen »Nutze den Tag«-Vortrag hatte ich keine Lust. Wie soll man schon als Pinguin den Tag nutzen?

»Auch als Pinguin kann man den Tag nutzen«, antwortete Buddha. Er stand jetzt genau vor mir, und ich war erneut schwer genervt, dass er Gedanken lesen konnte. Als Kind hatte ich mir immer gewünscht, Gedanken lesen zu können. Doch als Erwachsener war mir klar, dass das unangenehm sein musste. Wer will schon, wenn man den Ehemann »Schatz, bin ich zu dick?« fragt, in seinen Gedanken die Gegenfrage lesen: »Im Vergleich wozu?«

Noch schlimmer müsste es sein, in intimen Situationen die Wahrheit zu erfahren. Ich hätte gar nicht wissen wollen, an wen oder was Daniel Kohn alles dachte, als er mit mir schlief. Es wäre sicherlich schlimm gewesen zu erfahren, dass er in Gedanken bei einer anderen Frau war. Oder noch schlimmer: bei seiner Steuererklärung.

»Warum bin ich ein Pinguin?«, hakte ich nach.

»Weil du etwas mehr gutes Karma gesammelt hast«, antwortete Buddha und kratzte sich mit dem Schnabel am Flügel.

»Ein Pinguin steht höher auf der Reinkarnationsleiter als ein Meerschweinchen?«, ich konnte das nicht ganz glauben.

»Genau in der Mitte zwischen Darmbakterie und Nirwana«, bestätigte Buddha.

»Wer hat das denn so festgelegt? Du?«

»Wer denn sonst«, lächelte Buddha, und ich konnte mich des Eindrucks nicht erwehren, dass diese Rangliste der Tiere etwas willkürlich war.

»Das ist nicht willkürlich«, sagte der Gedanken lesende Pingo-Buddha, »Pinguine sind genau in der Mitte der Reinkarnationsleiter, weil sie genauso mutig wie feige sind, genauso tollpatschig wie elegant ...«

»Wo sind Pinguine denn elegant?«, fragte ich nach.

»Warte ab, bis du sie tauchen siehst«, antwortete Buddha und putzte seelenruhig sein dichtes Gefieder.

»Wenn ich schon als Pinguin wiedergeboren werde, warum bin ich dann nicht wenigstens näher an meinem Zuhause? Näher bei Lilly?«, wollte ich wissen.

»Die Route der Reise bestimmt der Reisende«, sagte Buddha.

»Manchmal klingst du wie ein Glückskeks«, erwiderte ich genervt.
»Das stimmt«, lächelte Buddha, »Aber deswegen ist das, was ich sage, nicht weniger wahr.«
»Aber dadurch, dass es nicht weniger wahr ist, ist es nicht weniger rätselhaft«, erwiderte ich schnippisch.
Er sagte als Antwort nur: »Viel Freude beim Tauchen«, und watschelte davon in Richtung eines Eisberges, den die Sonne wie tausend Scheinwerfer strahlen ließ. Und mir war klar: »Ich komme aus der Antarktis nur heraus, wenn ich weiter gutes Karma sammele.«
Doch selbst wenn ich einen blassen Schimmer gehabt hätte, wie man das als Pinguin tun kann, hätte es mir nichts genutzt, denn – wie hatte Casanova doch gesagt: »Man muss das Gute aus reinem Herzen tun, nicht aus Berechnung.« Ich konnte also das Sammeln von gutem Karma noch nicht einmal planen. Und so beschloss ich, auf eine Gelegenheit zu warten, in der ich instinktiv Gutes tun konnte.
Ich wartete lange.
Ich der Zwischenzeit wuchs ich zu einem ausgewachsenen Pinguin heran. Ich brauchte Isabella nicht mehr als Mutter und sah zu, dass ich mich, unbemerkt von ihr, einer Pinguin-Gruppe anschloss, die eine andere Eisscholle bewohnte. Es war zwar gemein, weil Isabella nun niemanden mehr hatte, den sie über ihr vergeudetes Leben vollschnattern konnte, aber dafür tötete ich sie auch nicht im Affekt. Denn das hätte ich sicherlich irgendwann getan, wenn ich mir das weiterhin jeden Tag stundenlang hätte anhören müssen. Und das hätte ihr sicherlich noch

weniger gefallen, als alleine zu sein. Und ich hätte dabei auch noch mieses Karma gesammelt.
In meinen Monaten als Pinguin stellte ich fest, dass Buddha Recht hatte: Das Leben eines erwachsenen Pinguins hatte gute und schlechte Seiten.

- Die Antarktis war zwar eiskalt, aber in ihrem weißblauen Farbenspiel einzigartig schön.
- Als Pinguin bewegte man sich an Land zwar wie ein Clown, aber beim Schwimmen und Tauchen jagte man pfeilschnell durch das wunderbar eisige Meer.
- Fisch schmeckte zwar nicht, war aber auch nicht schrecklich. Es war wie Essen in einer guten Betriebskantine.
- Manchmal war das Leben hart – zum Beispiel, wenn einen beim Schwimmen die Brandung gegen Eisklippen spülte. Aber die meiste Zeit hatte man genug Zeit zum Verdauen, in der Sonne sein Gefieder zu putzen und sich zu entspannen.
- Und entspannen konnte ich mich. Manchmal jedenfalls. Ich trauerte zwar jeden Tag stundenlang wegen Lilly und Max und schämte mich immer noch wegen Daniel Kohn, aber ich beurteilte wenigstens meine Mutter milder, hatte ich doch dank Isabella gemerkt, dass sie mir etwas entscheidend Gutes für das Leben mitgegeben hatte.
- Für ein paar Momente nutzte ich also den Tag zum Genießen, wie von Buddha vorgeschlagen. Na ja, streng genommen, nutzte ich nicht den Tag, sondern nur eben ein paar Momente. Aber es war mehr, als ich je von diesem Pinguin-Leben erwartet hätte.

Und dann kam der Tag, an dem ich gutes Karma sammelte. In meinen Gedanken hatte ich mir immer ausgemalt, dass ich mich dabei heldenhaft für einen anderen Pinguin aufopferte, ihn aus den eisigen Fluten vor einem Seelöwen rettete, am besten noch mit einem Spruch à la »Hasta la vista, Seelöwe« oder »Dieser Ozean ist zu klein für uns beide« auf den Lippen. Aber auch hier zeigte sich die Mittelmäßigkeit meines Pinguin-Daseins. Ich starb zwar und half einem anderen Pinguin, sein Leben zu ändern, aber es war eine wenig heldenhafte Tat. Und es ging um Isabella.

An einem besonders strahlenden Tag tauchte ich durch das Meerwasser und genoss das kalte Wasser, das durch mein Fell strich. Beim Auftauchen sah ich auf einem kleinen Eisfelsen vor mir Isabella hocken.

»Kim«, rief sie.

Ich tat so, als ob ich sie nicht hörte, was nicht sehr glaubwürdig war, schwamm ich doch keine 20 Zentimeter von ihr entfernt. Ich drehte mich um, hörte noch »Kim, warte doch«, und tauchte in das Meer hinab. Mein Bedarf an Gesprächen über nie getätigte Nackttänze im Regen war gedeckt.

Doch Isabella sprang hinterher. Ich tauchte geschwind durch die Meeresströmungen, vorbei an Eisbergen, Krillschwärmen und anderen schwirrenden Fischen, deren Namen ich als meeresbiologischer Analphabet noch immer nicht kannte, die aber alle verdammt lecker aussahen.

Aber ich schnappte nach keinem von ihnen, obwohl ich ziemlichen Hunger hatte, denn ich wollte Isabella entkommen. Blöderweise konnte sie deutlich schneller tauchen als ich – schließlich war sie schon seit Jahrzehnten ein Pinguin und daher mehr im Training. Und so schnitt sie mir den Weg ab.

Ich gab vor, mich unglaublich für eine Koralle zu interessieren, die unter uns lag. Ich starrte sie von allen Seiten an. Aber Isabella ging nicht weg, sie schwamm zwischen mir und der Koralle und blickte mir so lange tief in die Augen, bis ich aufgab und an die Meeresoberfläche paddelte.

Sie tauchte neben mir auf, und wir beide machten einen auf Eisberg: Kopf aus dem Wasser, sechs Siebtel des Körpers unter der Oberfläche.

»Warum haust du vor mir ab?«, fragte Isabella, mit einem Hauch von Enttäuschung.

»Ähem, ich hau nicht vor dir ab«, erwiderte ich kläglich.

»Vor wem denn dann?«

»Ähem, vor einem Seelöwen«, sagte ich.

»Ich hab keinen Seelöwen gesehen.«

»Wir waren halt schneller als er«, hielt ich dagegen.

»Und warum hast du mich verlassen?«, wechselte sie leider nicht ganz das Thema.

»Ich habe mich verlaufen.«

»Verlaufen?»

»Das kann einem schon mal passieren, hier sieht alles gleich aus.«

»Wir Pinguine haben einen guten Orientierungssinn«, sagte Isabella und sah mich vorwurfsvoll an: »Weißt du, was ich langsam glaube: Du willst mich nicht sehen.«

Ich überlegte, was ich antworten sollte. Würde ich die Wahrheit sagen, würde ich sie verletzen. Sicherlich kein Weg, um gutes Karma zu sammeln. Aber würde ich lügen und ihr sagen, dass ich sie mag, hätte ich sie wieder am Hals. Was also tun?

»Hab ich es versäumt, eine gute Freundin zu sein?«, fragte sie. Und da platzte mir der Pinguin-Frackkragen: »Du warst nie eine Freundin von mir. Ich war überhaupt nur bei dir und habe mir dein Gejammer angehört, weil ich dein Kind war!«

»Ich habe gejammert?«, fragte Isabella mit vor Staunen geöffnetem Schnabel. Meerwasser schwappte hinein, und sie musste husten.

»Ja, in einer Tour!«, sagte ich, etwas weniger sauer als zuvor. »Konzentriere dich doch mal auf dein jetziges Leben.«

»Aufs Fischefressen?«, fragte sie durcheinander.

»Aufs Karmasammeln«, erwiderte ich und dachte, von mir selbst überrascht: Ich klinge wie ein Pressesprecher von Buddha.

Isabella schaute mich an. Sicher hatte Buddha ihr auch erklärt, was sie tun musste, um ins Nirwana zu kommen. Allerdings ist es nur allzu menschlich, beziehungsweise pinguinlich, nicht das zu tun, von dem man weiß, dass es gut für einen ist: aufhören mit Rauchen, Sport treiben, aufs Fremdgehen mit Daniel Kohn verzichten ...

Aber wenn man jemanden so rundmacht, wie ich Isabella in den eisigen Wellen des antarktischen Meeres, dann

kann es schon mal sein, dass dieser jemand sein Leben doch ändert.
Isabella sagte: »Du hast recht, ich werde ...«
Mehr hörte ich nicht.
Meine Füße, die im Meere strampelten, wurden von einem Maul gepackt, mein Kopf verschwand unter die Wasseroberfläche, und ich wurde in die Tiefe gerissen. Das Letzte, was ich sah, war das zutiefst zufriedene Gesicht eines Seelöwen.

***David Safier**, geboren 1966, zählt zu den erfolgreichsten deutschsprachigen Autoren der letzten Jahre. Nach seiner Journalistenausbildung arbeitet er nun als Drehbuchautor und Schriftsteller. Die von ihm als Hauptautor entwickelte Sitcom »Berlin, Berlin« wurde sowohl mit dem Adolf-Grimme-Preis als auch dem US-amerikanischen Fernsehpreis Emmy ausgezeichnet. Seine Romane »Mieses Karma«, »Jesus liebt mich« und »Plötzlich Shakespeare« erreichten Millionenauflagen. David Safier lebt mit Familie in Bremen.*

Michel Birbæk

FREMD.

Vor 56 Jahren war mir das Leben mit meiner Familie noch fremd.
Vor 50 Jahren war mir mein Jugendfreund noch fremd.
Vor 40 Jahren war mir meine erste große Liebe noch fremd.
Vor 30 Jahren war mir meine Rockband noch fremd.
Vor 20 Jahren war mir meine Lieblings-Ex noch fremd.
Vor 10 Jahren war mir meine bislang letzte Liebe noch fremd.
Heute ist mir die Frau, die ich heiraten werde, noch fremd.

Wie schön, dass es noch Fremde gibt.

***Michel Birbæk** heißt Michel Birbæk. Er wurde in København geboren und ist sehr gern in Deutschland am Leben.*

Friedrich Ani

Die Geburt des Menschen

Fremd bist du, fremd
im traumlosen Land.
Es trägt ein warmes Gewand
und du ein blutiges Hemd.

Fremd bist du, alt,
wir kennen dich nicht.
Du hast ein dunkles Gesicht
und deine Hände sind kalt.

Schwieriger Fall,
zur Unzeit auch noch.
Am Sonntag ruhen wir doch
noch vom Wochentagsball.

Wer bist du, wer?
Was willst du von mir
in meinem Heimatrevier
und schaust so weltkundig her.

Mensch willst du sein?
Wie wir in der Welt?

Dass jemand Liebes dich hält?
Umarmt und nie mehr allein?

Fremd bist du, du.
Ich trau mich nicht recht.
Sind wir vom selben Geschlecht?
Mir scheint, du winkst immerzu.

Kindlein, so klein,
ein Wesen aus Haut
und Furcht, uns allen vertraut,
und mutterseelenallein.

Schwarz sei dein Haar
und schwarz sei dein Blick.
Wir jagen niemand zurück
zum Tod im Leichenbasar.

Welt heißt Asyl.
Geburt heißt Asyl.
Ein jedes Haus heißt Asyl.
Ein jedes Wort ist Asyl.

Hier bist du Wir,
so fremd wie wir auch,
wir alle, damals im Bauch.
Willkommen, Bleiben ist Hier.

Der Syrer

(in Erinnerung an meinen Vater Mohamed Ali Ani)

Von Blicken getrieben, von
fordernden Schritten. Gereist
vom Urstrom zu Flüssen, mickrig
und vereist. Keine Hand
erwiderte dein Winken, die Frau,
die du erwähltest, als du dich aus
deinem Fremdsein schältest, war
eine Ungebetne auch. Mein
erstes Obdach: der
verschwiegne Bauch.

All das ist Geschichte
und wahr und verboten.
Das sind nur Gedichte,
behaupten die Toten.
Du aber weißt, dass,
wer sich erinnert, die
Wahrheit der Lügner
enttarnt, und ein Lügner ist
einer, der die Welt mit
Schweigen umgarnt.

Am Urstrom hast du keine
Stimme mehr. Das Land, das deine
Wiege war, blüht nicht mehr, es
weint. Wo du mir die Datteln
deiner Kindheit in den Schalen
deiner Hände reichen und in
tausend Nächten mir die Lieder
meiner Herkunft singen
wolltst – in diesem Land, Allah
ist Zeuge, fließt in allen Bächen
Blut. Und in den Flüssen steigen
Mesopotamiens Tränen an zur
allerletzten Sintflut.

Das ist Geschichte
und wahr und verboten.
Das sind nur Gedichte,
behaupten die Toten.
Du aber weißt, dass,
wer sich erinnert, die
Wahrheit der Lügner
enttarnt, und ein Lügner ist
einer, der die Welt mit
Schweigen umgarnt.

Von Tänzen am Sonntag
erzählst du, von Fingern, die auf
dich gerichtet waren. Vom
Lächeln, das dich so oft auf

offner Straße überfiel und dich
nach drüben trieb, zur Seite der
Bettler, der stotternden
Schatten, der Träger
missratener Haut. Dann
kam sie dich holen und nahm
dich nach Haus, die Frau, die so
ungebeten war wie du, deine
Braut. Sie gab dir zu bleiben, du
bliebst.

Wenn du, was später selten
war, an die Deinen in der
Ferne schriebst, verschwandst du
in der alten Schrift und kehrtest
nie mehr ganz zurück. Dein
Sprechen, bis zuletzt, war nie
ein Tanz aus Worten. Ich rief deinen
Namen, ich wollte dich
hören. Wir haben dir alle, wir
alle, wir haben dir alle, sie und
ich und die stotternden
Schatten und alle, wir haben
dir alle, wir alle, kein einziges
Mal in tausend Nächten und noch
einer mehr, wir haben dir
alle nicht ein einziges Mal
zugehört, wie man dem Meer
zuhört oder dem sanften

Schnauben eines schlafenden Kindes.
Wenn ich dich niemals finde,
wenn kein Abend dich kennt und
kein Morgen, erfinde ich ein neues
Land, Vater.

***Friedrich Ani**, geboren 1959, lebt in München. Er schreibt Romane, Gedichte, Jugendbücher, Hörspiele und Drehbücher. Er erhielt sechs Mal den Deutschen Krimipreis sowie den Adolf-Grimme-Preis und den Bayerischen Fernsehpreis. Seine Romane »Süden« und »M – Ein Tabor-Süden-Roman« standen wochenlang auf Platz 1 der KrimiZEIT-Bestenliste und wurden zu den besten deutschsprachigen Kriminalromanen des Jahres gewählt. Zuletzt erschien bei Suhrkamp der Roman »Der namenlose Tag«. Friedrich Ani ist Mitglied des Internationalen PEN-Clubs.*